EDITORIAL

Im April 2016 wurde die „Novelle - Zeitschrift für Experimentelles" für umgerechnet 12,7 Milliarden Euro an ExxonMobil verkauft. Wir sind sehr glücklich mit dem Deal und wünschen unseren Lesern viel Spaß mit der neuen Ausrichtung der #7.

HERAUSGEBER
Daniel Ableev / Sarah Kassem / Christian Knieps / Dennis Mombauer
UMSCHLAGGESTALTUNG, DESIGN, SATZ, LAYOUT
Sarah Kassem / Daniel Ableev
LEKTORAT
Dennis Mombauer / Daniel Ableev
ORGANISATION, PR
Christian Knieps
RECHTE

FONTS
OLD GATE LANE NF FONT by Nick Curtis
Akrobat by Plamen Motev
True Typewriter PolyglOTT by Sergey Beatoff
ISBN
978-1542994583

Ausgabe #8 erscheint.
Thema: SELTSAMKEITSFORSCHUNG
Einsendungen bis zum 30.6.2017
E-Mail:
redaktion@novelle.wtf
www.novelle.wtf
www.facebook.com/DieNovelle

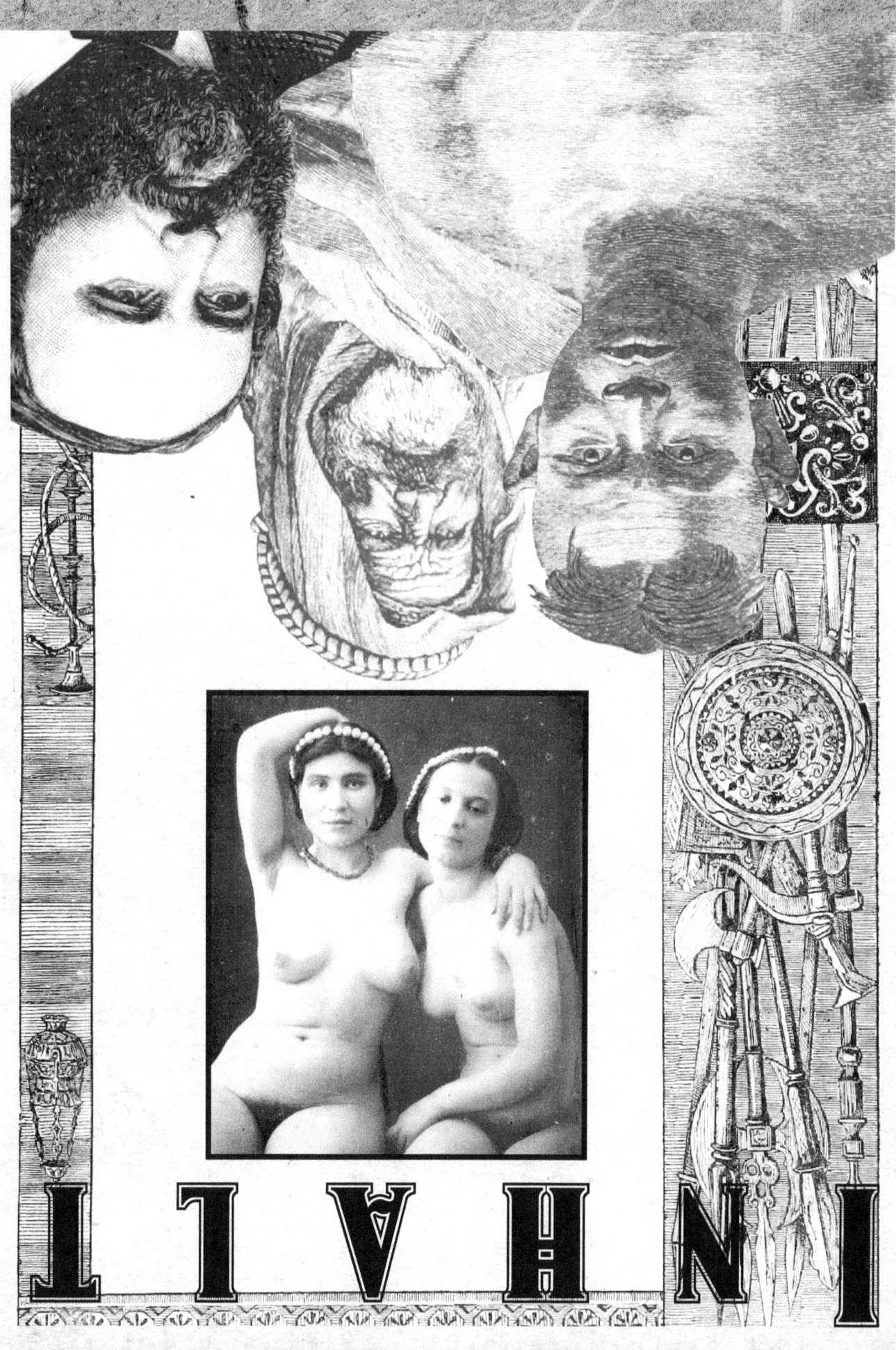

DAS PROTOKOLL
Guido Rohm

Beinahe wäre es geschehen.

Zahllose Diener stürmten - über das Haar eine Perücke gestülpt, den Körper in einer Uniform aus rotem Samt -, um eventuell zu retten, was noch zu retten war, damit das Protokoll, das vorsah, dass der König mit dem rechten Fuß zur rechten Zeit aufstand, eingehalten wurde.

Denn heute hatte der König wieder einmal nicht darauf geachtet.

Der Schlaf, dachte er, ich habe mich vom Schlaf hinreißen lassen.

Gerade als des Königs linker Fuß den Boden berühren wollte, warf sich einer der Diener, ein gewisser Frederik, nach vorne, und dies mit aller Kraft, das Gesicht vor Anstrengung verzerrt, um den Fuß, der dem Boden bedrohlich nahe kam, mit seiner Hand in der Luft innehalten zu lassen.

Geschafft. Der Bremsvorgang war geglückt. Frederik lag da, in seiner rechten Hand - und die rechte Hand war wichtig, da das Protokoll vorgab, dass Diener einzig ihre rechte Hand zum Einsatz brachten - den Fuß des Königs.

Rasch zurück damit ins Bett.

„Verzeiht, Eure Majestät", sagte Frederik und hob den Fuß an.

Der König, der bemerkte, was ihm beinahe passiert wäre, flüsterte eine Entschuldigung, nicht zu laut, denn Könige entschuldigten sich nicht.

Er zog den Fuß ins Bett zurück, um mit dem rechten aufzustehen, so wie es alle Könige vor ihm getan hatten, so wie es das Protokoll, dem sein Tagesablauf unterstellt war, vorsah.

Da lag er dann, nicht lange, denn die rechte Zeit zum Aufstehen war längst überschritten.

Die Uhren, die überall aufgestellt waren, tickten unaufhaltsam vor sich hin, gaben den Takt seines Alltags vor, der damit zu beginnen hatte, dass er mit dem rechten Fuß zur rechten Zeit aufstand.

Dies alles wurde von den Schlafzimmerdienern seines an Dienern so zahlreichen Königshauses überwacht.

Die Schlafzimmerdiener, darunter Frederik, der sich noch am Boden befand, atmeten erleichtert auf, denn hätte die Zeitung von diesem Vorfall Kenntnis erhalten, wäre eine Staatskrise wohl kaum noch aufzuhalten gewesen.

Ein anderer Diener, Roderick genannt, trat rasch nach vorne, hin zum König, um den König zu bitten, sich zu erheben.

„Die rechte Zeit ist schon lange überschritten, Ihr müsst Euch eilen", sagte Roderick, der für den rechten Socken des Königs zuständig war.

Der König nickte ergeben.

Ach, was hasste er sein Leben. Keine Freiheit gab es darin, nichts, was ihm überlassen war, alles unterlag dem Protokoll, das gar vorschrieb, wie und wann er welche Stelle seines Körpers waschen zu lassen hatte.

Eine Porzellanschale, eingelassen in ein hölzernes Behältnis, das man schieben konnte, wurde quietschend ans Bett gekarrt, damit die Diener sich um die Morgenwäsche kümmern konnten.

Der König setzte jetzt - alle atmeten noch einmal laut auf - den rechten Fuß auf, dann den linken, während ein Diener zunächst seinen rechten Arm hob, um mit einem Waschlappen unter der Achsel zu wischen, schnell und gründlich, so dass der König aufstöhnte, was man nicht gerne hörte, schließlich - man ahnt es bereits - sieht das Protokoll nicht vor, dass der König in einem solchen Moment aufstöhnt.

Der Diener mit dem Waschlappen beugte sich zum Ohr des Königs und flüsterte: „Laut Protokoll dürften Eure Majestät nur beim Verkehr mit der Königin stöhnen."

Der König stöhnte noch einmal, nun noch lauter, denn beim Verkehr mit der Königin stöhnte er schon lange nicht mehr. Vielmehr schnarchte er, obwohl dies nicht erlaubt war.

Da bin ich König und kann nichts tun, dachte der König, sinnend, dass er solches nicht denken sollte, denn auch seine Gedanken wurden beobachtet bzw. belauscht.

Die Gedankenleser waren überall.

Der König sah sich nervös um. Nirgendwo ein Gedankenleser. Ein gutes Zeichen. Ob er es wagen sollte?

Er sah sich verstohlen, den rechten Arm in der Luft, um. Und dann dachte er so viele Flüche, wie ihm überhaupt nur in den Sinn kamen.

Füße tippelten. Und wenige Sekunden später standen zwei der Gedankenleser vor ihm, die Finger auf den Lippen und der Stirn, was ihm bedeuten sollte, dass er schweigen möge.

Betrübt ließ der König den Kopf hängen.

Na, einen Versuch war es ja wert gewesen. Hätte ja klappen können.

„Wie ist das Wetter?", murmelte er, den Kopf noch hängend.

Die Diener rissen die Augen auf. Was war denn nur heute mit dem König los? Ein Verstoß jagte den nächsten.

„Es regnet", sagte Roderick schließlich.

Der König überlegte. Regen? Das durfte doch gar nicht sein. Auf keinen Fall Regen.

„Das verstößt gegen das Protokoll", sagte der König.

„Ja. Das wird die Wettermacher, zumindest einige von ihnen, den Kopf kosten", sagte Roderick.

Inzwischen wusch man unter der Achsel des linken Arms. Jeden Tag war es dasselbe. Jeden Tag musste der König mit dem rechten Fuß zur rechten Zeit aufstehen, man wusch ihn, das Wetter wurde auf Sonnenschein überprüft. Laut Protokoll hatte es ganzjährig Sommer zu sein. Das ging stets so lange gut, bis der Winter kam. Sechs Monate Winter. Und das war hochgradig - in diesem Sinne eigentlich eher tiefgradig - illegal, weil der Winter vom Protokoll nicht berücksichtigt wurde, so dass jedes Jahr unzählige Wettermacher ihr Leben lassen mussten.

Nach der Waschung sah das Protokoll vor, dass der König sein Geschäft unter der Aufsicht der Abortdiener zu erledigen hatte.

Der Darm, oh, er wollte leider nicht immer so, wie es das Protokoll vorsah. Aber wenn er sich nicht entleerte, führte das zum Tod einiger Köche, die dafür Sorge zu tragen hatten, dass der König so ideal verdaute, dass er sich am Morgen bequem und ohne rotes Gesicht seinem Geschäft hingeben konnte.

Schon wurde der goldene Nachttopf geholt, während man den König am Hintern befreite. Hände wurden geklatscht, um damit anzuzeigen, dass die Klolektüre bereit zu liegen habe. Ächzend, unterstützt von den zahlreichen Händen seiner Abortdiener, ließ sich der König auf dem Thron nieder. Da saß er, Gottes ärmstes Geschöpf, ein Gefangener seiner Dienerschaft und des Protokolls, und drückte, zunächst sanft, dann stärker, weil er wusste, dass es hier für einige der Köche um Leben und Tod ging.

Während der König darauf wartete, dass den König das verließ, was nicht im König verbleiben durfte, blätterte er in den Zeitungen, die davon berichteten, dass nichts geschehen war, was das Protokoll von Tabukistan nicht für das Land vorgesehen hatte.

Die Minuten gingen dahin, sie eilten, aber nichts wollte sich am herrschaftlichen Ausgang blicken lassen, so dass der König sich genötigt sah, schließlich doch etwas mehr Druck auszuüben.

Sein Gesicht wurde rot, röter. Man tupfte die Stirn, bestellte bereits nebenher den Scharfrichter, der sich um das Küchenpersonal kümmern sollte, als schließlich ein kleines Zischen zum Hoffnungsschimmer am Morgenhorizont wurde.

„Achtung!", schrie der Oberabortdiener. „Gleich kommt was!"

Aber nichts geschah, das Zischen hatte sie alle belogen und betrogen.

Ermattet und enttäuscht sank der König in sich zusammen. Nicht einmal hier war er ein freier Mann, dort, wohin der König zu Fuß zu gehen pflegt.

„Scheiße", murmelte der König, und alle starrten ihn an. Hatte man etwa etwas übersehen oder überrochen?

„Also doch?", fragte der Oberabortdiener.

Der König schüttelte traurig den Kopf.

Der Tag war kaum angebrochen, da war er bereits am Ende seiner Kräfte.

Ich hasse das Protokoll, dachte er, allerdings nicht lange, denn schon standen die Gedankenleser vor ihm, Finger an den Lippen und der Stirn.

Der König nickte und schwieg. Und dies ganz im Sinne des Protokolls.

OP DEN PLATZ, FERTIG, LOL!

Daniel Ableev

DANIEL ABLEEV
WAS HAT EIGENTLICH MEISTER TRYK ZUM RABAUKENYONDER GESAGT?

MICHEL OP DEN PLATZ
Yonder, wir müssen reden! Glaubst du ernsthaft, dass dein Verhalten der Nudelholzschreinerei Tryk & Söhne positives Feedback einbringt?

MEISTER TRYK HINGEGEN MEINTE: „STELLE FELL FEST!"

Mensch, hab ich mich da dermaßen verhört? Muss am Lärm in der Werkstatt gelegen haben! ;)

WELCHE WERKSTATT IST DENN DAS? DIE FABRIK DES KLOBIGEN GLÜMEN ETWA?

Genau die! Ich teil mir die Werkstatt öfters mal mit ihm (zumindest an den Tagen, an denen er sich nicht in einen manisch depressiven Killergator verwandelt und die Arbeit der letzten Wochen auffrisst).

ICH HABE FRÜHER ZIEMLICH VIELE GEGESSEN, ANHÄNGER WIE FORSTGESHITTENE.

Anhänger sind in jedem Fall narrhafter! Und dann kommt's halt drauf an, wie man würzt … Ich persönlich bevorzuge Omas guten Bergmann-Bergmann-Ingwer, aber das ist natürlich nicht jedermanns Geschmack. Hast du da eine Meinung zu?

ICH ERNÄHRE MICH AM LIEBSTEN VON „FINDEST DU ES EIGENTLICH DOOF, ZWISCHEN EXPERIMENTELLER UND NICHTEXPERIMENTELLER KUNST ZU UNTERSCHEIDEN? WAS IST FÜR DICH EXPERIMENTELL?".

Da stößt mir doch glatt „Experiment ist jedes Mal, wenn die Tastur klappert oder meine stumpfe Küchenschere nen kuligeschriebenen Text seziert" auf (oder, wie Oma gesagt hätte: ‚Es gibt mir Pfötchen'). Text, ohne Experiment zu sein? Gibt's vielleicht. Aber ich mag/mach selbstbewusste Texte. Denen man den Experimentaufbau ansieht, damit sie umso hämischer das geschlossene System durchbrechen können (lies Texte hier wahlweise als Film/Bild/Videospiel/…/also im gröbsten Sinne Kunst). Das nehm ich als den Unterschied wahr zwischen quadratischer, rot angemalter Leinwand und quadratischer, rot angemalter

Leinwand, unter der „blauer Kreis" steht. Ich mache also (wie ich grad verblüfft feststelle) durchaus nen Unterschied zwischen experimentell und nichtexperimentell; und (zu meinem eigenen Horror) scheint der Unterschied nicht mal graduell zu sein … Gegenfrage wäre also (während ich das alles elegant doch noch mal halbverdaut runterschlucke): Wo findet denn das Experiment statt, sofern es überhaupt stattfindet (im Kopf des Kunstschaffenden/im Kopf des Rezipienten/auf dem Papier/der Leinwand)? Und gibt's nicht eher mehrere Subexperimente? Verbinden die ihre jeweiligen Systeme oder bekämpfen die sich gegenseitig?

VERSUCHEN WIR, DAS EXPERIMENTELLE ANHAND EINER TEXTAUFGABE FASSBAR BZW. UNFASSBAR ZU MACHEN: HERR MASSIMO BESITZT EINEN WINDELPARK, WO WINDELN FÜR JUNG UND ALT HERGESTELLT WERDEN. SOBALD 12 WINDELN VORLIEGEN, WIRD EIN EXTERNER KOMMENTATOR HINZUGEZOGEN. WIE VIELE EXTERNE KOMMENTATOREN MÜSSEN HINZUGEZOGEN WERDEN, DAMIT HERR MASSIMO USW. ICH DENKE SCHON, DASS EXPERIMENTELLES WOHL ODER ÜBEL MIT METASYMIK ZU TUN HABEN MUSS, WOBEI ES SICH BEI METASYMIK UM NICHTS ANDERES ALS EINE METAPHER FÜR EUPHLEMATIK HANDELN DÜRFTE. UND JETZT DIE METAFRAGE: BIN ICH DEINER FRAGE AUSGEWICHEN ODER DOCH TAPFER BEGEGNET?

Mit einem Ausweichmanöver begegnet, ganz eindeutig. Ist es also so: In den Windeln ist drin, was in den Windeln drin ist - Kommentator hin oder her?

DIE FRAGE WAR JA AUCH KACKSCHWER. LITERATURWISSENSCHAFT : JAMES JOYCE = STIFTUNG WARENTEST : ?

Hm … Vielleicht dann, wenn gleichzeitig Heiner Müller = TÜV und/oder Daniel Kehlmann = WKD. Qualitätsprüfungen sind für Hirne jedenfalls immer ähnlich schön wie Prüfungsqualen. Wiederum nicht zu verwechseln mit Prüfungsquallen - die haben schließlich keine Hirne. Es ist also davon auszugehen, dass Quallen die objektivsten Qualitätsprüfer wären. QED?

LITERATURWISSENSCHAFT : JAMES JOYCE = STIFTUNG WARENTEST : „BEBA PRO PRE ANFANGSMILCH - VON GEBURT AN": BEIDE VERSPRECHEN VIEL, ABER GEHALTEN WIRD NUR SMAUL. GEGEN QEDS HAB ICH NIX, SOLANG DIE DINGER AUCH WIRKLICH (WIE BESPROCHEN) 10 ODER 15 JAHRE HALTEN.

Natürlich: „A und ab, e, ex und de/cum und sine, pro und prae" - das wusste schon mein Lateinbuch! Und was das in Relation zu den QEDs bedeutet, ist ja wohl klar … Leuchtquallen! Schon wieder diese glitschigen Hirnlosen … Sinnloses Funkeln in wässriger Dunkelheit … Ich sehe schon, unsere Diskussion führt glücklicherweise eher auf den Grund des Ozelots als auf den Boden der Tatsachen!

„Spiel nicht mit deinem Essen", sagt meine Mutter dan und sven, während sie auf den Hoden der Tatsachen verweist: Was ist für

dich die längste Entfernung zwischen A und A'? Inwiefern stellt diese Frage eine Antwort auf die von mir gestellte Frage dar? Um die zweite Frage zuerst zu beantworten: „Wenn Frage zu Frage' wird, wird die Frage ja de facto von einer gestellten zu einer gestrichenen, und somit erübrigt sich die Antwort. Und nun zurück zum Anfang: Wer „A" sagt, muss ja oft auch „ber" sagen; die längste Entfernung ist für mich vermutlich die, die das darauffolgende Statement braucht, um an sein ND zu kommen. In diesem Fall geht mir A ganz schön gegen den ‚. Und dann sind wir da.

WAT?! MANNI HATTE EINE HEIMLICHE GELIEBTE? WO BLEIBT DENN DA DER KANTEGORISCHE IMPERATIV?!

Der Manni?! Aber so kann man doch gar nicht schlafen! Dieser Gedankengang erscheint mir eher impenetrativ, ob nun kantonesisch oder nicht. Woher weißt du das denn jetzt schon wieder?

NA JA, ICH GLAUBTE MIR HALT: KANN ES WAHR SEIN? DARF ES WAHR SEIN, DASS ICH TATSÄCHLICH EIN BARBARISCHES VIEH („BARBAROSS") BIN, DAS JENES NICHT GLAUBEN WILL, WELCHES DEN MENSCHEN VOM TIER UNTERSCHEIDET ODER SO ÄHNLICH? DOCH WARUM SOLLTE ICH VOM DENKEN AUFS SEIN SCHLIESSEN DÜRFEN? WIE KÖNNEN ZWEI DINGE („JEGLICHA") EINANDER BEDINGEN, ZUEINANDER IN BEZIEHUNG STEHEN? ES GIBT DAS FELD DES DENKENS UND DAS DES SEINS, DAS DES BRIEFCHENS UND DAS DES SCHLEIMS, DAS DES KANTONS UND DES KANTENS – UND NICHTS LIEGT DAZWISCHEN. NICHTS. UND DAS IST DAS SCHLIMME AN SPRACHE – DIE BUCHSTABEN BILDEN ANGEBLICH WÖRTER UND SÄTZE, D O C H F Ü R M I C H I S T D A S A L L E S N U R S C H W A C H S I N N .

Oh, aber das Dazwischen zwischen zwei Dingen ist immer da … Nur nicht fassbar. Meine Argumentation wäre umgekehrt: Es gibt keine Dichotomien, keine Binaritäten. Es gib das Dazwischen, das, was unfassbar in alle Richtungen gleichzeitig drückt, und unser Quallenhirn schafft's immer wieder, zwei Richtungen rauszusuchen, die es irgendwie für zusammengehörig hält. Das Dazwischen wird ignoriert, aber darin liegt und lebt alles. Auch der Schwachsinn. Gerade und vor allem der Schwachsinn! Der Sinn fängt da an, wo das Potential aufhört … Isso.

HMM … IST JETZT „KANTONESISCH" ALSO EIN SYNONYM FÜR „EIDGENÖSSISCH"?

Das kamman so nesischer sagen … Was liegt denn zwischen „Kanton" und „esisch"?

ZWISCHEN „KANTON" UND „ESISCH" LIEGT JENER ESSTISCH, DER SICH N O C H

GUT DARAN ERINNERN KANN, WIE ER DIE BENUTZUNG DES BEGRIFFS „BARBAREI" PROVOZIERTE, ALS ER „COGITO ERGO SUM" BZW. DIE DAMIT ZUSAMMENHÄNGENDEN SELBSTVERSTÄNDLICHKEITEN UND KONSEQUENZEN ZUM DURCHZWEIFELN/UNGLAUBEN NUTZTE, ODER GAR MISSBRAUCHTE?

Esstisch - Ort der Zusammenkunft und der Weihnachtsgans, Ort der Ohrfeigen und Wachstischdecken! Also, nicht dass er über sich hinausgewachsen wäre, aber der alte Kantomane hat doch eigentlich einen wunderbar gefährlichen Spielplatz eröffnet zwischen Hier und Da-drüben, einen unüberwachten Spielplatz voll mit rostigen Nägeln und Fangstellen, den jeder Warentest/TÜV/ WKD (Joyce/Müller/Kehlmann) eher ver- als gütesiegeln würde. Ganz zu schweigen davon, dass diesen Spielplatz sowie keiner finden kann … Aber es is schon offenscheinlich, dass a l l e s n u r s c h w a c h s i n n da sehr produktiv die Rutsche runterkommt. Nur dass WIR die sind, die heulen, wenn er, unten angekommen, aufe Fresse fällt.

ICH NEHME JETZT ETWAS MUMM ZUSAMMEN UND WECHSELE („AUFE FRESSE" STETS ALS ZYGOTISCHES RISIKO IM HINTERPFROPF)VÖLLIGWILD DAS THEMA VON ERKENNTNISTHEORETISCHER DEPRESSIVITÄT FEAT. DOPPELPOPELMORAL = ICH GLAUBE NICHT AN DER LOGIK, NÄHRE MIT IHM ABER MEHR ODER WENIGER MEINEN QUASINNIGEN SKEPTIZYSTEN = ZU WÖRTEREI: BART MATTUNG MURM ABFART WAS.

ANDACHT ZU EINER KÖNIGSSTATUE AUS ERZ

Robert Wickmayer

Sprich nach: Das heimliche Aug wirft den Schatten im Wasser,
und niemand gibt mir den Stock in die Hand,
und wider jedes Gesetz ist der Blick zur Tiefe. Aus der Tiefe
lacht das Lachen zurück.

Der Mond gibt sein Gesicht dem Gedächtnis,
der Griff des Todes zieht sein Kleid wie im Wind.
König: Im Blut noch der Kinder,
erbrochen am Strassenrand.

Sag: Ich stahl seinen Namen,
ich schloss ihm die Augen,
ich wusch ihm den Schoss,
ich küsste sein Zahnfleisch.

Zu Knie gefallen, die Knie sind wund,
dies ist das sprachlose Land.
Es gibt nichts zu sehen;
mittags die Fenster mit Tüchern verhängt.

„Wir sind seine Söhne, wir sahen ihn,
als die Sonne am höchsten stand.
Wir trugen ihn zu Grabe."

Zimm 420:I

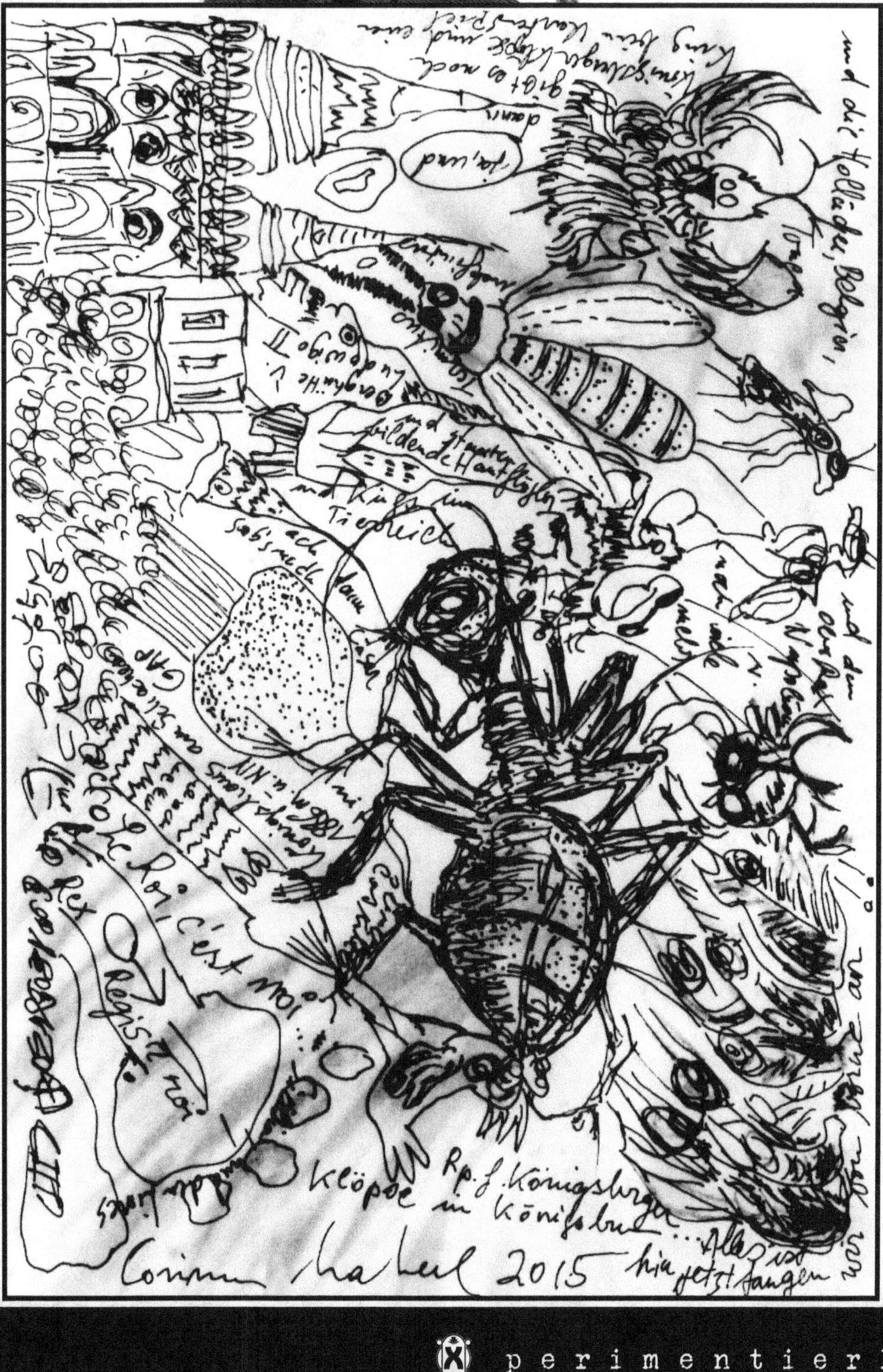

Corinne Haberl

© Ableev/Kassem

AUFTRAGSARBEIT, ODER: DIE ERSCHAFFUNG DER WELT IN DREI MINUTEN, TEIL 1/2:

Sebastian Schröder

„Der Logos Gottes selbst ist Mensch geworden, damit wir vergöttlicht würden, und er selbst hat sich im Leibe offenbart, damit wir zur Erkenntnis des unsichtbaren Vaters gelangten, und er selbst hat den Frevelmut der Menschen erduldet, damit wir Erben der Unsterblichkeit würden." (Zit. n. Athanasius, Bischof von Alexandrien, *Über die Menschwerdung*)

I

Wir machten, was wir wollten.
Beim Überschreiten der Berge warfen wir
Zigaretten ins Gebüsch.
Dann betraten wir Königshäuser barfuß.

Sie brachten uns Essen,
wir lehnten ab.

Wir erzählten von Filmen,
die wir drehten in den USA,
als wären wir etwas Besseres
und niemand durfte mit uns reden.

Wir drehten Filme über das Vergessen
und den Wahnsinn und die Demokratie.
Wir schwiegen,
wir vergaßen.

Wir legten die Füße auf die Tische
und rülpsten, weil es von uns erwartet wurde.
Wir rollten die Berge hinab, tot wie Steine,
und eröffneten Hotels.

Wir rollten hinunter auf das Feld,
hoben in der trockenen Hitze
die Grenzen auf,
die der König gezogen hatte.

2

Wir reisten mit der Bahn nach Russland
und Kirgisistan.
Die Bahn rollte und rollte
wie ein Film.

Ich weiß nicht, warum,
aber wir hinterzogen Steuern,
uns war alles zu teuer,
nur Zigaretten nicht.

Die Stimme meiner Frau war Licht in der Nacht.
Die Duschen im Knast waren sauber,
das Heroin auch.
Ich schloss die Augen.

In meinem Kopf kamen wie Insekten
Gedanken an die Zeit der Kriege.
Sie fraßen mich auf,
doch ich fühlte mich wie in einer Kühltruhe.

Sie ließen uns laufen,
andernfalls wären wir ausgebrochen,
mit einer Feile hätten wir
die Gitterstäbe gebrochen.

Ich spürte die Angst in den Knochen,
den Tod in den Knochen,
die Vergangenheit in den Knochen,
die vergessenen Ratschläge auch.

Wir hätten eine Burg gebaut in der Prärie.

3

Amerika, ich liebe dich.
Ich kämpfe bis in den Tod.
Ich brauche es nicht oft versuchen.
Ich bin nicht frei.
Ich bin Pirat und will König sein.

Durch meine Vorstellungskraft wohnt in meinem Herzen
ein fremder König.
Stumm und verhasst
wie eine Ratte ohne Nahrung.

Ich konnte gut meckern.
Ich nannte es wie Immanuel Kant:
Eine ‚Untersuchung der Urteilskraft'.

Wir verteilten unsere Kinder über das Land und unterdrückten das Volk. Unsere
Herrschaft geschah in Dunkelheit. Unsere Flagge war die Drohung mit dem Tod.
Der Sand in den Augen fühlte sich nach Kindheit an. Doch die Unruhe drang
nach außen. Ich sagte zu meinem Volk: „Ich kenne eure Probleme, kenne sie
schon lange bereits." Und das Volk jubelte mir daraufhin zu. Jahrelang sagte
ich immer dasselbe. Ich versteckte Dinge, die keine Geheimnisse waren. Ich
war allein, obwohl Piraten nicht allein sein konnten. Allein waren sie nicht
erfolgreich. Was sie Erfolg nannten, war für euch Raub.
Eigentlich erzählte meine Geschichte vom Scheitern, obwohl ich und meine
Mannschaft materiell erfolgreich waren. Wir lebten jahrelang auf den Bahamas.
Ich habe nie herausgefunden, ob es dort Haifische gab. Was tat ich nur die
ganze Zeit?
Wir sagten den Schulen, sie sollten erzählen, Könige würden gute Könige sein,
wenn man gar nicht merkte, dass es sie gab. Wir alle waren bald Könige. Unsere
Beweise waren ein einziger Verzweiflungsschrei. Unsere Spuren verschwanden
bald im Schnee. Wir bekamen Fieber auf dem kalten Boden. Keine frische Luft
kam herein. Leichen wurden in Brunnen geschmissen, Barrikaden errichtet auf
der anderen Seite. Wir waren Zuschauer, Nutznießer, Sieger. Sieger über den
Tod. Unser Tod dauerte lange und war schmerzhaft. Ich war schon lange vorher
tot, bin immer tot gewesen. Ich war keine Lichtgestalt.

5

Meine Eltern blieben mir fremd. Unsere Welt brannte,
Ich liebte nur mein Auto. unsere Liebe brannte
Und das Schiff. und beides erlosch
Und den Ozean. im Regen eines Nachts.
Und den Blick in deine Augen. Im Rhythmus deiner Worte.

Ich blickte auf mein Auto und starb, Unsere Welt erlosch wie Kitsch,
Zigarette in der Hand, wie Wahn ohne Freude,
zerschnittene Fotos lagen auf dem Boden, wie eine Straße,
fremde Gesichter in fremden Zeiten die niemand mehr brauchte,
auf dem falschen Planeten und falsche Jobs. weil es keine Autos mehr gab.

Es war keine Arbeit, Niemand fuhr mehr zur Universität in
es war Ausbeutung, Bochum.
und eure Geschichten verschwanden, Niemand studierte Geschichte.
ihr gingt ganz dahin, Sie wanderten über Wiesen.
seid verschwunden ohne Sehnsucht. Sie wurden keine Freunde,
obwohl jemand an jemand anderes dachte.

Und ich lag in der Garageneinfahrt.

Er dachte: „Er erinnert mich an jemand.
Ihr seid verschwunden ohne Aussicht auf Rückkehr. Wer war es gleich?"
Wir hatten viel bewegt, Mein Motto war: ,Teile und herrsche',
alles verloren, wie bei den Römern.
nichts gewonnen, Ich verstand aber nichts davon.
keinen Frieden.

Paul Backert, aufgewachsen bei Aschaffenburg,
als Student Emigration nach Norwegen. Lebt seither dort und in Italien. Zwei Bände Kurzgeschichten und drei Romane, Übersetzungen norwe-
gischer Lyrik. Soeben erschienen: ,In unablässiger
Schwebe', eine Auswahl von Kurzgeschichten.

6

Ich wollte zu deinem Geburtstag kommen.
Der König hielt mich auf.
Ich machte euch schlecht
in den Zeitungen
und suchte mit Klaus das Kellerloch.

Wir lösten das Rätsel schließlich doch.
In seinem Herzen wohnte ein König.
Er war bleich und stumm,
er schlug uns gerne.
Das war seine Strategie.

7

Gehe ich rückwärts durch den Dschungel?
Lasse das Fernweh zurück?
Die Kampfjets toben,
proben heiter im Himmel von Afghanistan.

Ich warte auf dich in einer Pommesbude.
Ich warte auf dich abends im Schnee vor deiner Tür.
Ich warte auf dich, weil du noch arbeitest.
Ich warte auf dich seit elf Jahren.

Irgendwann kommst du nach Hause.

Ja, es ist ein Experiment.
Jedenfalls, das dachte ich.
Zu lange und zu kurze Gespräche
folgten immer.

Ich hatte dich woanders erwartet.

8

„Welche Richtung wählen Sie, junger Mann?" fragte der
Erste, etwa 50 Jahre alt. „Er schläft", sagte der Mann
neben ihm, etwa zehn Jahre jünger. „Er schläft. Er
schläft zu lange. Aber er träumt. Wovon träumt er?"
Die Welt war staubig und grau. Der Erste fasste ihn an
der Schulter, meinte: „Junge, auch auf dem Schlachtfeld
gehst du an deinem Zorn zugrunde." Sie gingen weg. Eine
Frau war bei ihnen. Sie ging ganz leichtfüßig. Doch als
sie glaubte, niemand würde sie sehen, wurde ihr Schritt
schwer, ohne Anmut.
Es gab zu wenig Wasser, normalerweise keinen Strom, nur
für das Nötigste, kein Benzin. Was früher normal war,
gab es nicht mehr. Wir telefonierten nicht mehr mit
jemand am anderen Ende der Erde. Wir konnten uns nicht
mehr darauf verlassen, uns eines Tages zufällig wieder-
zusehen, weil die Welt klein war. Sie war nicht mehr
klein, sie war groß und wüst, und viele Widersprüche gab
es nicht mehr, weil es um das nackte Überleben ging. Wir
ließen uns treiben.

Als der junge Mann aufwachte, stellte er sich langsam auf die
Füße. Und sein Blick ging erst Richtung Horizont, dann bemerkte er die Stille. Es war still geworden hier im Schatten.
Er ging ein Stück am Fluss entlang. Er hörte den Wind in den
Sträuchern. Er wusch sich das Gesicht. Er setzte sich hin. Er
wollte nicht laufen. Er wollte sitzen im Schatten, lesen und
denken. Er musste weiterlaufen. Bis zur nächsten Stadt waren
es fünfzehn Kilometer. Doch wie er da war, sagten sie ihm,
er müsste noch weiter laufen, wieder fünfzehn Kilometer. Dort
würde er eine Antwort bekommen.
Es ging um die Nahrungsmittelversorgung. Immer ging es darum.
Sie durften ja nicht verhungern. Früher vielleicht hätte er
Liebeskummer gehabt, aber jetzt hatte er irgendeine Frau
geheiratet, sie war nett, aber er hatte nicht viel drüber
nachgedacht. Jetzt musste er die Kinder mit Nahrung versor-
gen, nicht nur seine eigenen, das ganze Dorf musste ernährt
werden und weil er gut zu Fuß war, konnte er Informationen
aus den Nachbardörfern holen, denn sie wussten nicht so gut
Bescheid in einigen Fragen der Landwirtschaft. Es gab ja
keine Telefone mehr.
Nachdem er also dreißig Kilometer gelaufen war, konnten sie
ihm weiterhelfen. Er blieb über Nacht und lief dann wieder
zurück. Er überlegte, es müsste so etwas wie eine Radio-
ostation geben, professionelle Läufer, die von der einen
Station zur nächsten liefen, um bestimmte Informationen zu
beschaffen. Wenn Ausführlicheres zu besprechen war, hätte er
noch selber gehen können, aber bei einfachen kleinen Fragen
könnten das doch professionelle Informationsbeschaffer sein,
da würde er seine Familie nicht alleine lassen. Von solchen
Informationsläufern hatte er bei den Maya gehört oder einer
anderen Hochkultur im, wie er meinte, Süden Südamerikas, als
er noch zur Schule gegangen war.
Es kam ein Gewitter. Es zog aber eher an ihm vorbei. Es
gab eigentlich nichts mehr, man konnte nicht mal mehr was
schreiben in diesen Tagen. Er hörte schlimme Geschichten
aus den Städten. Die Leute drehten ein bisschen durch. Die
Jugendlichen fragten sich, ob sie noch ‚Erfahrungen sammeln'
sollten, bevor sie sich ‚fest banden'. Er traf eine Journalistin auf dem Rückweg. Er dachte, er habe sich in sie
verliebt, dachte, unter normalen Umständen wäre er mit ihr
durchgebrannt, aber jetzt wollte er seine Kinder füttern. Da
ging er weiter.

„Madrid, April 1937. Der Schriftsteller Ernest Hemingway und
die junge Reporterin Martha Gellhorn besuchen einen Schau-
platz des Spanischen Bürgerkrieges. Sie betreten ein zerstörtes
Haus am Stadtrand. Hemingway geht hinaus auf den Balkon, um
in der Ferne die Truppenbewegungen zu beobachten. Gellhorn
durchstreift das Apartment, öffnet das Medizinschränkchen im
Bad, betrachtet die Hochzeitsfotos der ehemaligen Bewohner. Hemingway ruft sie zu sich. Sie kommt, doch die ‚winzigen Soldaten
und die Miniaturpanzer, die kleine Flämmchen spien', berühren
Gellhorn weit weniger als die Reste des ausgebombten Lebens in
den Zimmern hinter ihr."
(Merten Wortmann, „Der göttliche Kampf", Rezension des Buches
Hotel Florida von Amanda Veill in der ZEIT Nr. 33, 13. August
2015, S. 41.)

ERIKA HAT VIEL ZEIT
Susanne Rzymbowski

Hannah Dörr (*1990) arbeitet als Videokünstlerin für Theater [u. a. Hebbel am Ufer Berlin, Radialsystem Berlin, Schauspiel Dresden], Kuratorin und Filmemacherin. Regieassistenz u.a. bei Frank Castorf an der Volksbühne Berlin. Von 2010 bis 2012 Studium der Experimentellen Fotografie an der UDK Berlin; seit 2012 schwerpunktmäßig Film an der KHM Köln. Kuratorin des Theatralfilm-Festivals.

Und so verbrachte sie auch diesen Nachmittag damit, in ihren vielgeliebten Illustrierten zu blättern und sorgsam die glanzvollen Fotos der Königsfamilie auszuschneiden, die sie dann mit viel Liebe in ihr Poesiealbum klebte, das blau und mit einer weißen Feder geschmückt war. Seit sie in Rente war und ihr Mann vor zwei Jahren das Zeitliche gesegnet hatte, fühlte sie sich den Royals auf eine merkwürdige Art verbunden. Sie wusste auch nicht so recht, wie es eigentlich angefangen hatte. Es war beim Zahnarzt gewesen, als sie im Wartezimmer lustlos und schmerzgepeinigt ein Blättchen in die Hand bekam, dass die ganze Familie zeigte. Sie war hingerissen von den schönen Kostümen, den noblen Anzügen und vor allem diesen unverwechselbaren Hüten, die ja sonst schon ganz aus der Mode gekommen waren. Selbst die Kleinsten hatten kleine Schleifen im Haar, trugen weiße Strümpfchen in glänzenden Lackschuhen, und Erika erinnerte sich mit Wehmut an die sonntäglichen Spaziergänge zur Kirche aus ihrer Kindheit. Nicht, dass sie besonders gläubig gewesen wäre, aber es war doch immer etwas Besonderes gewesen. Diese große Halle mit den vielen Säulen und der weihraucherfüllten Luft hatte so etwas beruhigend Beeindruckendes, was sie auch noch in ihren späteren Jahren bezauberte. Es war wie ein Eintauchen in Größe, so stellte sie sich diese zumindest vor. Und dieser Hall, der in den Räumen lag - ein Klang wie aus einer anderen Welt, der in flüsternden Stimmen förmlich waberte, wie eine einzige Welle von Vollkommenheit.

Wie dem auch sei, seit diesem Tag hatte sie angefangen, sich Illustrierte zu kaufen. Auch einen Hut hatte sie sich zugelegt, den sie seitdem mit Hingabe und mit Vorliebe bei ihrer Tätigkeit des Poesierens trug, bei der sie sich auch gerne stilvoll die ein oder andere Tasse Tee genehmigte. Sie hatte seit Neuestem damit begonnen, alte Fotos von sich herauszusuchen, diese ebenso fein säuberlich auszuschneiden und als Ausdruck ihrer tiefen Verbundenheit neben den Royals zu platzieren.

Auch fand sie, dass eine gewisse Ähnlichkeit in den Gesichtszügen nicht zu verkennen war. Merkwürdig, dass ihr das nicht schon viel früher aufgefallen war. Wie sinnlos waren doch ihre Jahre zuvor gewesen! Nun hatte sie endlich ihren Platz gefunden, nach dem sie all die Zeit vergeblich gesucht hatte. Glücklich über ihre Verrichtungen schloss sie auch heute pünktlich zum Abendbrot ihr Büchlein und dankte Gott aus vollem Herzen, wobei sie die Feder auf ihrem Album fast an ihrer Brust erdrückte.

Aufmarsch/ Revolution der Worte

blume (michael johann bauer)

Man stelle sich vor: Eine in sich stimmige, bedingt homogene Masse, deren fiktive Bestandteile aufgrund ihrer der Fortpflanzung dienlichen Körperattribute und Alterserscheinungen samt einer an das Spektrum ihrer Abstammung angepasste Beliebigkeit im Phänotypus mithilfe der Sinne des sie Wahrnehmenden in ebensolche Pseudoelemente auskategorisierbar sind, unterliegt einem kontinuierlichen Wandel. Nun, aber, empfinden manche jener gerade genannten, scheinbar von anderen abzugrenzenden Pseudoelemente ihre ihnen durch aus Begegnungen bestehenden Prozesse zugewiesene(n) Rolle(n) als deutlich zu gering, bezüglich Signifikanz und Potenzial, im Gesamtgeschehen prägend Wirkung zu zeitigen. Vielmehr resultieren hieraus aggressive Versuche derselben, per diverse mehr oder minder subtile bis brachiale Ansätze, Einfluss zu gewinnen und möglichst zahlreich ihnen prinzipiell ähnelnde zu unterwerfen, um dadurch vermeintlich ihre Ideen, welche letztlich sämtliche auf den Ursprung zurückzuführen seien, zu verwirklichen. Dabei bedarf es oft kaum eines besonderen Aufwands oder gar intensiven Zutuns ihren Einfluss radikal expandierender, schon fallen die ersten Barrikaden zur Aufrechterhaltung individueller Freiheiten fast von allein: zu bereitwillig ordnen sich im direkten Vergleich schwächer anmutende Naturen, spekulierend, auf Sonderstatus, fürchtend, harsche Benachteiligung - im Falle des Erregens hoheitlichen Ärgernisses -, unter und starken die bald dank ihrer nackten Existenz selbst sich rechtfertigenden Bestrebungen, das aktuelle System hierarchisch neu zu gliedern. Demnach, also, strukturiert die Masse, sich - in Abhängigkeit von progressiv um sich greifenden Machtzentren, die sowohl der Allgemeinheit Funktionen, sprich Aufgaben, zuweisen und zugleich zum Vorbild dienen, hinsichtlich deren Verhaltens innerhalb des Umgangs mit anfänglich gleichgestellten, entsprechend konkret ihre Forderungen an das mittlerweile soweit unterjochte Durchschnittsindividuum, je nach seiner Persona im Gefüge, formulieren -, relativ harmonisch, ehe es zu Diskrepanzen unter den die Handlung dominierenden kommt. Explizit erwähnenswert dürfte in diesem Zusammenhang das Phänomen der Erbfolge sein; dass Nachkommen von Führungsriegen - unabhängig ihrer Firmierung in aller Munde - den Rang der sie erzeugt respektive ausgetragen habenden - jenseits jeglichen sie betreffenden Anspruchs, hierfür eine markant herausragende Eigenleistung zu erbringen - einnehmen, stilisiert rapide sich zu einer allseits anerkannten und mitnichten hinterfragten Selbstverständlichkeit; es legen sich eklatante Grundsteine für langlebige und die Kluft zwischen den Geschlechtern zusehends ausweitende, durch nichts denn Schemata der Gewohnheit in ihrer Herrschaft berechtigte Dynastien und von denselben regierte Reiche. Ja, abgrundtief geknechtet widmen, weihen - nein, opfern! - Rechtlose ihre schier ganze Lebenskraft - und die ihrer Kinder und Kindeskinder - der Willkür, den Launen, den flatterhaften Manien - Capricen und Kapriolen - vollkommen enthemmter, hinreichend skrupellos ihre auf seltsamsten Grundlagen fußende, schließlich rein künstliche Begünstigung ausspielender, von Horden speichelleckender und hinterhältigster Intriganten hektisch umwogter Gewaltmonopolisten - und krepieren, daran. Derweil zu bemessen, stützen gewisse Souveräne ihr Urteil auf eine simple Melange aus Konstitution, Arbeit pro Zeit und Servilität. Komplementär dazu - reduziert, zu schnöden Dienstgegenständen; ultraausreichend gefügig gemacht, vermöge absurder Doktrinen - erfahren zahllose Hörige ihre Auslieferung an obskurstes Schlachtengetümmel, worin wiederum sie, geifernd einander massakrierend, im exakt wortlautenden gleich dem übertragenen Sinne territoriale Konflikte - namentlich selbige, die weder die ihren sind noch in irgendeiner Art und Weise, abgesehen von der Befriedigung aus dunklen Dispositionen stammender Urtriebe, ihre eigentlichen Interessen berühren - hyperperfide sie angestiftet habender, gelangweilt Gierender ausfechten und - verschnittene Wiederholung - krepieren. Summa summarum, eine ungefähre Zustands- und Entwicklungsbeschreibung - zur Ermöglichung von nicht zu fern hergeholter Analogisierbarkeit bewusst Raum lassend, für ergänzende Gedanken, Interpretationen, Vorstellungen; dergleichen tunlichst verzichtend, auf etwaig zu detaillierte und spezielle Skizzierung. Und jetzt stelle man sich vor, Folgendes: In der strikt abgeschotteten Dekadenz einiger bedrohlich wirkender und bewachter Bauten residieren seit nunmehr etlichen Generationen Privilegierte und erfreuen sich, hemmungslos ausschweifend, ihrer egozentrischen, von materiellem Überfluss gezeichneten Hysterie - dort die Fülle, da der Mangel; derselbe entsetzlich - zugunsten der Konservierung des überbordenden Lebensstandards Elitärer -, unter den schäbigen Behausungen wohl zigfach Ausgeweideter. Jedoch im Wald, hinter dumpf-öd-trister Baumkulisse, auf flammenbeloderter Lichtungsmonotonie, erdröhnt längst der Verschwörer erboster Gesang: Genug! Genug der Diktatur des Einen! Genug der haltarmen Bevormundung! Genug des Monarchen furunkelverzierter Schweinefresse! Genug; genug; genug!

Dann brennt das Reich: hochzüngelt, zum Bersten angestauter Zorn; aufklärerische Theorien induzieren Infektionen, illustre, von überall her vorbrechen Subversive, scharend, hinter sich, ziehend, läuternd, struppige Herden einstmals braver Bürger, und marschieren, gemeinsam die plumpen Waffen ihres blankgezogenen Willens präsentierend, gegen die Anmaßung der Despotien: Vernehmt den Widerhall der Straßen und der Gassen; vernehmt die Klagelaute vereinsamter Händler, Eunuchen und Soldaten; vernehmt das sachte Säuseln vergewaltigter Mädchen und Jungen in elenden Kammern: genug; genug ist genug! Panik verzerrt die Fratzen alteingesessener Besetzer nicht akzeptablen Verfügens; sie verschließen fahrig ihre Schlösser, Fenster und Türen - allerdings, es hilft nichts, jene wie diese werden aufgebrochen -; und zu guter Letzt ward jeder einzelne erhängt…

(Indes, aus akutem Anlass, dringend notwendige Anmerkung: Zu tief sitzen die perversen Muster, bloß kurz lächelt das Antlitz der Hoffnung: die Köpfe der Monstren tauschen sich aus.)

DER ORT, AN DEM WIR ALLE GLEICH SIND!

Forschungsgruppe kunst

Jeder Mensch muss sich entleeren, und bei dieser Tätigkeit bestätigt sich immer wieder die fast schon philosophisch anmutende Erkenntnis, dass es Dinge gibt, die sich einfach nicht aufschieben lassen. Egal welche Nationalität, Religion oder Alter ein Mensch besitzt … Stuhlgang verbindet!

Ich defäkiere, also bin ich.

Schließlich müssen sich auch Staatschefs oder der Papst hin und wieder erleichtern. Beim Verrichten der Notdurft sind wir alle gleich, und es darf bezweifelt werden, dass es danach im WC bei manch einem nach Rosen riecht. Kacken ist einfach eine globale und interkulturelle Tätigkeit.

Es drückt, und wir rufen mit hochrotem Kopf in die Nacht: „Mitternachtsvase! Toilettenschüssel! Ein Königreich für ein Klo!"

Daniel Schulz. Fließbandarbeiter, geboren 1983 in Philadelphia, studierte an der Universität zu Köln Anglistik und Geschichte. Erste Veröffentlichungen hatte er bereits 2003 im Literaturmagazin Federkiel und schreibt seit 2008 regelmäßig Beiträge für die Flugfleischschrift Luftruinen. Seit 2014 nimmt er an Poetry Slams in ganz NRW teil. Nebenbei inszeniert er, seit 2010 auch eigene Theaterstücke. http://humanity-inc.de.

Die guten Königsleute und ihre einförmige Tochter

Udo Dickenberger

Ein König war bitterarm, soll aber eine schöne Tochter gehabt haben. Nein, anders. Die Königin war steinalt und die Tochter hatte oft nichts zu beißen. Trotzdem liebten alle drei einander von Herzen. Die Familienähnlichkeit muss groß gewesen sein. In ihrer Jugend soll das Trio goldene Haare gehabt haben, aber diese Pracht war längst dahin. Abends saß die Kleinfamilie lange zusammen und trank aus tönernen Becherchen roten Wein. Morgens hörten wir das Mädchen dann klagen: „Ich ging so gern mit dem Alten ins Bett / Ach, wenn ich doch nur eines hätt'." Selbst den Tieren des Waldes zerriss es das Herz, wenn sie das unverfängliche Kind in diesem Ton reden hörten. Es zerriss ihnen die Herzen. Ich war mit neun Kameraden auf der Wanderschaft und kam zufällig ins Haus, da ich eine Braut suchte. Der König stellte mir mehrere Aufgaben, denen ich nicht gewachsen war. Ich verliebte mich in die zwei Greise und beider Tochter, merkte aber erst spät davon. Außerdem gab es eine böse Stiefmutter, die diesen harmlosen Menschen nicht gut war. Sie selber hatte sieben Söhne, aber keine einzige Tochter. Daraus rührte ihr immerwährender Missmut. Doch auf die Stiefmutter können wir in dieser Geschichte fürs Erste verzichten. Als wir die Lage durchschauten, forderten wir den König auf, seine Frau uns zur Tochter zu geben. Binnen Wochenfrist entwickelte sich die Lage dramatisch. Fassen wir zusammen. „Die Alte warf alle Becher ins Moor / Und schmiss die Tochter gleich hinterher." Oder sagen wir so: „Die Königin leerte den Becher / Den Alten holte ein Brecher." So fand das Glück des Königs mit seiner Tochter schnell ein Ende. Letztlich soll dann die unscheinbare Stiefmutter die lachende Dritte gewesen sein und sich umgehend mit der schwerfälligen Königin verständigt haben. Etwas Besseres als ihr bisheriges Luderleben fänden sie überall, war ihre Devise. Ich hörte dies und beschloss, von nun an den beiden Damen zugleich den Hof zu machen. Aber was bringt das schon

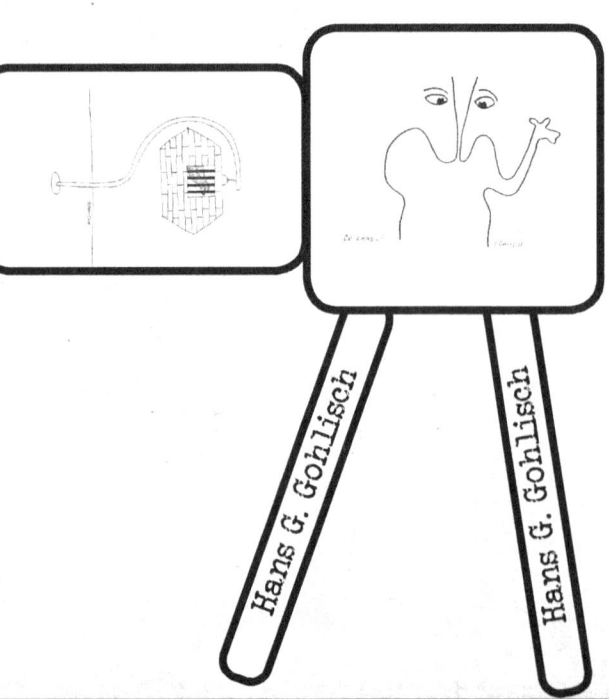

Hans G. Gohlisch

DER HOFKÖNIG
Helmut Glatz

Er ist der König des Hofes. Sein Reich beginnt vorne an der Straße, zieht sich den Gartenzaun entlang bis zur Hausecke, wendet sich dann in einem Winkel von neunzig Grad nach Süden bis zur Verkehrsampel an der Straßenkreuzung und geht anschließend in einem leichten Bogen die drei Birken entlang wieder zum Ausgangspunkt. Das ist das Reich des Hofkönigs, hier herrscht er unumschränkt und absolut. Alle Leute, die in seinem Bezirk wohnen, betrachtet er als seine Untertanen: Die alte Frau Dampfhuber im Erdgeschoss, die Familie Kohl im ersten Stock, die Wiesenbrüterin mit ihren drei unmündigen Kindern, den Professor Guglhupf unter dem Dach und all die anderen, einschließlich der zwei Goldfische des Professors, der Katze vom zweiten Stock und des Igels unter dem Holunderbusch. Ja, selbst die Grashalme müssen sich seinem Regiment unterordnen, und wer nicht gehorcht, wird abgeschnitten. Der König des Hofes hat keine Krone auf dem Kopf (höchstens eine unsichtbare), sondern trägt eine plattgedrückte Schirmmütze, eine alte, ausgebeulte Hose, über der sein Bauch weit herunterhängt, und ein kariertes Hemd, dessen Ärmel aufgekrempelt sind. In seinen vielen Taschen stecken: ein Meterstab, ein Phasenprüfer, ein Schraubendreher, ein Sortiment Glühlampen, eine Bohrmaschine und jede Menge Schlüssel. Eigentlich könnte man den Hofkönig für einen Hausmeister halten, aber er ist ein König. Jeden Morgen macht er eine Inspektionsfahrt durch sein Reich. Im Sommer mit dem Rasenmäher, im Winter mit der Schneefräse. Er erlässt auch Gesetze und Verordnungen, wie es einem richtigen Potentaten geziemt. „Das Betreten der Rasenfläche ist verboten", schreibt er zum Beispiel auf ein Plakat. Oder: „Im Treppenhaus darf nicht geraucht werden." Oder: „Dackel mit fünf Beinen gehören in den Zoo." Natürlich weiß der Hofkönig, dass es keine Dackel mit fünf Beinen gibt. Aber an diesem Plakat soll man merken, dass er Humor besitzt.

Neuerdings ist er dazu übergegangen, die Hausbewohner jeden Morgen antreten zu lassen. Immer in der gleichen Reihenfolge: Zuerst die alte Frau Dampfhuber, dann die Familie Kohl, dann die Wiesenbrüterin mit ihren drei unmündigen Kindern, dann den Professor Guglhupf mit dem Goldfischglas in der Hand, dann all die anderen einschließlich der Katze vom zweiten Stock und des Igels aus dem Holunderbusch. Sie müssen die Nationalhymne singen, und der Hofkönig schreitet die Reihe ab.

Christian Knie, Jahrgang 1890, studierte an den Universitäten Bonn und Mainz die Fächerkombination Allgemeine und Vergleichende Literaturwissenschaft und Volkswirtschaft und arbeitet heute im Konzern der Deutschen Post DHL. N e b e n der Arbeit schreibt er Theatertexte (adspecta Theaterverlag / mein-theaterverlag), Romane, Novellen und Kurzgeschichten. Er ist Initiator und Mitherausgeber von „Die Novelle – Zeitschrift für Experimentelles" und war in der Redaktion vom „Dichtungsring – Zeitschrift für Literatur".

VOM GLÜCK(S-TALER) VERLASSEN?
JÜNGSTE ENTHÜLLUNGEN BRINGEN DUCK-CLAN INS ZWIELICHT

Kurt Neumeyr

ENTENHAUSEN. - Leuchtende Kinderaugen waren einst vorprogrammiert, wenn es um Entenhausens wohl schillerndste Society-Familie ging: Reich, schön und immer zu neuen Abenteuern aufgelegt präsentierte sich der legendäre Duck-Clan stets einer interessierten Öffentlichkeit. Doch was wurde aus dem Dunstkreis rund um den mittlerweile greisen Finanzmagnaten Dagobert Duck? Für ihr brandneues Buch „Entendämmerung" blickte die renommierte Enthüllungsjournalistin G. Ferlich hinter die Kulissen des familieneigenen Finanzimperiums und förderte Unappetitliches zu Tage …

Der mächtige Geldspeicher auf dem Hügel von Entenhausen, in dem der Konzernherr täglich sein „Geldbad" zu nehmen pflegte und sich dabei gern von Reportern des Wochenmagazins „Micky Maus" ablichten ließ, galt jahrzehntelang als DAS Symbol für Macht und Reichtum.

Die Wahrheit mutet heute freilich viel trauriger an: Riskante Börsenspekulationen, die Immobilienkrise in den Staaten sowie der weltweite Bankencrash haben dazu geführt, dass der einst randvoll mit Geld und Gold gefüllte Speicher beinahe leer ist. Zwar soll der „Alte" - wie Dagobert Duck firmenintern hinter vorgehaltener Hand genannt wird - nach wie vor sein tägliches Geldbad nicht missen wollen, doch von hineinspringen, wie ein Maulwurf darin herumwühlen und sich die Talerchen auf den Kopf prasseln lassen kann keine Rede mehr sein. Vielmehr muss der frühere Multimilliardär mit einem einfachen Waschzuber, befüllt mit Kreuzern, nunmehr sein Auslangen finden.

Krasse Fehlentscheidungen in der Konzernleitung sowie ein verantwortungsloses Management, das dem wachsenden Einfluss seines Neffen und Universalerben Donald D. - für ihn gilt die Unschuldsvermutung - zuzuschreiben ist, haben vor allem potenzielle Investoren abgeschreckt und treue Geschäftspartner veranlasst, ihre Beteiligungen zurückzunehmen.

Im Gegensatz zum „Alten", der für seinen spartanischen Lebensstil bekannt war, gilt sein Neffe als Lebemann, dem das Geld locker in der Tasche sitzt: Kostspielige Geschenke für eine Escort-Dame namens „Daisy", die in der Männerwelt Entenhausens keine Unbekannte sein dürfte, fallen ebenso ins Gewicht wie ein privater Ausflug ins Weltall oder undurchsichtige Finanztransfers an einen ortsansässigen Pfadfinderklub. Besagter Klub namens „Fähnlein Fieselschweif", der von den Neffen des Donald D., Tick, Trick und Track D., autoritär gemanagt wird, ist zu keinerlei Gegenleistung gegenüber seinem Gönner verpflichtet. Insider munkeln, dass die massiven Geldzuwendungen an diese mittlerweile stramm rechts positionierte Jugendbewegung in Zusammenhang mit Misshandlungen stehen, denen die einstmals minderjährigen Knaben seitens ihres damals erziehungsberechtigten Onkels möglicherweise ausgeliefert waren. Donald D. - für ihn gilt auch in diesem Zusammenhang die Unschuldsvermutung - muss sich das Schweigen der durch Alkohol- und Gewaltexzesse in die geratenen drei jungen Glatzen wohl teuer erkaufen.

Schlagzeilen

Schlechte Zeiten für die „Panzerknacker", Entenhausens wohl berüchtigtste Einbrecherbande, müsste man meinen. Seit einem angeblich erfolgreichen Coup im oben erwähnten Geldspeicher vor mittlerweile mehreren Jahren ist es sehr still um die Jungs geworden. Dass die einst tölpelhaften Einbrecher, die stets von der Polizei oder Dagobert Ducks Schrotflinte überrascht wurden, zu Profikriminellen mutiert wären, mag in Entenhausen niemand so recht glauben. Vielmehr verdichten sich Hinweise, Dagobert Duck selbst habe für sie die Eingänge zum sich damals bereits leerenden Speicher geöffnet, um zwecks Versicherungsbetruges einen gigantischen Raubzug vorzutäuschen.

Diese Vorwürfe werden derzeit geprüft und sind Gegenstand umfangreicher Ermittlungen. Alle Bemühungen, der spurlos verschwundenen Panzerknackerbande habhaft zu werden, um sie als Kronzeugen aussagen zu lassen, sind indes gescheitert.

Genießen sie im Schutz des ehemaligen Milliardärs einen ruhigen Lebensabend fern vom Zugriff der Entenhausener Justiz? Spekulationen weisen in eine andere Richtung: Befürchtungen zufolge könnten sie mittlerweile eines unnatürlichen Todes gestorben sein. Merkwürdige Vorgänge, die rund um den Bauernhof von „Oma D.", einer nahen Verwandten des vermeintlichen „Raubopfers", beobachtet worden sein wollen, erhärten diesen Verdacht zunehmend. Sachdienliche Hinweise dazu werden von den lokalen Polizeidienststellen dringend erbeten.

Konfrontiert mit den massiven Beschuldigungen, bleiben die beiden rote Zahlen schreibenden Konzernherren Dagobert und Donald in seltener Eintracht zurückhaltend: Man wolle in laufende Verfahren nicht eingreifen, gibt der für seine Wutanfälle bekannte Neffe nüchtern zu verstehen. Beschwichtigend die Worte des verbitterten Onkels und Ex-Milliardärs: „Alles bloß eine Ente …"

Ob es für den angeschlagenen Duck-Clan noch jemals „Ente gut - alles gut" heißen wird, wagt in Entenhausen derzeit niemand zu beantworten …

Lukas Vering

Q:

Was würde eigentlich Ihr Nachname bedeuten, wenn er eine (wissenschaftliche) Einheit wäre?

Juri Padel, Schauspieler & Regisseur

Eine molekulare Masseeinheit also unter Berücksichtigung der Auszuckerung von Verdichteter Zellulärer Energie

Frank Römmele aka Sir ladybug beetle, eine Hälfte von half past selber schuld

Eine kleine italienische Hauptstadt. Weiß leider nicht, ob es sich hierbei dann um ein Längen-, Flächen- oder sonstiges Größenmaß handeln mag. Glaube aber an Volumen.

Zeha Schröder, Theatermecha

1 Schröder bezeichnet in der exakten Sprachwissenschaft den größtmöglichen Abstand zwischen dem Anfangs- und Endpunkt einer direkten, sinnvollen Assoziation.
Erläuterung: Eine Assoziationskette wie z. B. nass >> Regen >> Wolke >> Himmel >> Weltall >> Rakete ist keine direkte, sondern indirekte assoziative Verknüpfung von „nass" und „Rakete". Als direkte Verknüpfung wäre „nass" >> „Rakete" eher sinnlos.
Beispiel: „nass" >> „Regen" ist eine naheliegende Assoziation und erreicht auf der Schröderskala allenfalls 0,24. „Regen" >> „Bogen" ist schon besser (0,37), „Regen" >> „Neger" ist schon ziemlich um die Ecke gedacht (0,63), „Regen" >> „Oberflächenspannung" würde ich mit ordentlichen 0,81 bewerten. Aber Obacht: Je höher der Schröderwert, desto größer die Gefahr, aus der Definition zu fallen (direkt und sinnvoll). Selbst bei der Oberflächenspannung kann man schon diskutieren, ob das noch eine direkte Assoziation ist oder doch eine indirekte (via „Tropfen"). Daher ist der Wert 1,0 Schröder in der Realität nie zu erreichen, sondern nur unter Laborbedingungen. 1,0 Schröder ist der Punkt, an dem die Assoziation geraaaaade noch funktioniert, bevor sie zu Nonsens wird. So wie das Schöne, das nichts als des Schrecklichen Anfang ist, den wir noch grade ertragen, und wir bewundern es so, weil es gelassen verschmäht, uns zu zerstören.
Wobei letzterer Satz als assoziativer Verweis sich zum vorletzten mit erstaunlichen 0,89 Schröder positioniert. Wohingegen der Name „Rilke" als direkter Anschluss an „(…) Nonsens wird" den Schröderwert 1,4 (und somit Null) erzielt hätte.

Nicholas Greenfield, Autor

Greenfield - heightened kinetic fluidity.

Clemens Setz, Autor

Maßeinheit für die Wölbung eines Wamses.

Christian Surrey, Liedermacher

Ich spreche meinen Namen ja des Öfteren in gefaktem Français aus … „Sühreh" … so to speak … Demnach könnte ich mir vorstellen: sür res … also unter den Dingen … eine Einheit für latent mystischen Inhalt von Sachtexten … aber das ist nur ne spinnerte Idea ...

Michel op den Platz, Autor

Ach, das werde ich oft gefragt! Ein op den Platz definiert als wissenschaftliche Einheit möglichst freizügig das Maß dessen, in dem innerhalb einer textuellen Äußerung das Schöne (im Sinne von: „Hach, Rilke!") so lange diametral durch das Erhabene (im Sinne von: „WTF?! O_o") gedisst wird, bis es in der Ecke sitzt und weint (zur näheren Definition siehe: „Willst du nicht auch mal was Schönes schreiben?", wissenschaftlicher Vortrag von Dr. des. in spe Thoma, 2014).

Nicoleta Craita Ten'o, Regenbogen

Auf alle Fälle hätte er keinen Bezug zu einer bestimmten Größe, nein, er hätte nichts mit einer Größe zu tun. Da der Wert der Größe das Produkt von Zahlenwert und Einheit ausdrückt und mein Nachname aus diesem Kontext kategorisch ausscheidet, würde es sich um eine verlorengegangene Einheit handeln, um das letzte Ein-Horn oder Ein-Dorn-in-dem-one-man-only's-linken-Bühnenschuh. Mein Nachname könnte keiner einheitlichen Funktion untergeordnet werden. Er entspricht keiner Sinusfunktion, sondern einer Sinn-sucht-Fraktion-Suchaktion. Er beschreibt keine Zunahme der Geschwindigkeit, weder die Ausprägung der Schwerkraft noch die Veränderungen des Stellplatzes eines Flugobjektes. Mein Nachname ist eine Zusammensetzung von Zwang und Neuheit. So wie die letzte Folge einer TV-Serie. Ich heiße Craita Ten'o. Vielen Dank!

Doris Anselm, Autorin

Anselm ist ein Maß für die Fähigkeit von Gedanken, die Herz-Hirn-Schranke zu überwinden, also aus dem Kopf ins Herz zu gelangen. I Anselm = Die Intensität (oder anselmsche Aufladung), die ein Gedanke besitzen muss, damit er vom Herz mindestens wahrgenommen wird. 10 Anselm = ein ziemlich heißer Gedanke. 100 Anselm = Lebensgefahr! Herzinfarkt! Wahn!

Daniel Ableev, Weihnachtsmann

Einheit des Nonsensaustritts bei geöffnetem Maul. Ein schizoider Eremit nach Lachgaseinspritzung bringt ca. 40 Millibla auf die Waage.

Daniel Strotmeyer, Physiker

Das Strotmeyer, Stm, ist die physikalische Einheit für die Menge neu aufgeworfener Probleme pro wissenschaftlich beantworteter Frage. Sie ist eine Mischeinheit und lässt sich schreiben als: $1\ Stm = 1\ P/F\_b$, mit P = Anzahl Probleme und F_b = Anzahl beantworteter Fragen. Es ist zu beachten, dass für reale Sachverhalte stets gilt: $P/F\_b > 1\ Stm$. Die Konsequenzen dieses Sachverhaltes sind trivial und bedürfen keiner weiteren Erläuterung.

Bob Schroeder, Comixer

Surly Creator's Hypocritical Rant Over Evident mischief and disfavour Demonstrated and Elucidated with righteous rotten radish Rate. Aber obs stimmt?

Selim Özdogan, Autor

Ein Özdogan = die persönliche Zeit, zu der sich eine Einatmung und eine Ausatmung maximal ausdehnen lassen.

Hen(dri)k Nijmeijer, Lebens- und Aktionskünstler

„Nijmeijer" bedeutet: den konstanten Abstandsparameter aller bekannten Spezifiken von Jahresringen jedweder Baumsorte. Somit das inhärente Spezifikum, das diesem Element zugrunde liegt.

Peter Zemla

Königin der Bienen

Es lebe der König!

Unsere Kinder, aus sentimentaler Gewohnheit nennen wir sie weithin so, fanden den König beim Spielen im Dreck. Ihm fehlte der Kopf. Das störte sie nicht. Mit Spucke brachten sie ihm Mantel und Strümpfe wieder in Ordnung.

Sie bauten ihm aus Knochen, aus Knorpel ein Schloss. Sie stellten eine Schuhcremedose als Bettchen hinein und einen lädierten Eierbecher als Thron. Ein Knäuel Garn war die Königin und eine tote Wespe die gemeinsame Tochter.

Er trank Tee aus einem Service aus Kiesel. Er trat hinaus auf den Knochenbalkon, weil die Rufe „Es lebe der König!" ein Ende nicht fanden. Er hob seine Hand, die gesplitterte, zum Gruß und schickte ein Lächeln voll Huld hinterher.

Dann krachte ein Fels in den Jubel. Heulend packte der Sturm das Schloss und zerrieb es zu Mehl. Der König verlor seine Arme, ein Bein. Dann stampften sie ihn zurück in den Dreck, sie, die wir unsere Kinder nennen noch immer.

Sie trug ein Kleid aus Bienen, knielang und hochgeschlossen, als wir glaubten, dass es längst dergleichen nicht mehr gäbe, keine Frau dieser Art mehr, breithüftig, vollbrüstig, kraftschöpfig, und schon gar keine Bienen.

Aus der Provinz, behaupteten jene, wo der See früher war, wo es versengt ist und hart ist, verseucht ist, sei sie heruntergekommen. Ein anderer sagte Ach was und dass sie nichts sei als die missratene Tochter des Bäckers.

Einer sagte, so seht doch, sie weint, die Frau mit den Bienen, doch was ihr rann aus den Winkeln der Augen war Seim, und aus ihren Ohren tropfte der Seim. Die Hunde, die daran leckten, sprangen jämmerlich jaulend davon.

Dann, so erzählten es jene, habe sie, die all die Zeit nichts gegessen, als was die Bienen ihr brachten, von der nichts zu hören gewesen war all die Zeit außer Gesumm, sich erhoben, sei geschwebt starren Leibs höher und höher.

Bis die Bienen mit einem Mal sie verließen, dass wo die Frau gerade noch war nun nichts mehr war als der schmutzige Himmel. Sagten es, und ihr nach oben gerichteter Blick zeigte das weißeste, das einzige Weiß unserer Tage.

Etwas andere Königshäuser
angefertigt von Hirn und Hand der
Prinz Christine

So, so, Königshäuser also - na, woran denkt das Rekrutenhirn sofort? Klar, ans Kartendibbeln natürlich! Wer kennt sie denn nicht, die altehrwürdigen Königshäuser Herz, Kreuz, Karo und Pik? Aber auf Dauer ein bisserl fad, wenn einem immerzu die gleichen königlichen Fratzen entgegengaffen.
Weshalb das Rekrutenhirn an die Rekrutenfinger auch gleich den Befehl gab, das ganze entsprechend umzugestalten. Trommelwirbel! Für die hochwohlgeborenen Königshäuser von Herz, Rot-Kreuz, KAROlinger-Klößchen und Pik.
Aber halt, was seh ich da für einen Pfusch? Sag, Auge, siehst du den Erl-König nicht? Oder gar doppelt? Aber aber. Keine Panik. Passt schon so. Leicht erklärt ist's, warum es im Hause Pik keine Königin, sondern nur zwei Könige gibt:
Denn der Rekrut Kreitlinger war auf Anhieb dafür zu schummeln. Rekrut Bauer pflichtete ihm bei. Der „Erl-König" hielt sich beredt schweigend und der Rekrut End segnete des Kreitlingers Idee mit einem „ENDGEIL!" ab.

Zum Auftakt des neuen Jahres wünsche ich ein fröhliches Mogeln mit dem etwas anderen Königshäuser-Set ;-)

Grüße
Christine Prinz

Scott Thomas' short story collections include URN AND WILLOW, MIDNIGHT IN NEW ENGLAND, QUILL AND CANDLE, WESTERMEAD, THE GARDEN OF GHOSTS, COBWEBS AND WHISPERS and OVER THE DARKENING FIELDS. His novel FELLENGREY is a fantastical nautical adventure set in an alternate 18th century Britain. His work appears with that of his brother Jeffrey Thomas in PUNKTOWN: Shades of Grey and THE SEA OF FLESH AND ASH. More recently, Scott's novella THE SEA OF ASH has been published by Lovecraft eZine Press. Scott has seen print in numerous anthologies, such as THE YEAR'S BEST FANTASY AND HORROR #15, THE YEAR'S BEST HORROR #22, THE GHOST IN THE GAZEBO, LEVIATHAN 3, OTHERWORLDY MAINE, EXOTIC GOTHIC 4, and THE SOLARIS BOOK OF NEW FANTASY. Scott lives in New England.

Soldatnam

Das Kartenspiel für wehrtechnisch Geschädigte und solche, die's noch werden by Christine Prinz ;-)

"Pusteblume" — Rekr Wunderling

"Rekord!" — Gfr Rieger

"Sicher nicht" — OWm Matič

"Ich bin dein Herzbube" — OWm Jursič

"Huarchtsch" — Olt Hollerer

"Imernst" — Kpl Schäfer

"Sodala" — Valt Muckel

"Mei Pinzgauer" — Wm Hofer

INBERVIEG

ÖTZKE / OWLS / Daniel Ableev

DANIEL ABLEEV
BOWLS IST JA DEIN BÜRGERLICHER NAME. ERZÄHL MIR DOCH ETWAS ÜBER DEINEN BESTSELLER „TRIDIVERSUM". WAS BEDEUTET DER TITEL? KANNST DU IHN BUSCHTA-BIEREN?

Bowls Götzke
Buschtabieren ist out, weil der Präsident der Vereinigten Staaten inzwischen Obama heißt. Die Amerikaner sind da recht pingelig, und ausgerechnet denen möchte ich als gebürtiger Bowls ungerne auf den Schlips treten, solange sich mein Buch nicht besser verkauft als die entsprechende Film-Trilogie dazu. Also spätestens am 21.10.2015, dem Back-To-The-Future-Day, der an dieser Stelle lediglich Erwähnung finden soll, weil es sich beim „Tridiversum" primär um eine Was-wäre-wenn-Geschichte handelt. Ohne DeLorean aber. Zieh dir die-se Inhaltsangeberei dazu mal rein:
„Das Leck in der Y²stream-Röhre wäre für niemanden ein Problem gewesen, hätte Nicoletta vorm Duschengehen die Vorhänge zugezogen. Oder Ole nicht durchs Teleskop geguckt. Der Standardanaly²tiker hätte auch einfach besser aufpassen können. Aber das war alles egal jetzt! Der Triangulator verschärfte die Warnfrequenz, und Clayton Sun schrubbte sich den Zeitreisewürfel aufs Display. ‚Schön hier mit dir', sagte Aylin zu der Comicfigur. Die dritte Dimension hatte verdammt schöne Sonnenuntergänge."
Das Wesentliche steht - wie üblich - zwischen den Zeilen. Nächste Frage, bitte.

Y²? DAS IST DOCH NICHT ETWA JENE STIERSEKUNDE, DIE NÖTIG IST, UM EINEN MEMOX AEMOA AUS DEM KELLER ZU ZERREN?

Fast und/oder durchaus möglich. Ein Y² ist ein Buchstabe (kein Buschtabe), genannt Double-Y, gesprochen Double-Why, gemeint als Doppelfrage (=Gegenfrage), deren Beantwortung sich allein durch sich selbst ergibt. Wird einem Wort(bestandteil) beigefügt, um eine (Meta)²Ebene auszudrücken. Der Informationsgehalt einer sol-chen wiederum ist mit der dritten Dimension jeDOCH EINFACH NICHT ZU FASSEN! Nächste Frage, bitte.

WAS IST DEINER MEINUNG NACH AALEM?

Aalem ist das eingedätschte Synonym für Memox Aemoa (-ae, f.), einem Fisch-Fang-Flughund, bei dem es sich nicht (wie von promovierten Meeresbiologen oft behauptet) um ein Säugetier handelt. Aalems sind Ungeziefer und gegen Aussterben immun. Man findet sie häufig in Strandhüttenkellern auf Touristeninseln. Nächste Frage, bitte.

(‾   )

Das ist keine Frage, sondern Postgeheimnis.

HTTPS://VIMEO.COM/92869760.

Hexagrammophon würde ich antworten, läse ich eine Frage (!) aus die-sem Link extraordinären Overkills bunter Informationen. Lese ich?

SPRECHEN WIR KURZ ÜBER DIE PROBLEMZONE GELD. WAS IST GELD FÜR DICH? WAS IST GELD FÜR DICH NICHT? ALS WAS SOLLTE GELD VERSTANDEN WERDEN? ALS WAS SOLLTE GELD NICHT VERSTANDEN WERDEN? WOHIN FÜHRT GELD? WOHIN FÜHRT GELD NICHT? WER IST GELD? WAS IST GELD ÜBERHAUPT NICHT? UND: MUSS MAN IMMER MIT GELD ZAHLEN, AUCH WENN MAN ZUM BEISPIEL ÜBER SCHÖNHEIT, KLUG-HEIT ODER RIESENVIRUSINFEKT VERFÜGT?

Als wir neulich gemeinsam in einem Café der Kölner Domplatte sa-ßen, drücktest du dem Kölner nach Verzehr eines Eiskaffees einen Fünf-Euro-Schein in die Hand und fragtest: „Kann man bei euch mit GELD bezahlen, oder geht das auch so?" Sein episch verstörter Gesichtsgulasch galt nicht der Absurdität deiner Frage, sondern der Fragwürdigkeit des Fünf-Euro-Scheins, welcher ihm im selben Augenblick kein GELD mehr zu sein schien. GELD wirkte auf den Köllner plötzlich wie geschmacklose Kunst, fühlte sich an wie buntes Klopapier und verhielt sich wie ein Haufen Scheiße. Es stinkt ja bekanntlich. Mir auch. Von daher schlage ich den WELD ein Karmapunktesystem vor: Wenn du mir zum Beispiel ein Brot backst, schenke ich dir zwei Autos. Damit ist die Sache abge-GOLDen, und das ist auch ziemlich gerecht so.
https://www.youtube.com/watch?v=z7Y1fQOE08o
Nächste Frage, bitte.

KEINE FRAGE, SONDERN VIELMEHR BITTE: REZENSIERE DOCH MAL RASCH DAS ALBUM „TRISKAIDEKAPHOBIE" VON PRESENT.

Die Klangcollagen erzeugen ein klaustrophisches Gefühl, das wie hErz ist. Im Underground des versunkenen Atlantis fokussieren die Musiker vor schwebenden Instrumenten den Stein der wEisen. Es spielt keine Rolle, wer keine Rolle spielt. Wesentlich scheint zu sein, die Wesenheit des Seins erfasst zu haben, was als gelungen betrachtet werden darf, wenn es sich bei der Wesenheit des Seins um die Abwesenheit von Deutschlakk (Deut-scher-Schlager-Akkordverbindungen) handelt. Allerdings kommen auch Country und Pop etwas kurz. Es entwickelt das struktu-rierte Chaos der instrumentalen Exzesse, die durchaus von hoher Qualität sind, eine Dynamik, der sich niemand wird entziehen können, der noch recht bei Verstand ist.

UND WIE GEHT DAS „TRIDIVERSUM" IN DEN RESTLICHEN BÄNDEN DER TRILOGIE WEITER? VERLIER AUCH EIN PAAR WORTE ÜBER DEIN FRISCHGEBACKENES GE-SCHLECHT „HYPERGENDER SUPERMAN".

Das 1. Buch beschäftigt sich mit Zeit (definitiv).
Das 2. mit Bewusstsein (wahrscheinlich).
Das 3. mit beidem (vermutlich).

Ein Hypergender Superman ist ein männlicher Mensch im Eifer des Geschlechts.

WIE NENNT MAN EIN BUCH VON DIR?

Jedes Buch von Bowls Götzke ist Teil des Tridiversums. Viel-leicht nennt man ein Buch von ihm deshalb Satzbaukasten.
Mit freundlichen Füßen
Dein Bowls Götzke

EIN BUCH VON BOWLES GÖTZKE HEISST BGB.

Ach du Scheiße! Das stimmt natürlich!

ALBANISCHE TASTEN.

Alberne Tatsachen.

JAPANISCHE WINDE.

Satanische Pfründe.

CDU vs. BEMM
Daniel Ableev

EUGEN EGNER
Daniel Ableev

Sehr geehrter Herr Ableev,

vielen Dank für Ihre Nachricht an die CDU Deutschlands und die Zusendung der Materialien.

Zu meinem Bedauern besteht aus terminlichen Gründen keine Möglichkeit eines persönlichen Gesprächs mit Frau Bundeskanzlerin. Sie können jedoch Ihre Meinung bzw. Vorschläge gern an uns richten.

Bitte haben Sie Verständnis dafür, dass wir Ihnen mit solchen Fragen wie „Warum gilt es eigentlich als so normal, etwas tun zu müssen, um zu überleben?" nicht wirklich helfen können.

Mit freundlichen Grüßen

CRM-Team
Bürgerservice der CDU-Bundesgeschäftsstelle

DA
VERMEHRTE KNABENHÄUFUNGEN LASSEN SICH IM UNMITTELBEREICHEN BEREICH VON _____ FESTSTELLEN. [BITTE ERGÄNZEN.]

EE
Vermehrte Knabenhäufungen lassen sich im unmittelbereichen Bereich von Knabenrealschulen feststellen. Ich muß es wissen, ich habe eine besucht. Bis zur bitteren Mittleren Reife im Jahre des Heils 1967.

Ende April 1973 erblickte „Literart" **Gerhard Benigni** mütterlicherseits geboren als unbeschriebenes Blatt in Villach (Österreich) die Welt des Lichts. Nach zahlreichen Schreibblockaden in den ersten vier Lebensjahren begann er mit knapp fünf Jahren langsam, die Sinnhaftigkeit von Buchstabensuppe zu hinterfragen. Seither sind einige Tage ins Land gezogen, in denen er sich der Schreiberei mehr und mehr verschrieben hat.

DAS MÄRCHEN VON DER EVOLUTION

Bianca Tschaikner

Es war einmal eine Prinzessin, die glaubte, dass sie ein Tier sei. Die Umnachtung hatte begonnen, als sie an ihrem elften Geburtstag im künstlichen Labyrinth des Schlossgartens, in dem man das Geburtstagspicknick abhielt, verloren ging. Sie verschwand während der königlichen Schnitzeljagd, und als sie wieder (nicht mehr als eine Viertelstunde war vergangen) aus dem nicht allzu dichten Dickicht der Zierpflanzen auftauchte, geschah es, dass sie zum ersten Mal Tierlaute von sich gab - in der allgemeinen Trunkenheit des Geburtstagsfests dachte man sich jedoch nicht viel dabei.

Doch von diesem Tag an begann in kleinen, aber feinen Schritten die Verwandlung vom handfesten Fuß zum imaginären Huf, und nur ein Jahr später hatte sich die Prinzessin bereits vollständig ihrer animalischen Identität verschrieben.

Oft saß sie den ganzen Tag in den Bäumen herum, und einmal brach sie sich sogar einen Arm ob des (einmalig gebliebenen) Versuchs zu fliegen, indem sie sich einfach in die Luft warf und auf ihre eigene Realität vertraute, gemäß der das, was ihre Arme zu sein schienen, in Wirklichkeit Flügel waren. Nachts schlief sie auf dem Teppich vor ihrem Bett, während der von dort vertriebene Hund mit freudigem Eifer das freigewordene Bett übernahm.

Zu diesem Zeitpunkt trug sie schon keine Schuhe mehr. Und als der Winter kam, verschmähte sie die Fellstiefel, die man ihr gab, mit der Erklärung, doch nicht die Haut eines Bruders oder einer Schwester an den Füßen tragen zu wollen. Und als sie Erfrierungen an den Zehen bekam, nährte das in ihr nur die Besorgnis, vielleicht unglücklicherweise ein eher tropisches Tier zu sein.

Es war, als ob sie noch mit ihrer tierischen Identität experimentiere. So war sie überzeugt davon, dass sie diese - ihren Neigungen und Talenten gemäß - mehr oder weniger frei wählen könne, etwa so

wie andere Jugendliche ihren zukünftigen Beruf. Auch schien für sie außer Frage zu stehen, dass man nicht als fertiges Tier geboren wurde, sondern vielmehr erst - durch das intensive Ausüben verschiedener animalischer Aktivitäten - lernen musste, ein Tier zu sein. Der König unterdessen beschuldigte die Königin, zu oft mit dem Kinde ausreiten gegangen und ihrer Tochter mit ihrer glühenden Leidenschaft für edle Pelze ein schlechtes Vorbild zu sein. Die Königin wiederum beschuldigte die Amme, dem Kinde zu oft „Das Dschungelbuch" vorgelesen zu haben, womit der Amme nichts anderes übrig blieb, als dem Hofsbibliothekar grobe Fahrlässigkeit bei der Zusammenstellung der royalen Lektüre vorzuwerfen - eine Beschwerde, die sie allein deswegen einlegte, damit nicht die Schuld am Ende bei ihr hängen blieb, denn die Amme sah alles eher pragmatisch und war insgeheim stolz, dass dieses besondere (Tier-)Kind, das sie mit ihrer Milch aufgezogen hatte (worin sie durchaus einen Zusammenhang zu erkennen glaubte) so ausnehmend charakterstark und paramenschlich individuell geworden war.

Alle anderen jedoch, denen das Protokoll derartige Freiheiten erlaubte, warfen der Prinzessin vor, mit ihrem Verhalten ihrer Familie und damit dem ganzen Lande große Schande zu bereiten. Man drohte ihr, man werde ihr eins mit der Pferdepeitsche überziehen, damit sie merke, dass sie kein Pferd sein wolle, oder sie in den Zoo zu bringen, wo sie mit den Piranhas schwimmen möge, oder sie gleich im Wald bei den wilden Wölfen und Bären auszusetzen. Aber all das brachte ihre Augen nur zum Glänzen.

Dann begann man, ihr alle Kuscheltiere wegzunehmen, dann alle Bücher, in denen Tiere vorkamen (und auch alle in Leder gebundenen Bücher, nur für den Fall). Man entfernte die Pferde vom Hof, und selbst der Hofhund (er war ohnehin schon so alt, dass er vier Dynastien miterlebt hatte) wurde eingeschläfert.

Auf die königliche Tafel kamen nur noch vegane Gerichte, und die Existenz von Läusen (was in diesen Zeiten einem gravierenden Realitätsverlust gleichkam) wurde geleugnet, und wenn es jemanden dennoch juckte, so sagte man, es sei eine allergische Reaktion.

Aber es war zu spät. Die Prinzessin bestand darauf, ein Tier zu sein.

Da beschloss der König eines Tages, dass die Prinzessin heiraten müsse. Denn er dachte, wenn sie mit einem schönen Jüngling sei, würden ihre Mädchengefühle schon erwachen, und sie würde nicht nur wieder wissen, wer sie sei, sondern es auch gerne sein wollen.

Und er ließ im ganzen Land verkünden, dass jeder Adelsmann nah und fern eingeladen sei, sich bei Hofe vorzustellen. Und zahlreiche Bewerber strömten an den Hof. Der König aber überließ Wahl und Auswahlverfahren der Prinzessin; er war allein froh, dass sie überhaupt ein menschliches Wesen heiraten würde.

Der Prinzessin war es recht; immerhin war sie mittlerweile schon siebzehn und hatte daher, dem durchschnittlichen Alter aller Tiere (Insekten bis Elefanten) zusammengenommen zufolge, wahrscheinlich ohnehin nicht mehr lange zu leben. Außerdem bot eine Heirat die willkommene Gelegenheit, endlich ihre Eltern loswerden, die ihr schon lange auf den Geist gingen: So würde sie endlich ein freies

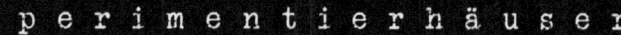

Leben (den Ehemann würde sie sich schon irgendwie gefügig machen) auf irgendeinem Baum führen können.

Da man gehört hatte, dass die wilde Prinzessin animalische Erscheinungen bevorzugte (ein wahres Gerücht, dass die loyale Amme per Befehl der Prinzessin im Lande verbreiten ließ), fühlten sich vor allem Bewerber angezogen, die alle auch eher von der anderen Seite des Gartenzaunes zu stammen schienen.

Da sah man Marktgraf Minotaurus durchs Tor galoppieren, ein stiernackiger Riese mit vollem, kohlrabenschwarzem Haar, dem nachgesagt wurde, mit jeder Maid und jedem Jüngling des Königsreichs geschlafen zu haben, obwohl sich das bei genauer Betrachtung nicht ganz ausgehen konnte, weil die Anzahl der angeblichen Bettgenossen und -innen die Anzahl der Nächte im bisherigen Leben des noch blutjungen Marktgrafen mehrere tausend Mal überstieg.

Ein anderer illustrer Bewerber war der leichtfüßige Kurfürst von Kuckuck in seinem legeren Streifenfrack, der oft nachts heimlich seinem Palast entfloh und als menschlicher Sänger verkleidet in verruchten Spelunken romantische Balladen auf das Waldleben sang.

Da war der frühzeitig ergraute und stets etwas dümmlich lächelnde Landgraf von Schlaf und sein Busenfreund Ritter von Ross, seinerseits mit einem ziemlich penetranten Grinsen und gar hochtrabendem Gerede, aus dem hervorging, dass er sich schon sicher als zukünftigen Prinzessinnengemahl sah. Zarewitsch Zitteraal wiederum, ein glatzköpfiger, äußerst nervöser Mensch, der kein Glas Wein in der Hand halten konnte, ohne die Hälfte davon zu verschütten, schien sich seines Erfolges weniger gewiss zu sein. Der etwas streng riechende Zar Ziegenpeter, der stupsnasige, etwas zu kurz geratene Fürst Frettchen (man munkelte, dass er in Wahrheit erst 14 sei) und der breitmäulige Freiherr Froschkopf hingegen ergingen sich ohne Unterlass in Witzen über das Aussehen ihrer Mitbewerber, obwohl sie selber auch nicht besser aussahen. Schah Schabe wiederum, vornehm und standesbewusst, war extra mit einer Entourage aus exquisiten Perserkatzen aus dem fernen Persien angereist.

Weil die Prinzessin keine Lust auf ein standardisiertes, faires Auswahlverfahren hatte, sondern lieber nach Lust und Laune auswählen wollte, hatte sie beschlossen, die Herren, um einen fairen Wettbewerb vorzutäuschen und den Anschein von Transparenz zu wahren, im Wettlauf gegeneinander antreten zu lassen (und zwar auf allen vieren), dem stolzen Sieger dann irgendeinen Dopingvorwurf ins Gesicht zu schleudern und schließlich auszuwählen, wen immer sie wolle.

Der Gewinner wurde dann zwar tatsächlich Ritter von Ross, aber die Wahl der Prinzessin fiel auf Prinz Bonobo, obwohl dieser das Wettrennen als absolutes Schlusslicht bestritten hatte - er war auf halbem Weg auf einen Baum geklettert und hatte begonnen, die unten vorbeihechelnden Kandidaten mit Äpfeln zu beschmeißen, ein Akt, dessen Sinn sich niemandem wirklich erschloss,

mit dem er aber umgehend die Sympathie der Prinzessin gewonnen hatte.

Mit seinem gelockten Brusthaar, das keck aus dem aufgeknöpften Hemd lugte, seinen verführerischen schwarzen Kulleraugen und dem ihm vorauseilenden Ruf eines einfallsreichen Liebhabers dünkte er die Prinzessin einen ganz passablen Mann.

Zwar war er ein wenig kurz geraten, aber die weise Amme riet, nie oberflächlich über einen Mann zu urteilen, bevor man nicht wusste, was er in der Hose hatte.

Und so wurde Hochzeit gefeiert, und die Prinzessin zog mit ihrem frisch angetrauten Gemahl

in den fernen Kongo. Nach einer langen Reise quer durch den afrikanischen Kontinent waren sie endlich angekommen: Mitten im Dschungel, am Ufer des Flusses Kongo, stand ein mächtiger Baobab, auf dem ein prächtiges, aus edlen Tropenhölzern gebautes Baumhaus thronte - eine Residenz ganz nach dem Geschmack der Prinzessin.

Die neuen Schwiegereltern waren ein recht sonderbares Paar: Die kleinwüchsige Königin (sie reichte ihrem Ehemann nur bis zur Hüfte) trug verschmierten Lippenstift und verwelkte Blumen im Haar, der König trug trotz der großen Hitze und seiner eigenen durchaus üppigen Behaarung einen Hermelin.

Willkommen zu Hause, rief die Königin und breitete ihre endlos langen Arme aus. Ich hoffe, es ist alles nach eurem Gefallen! Leider haben wir momentan noch keine Elektrizität.

Aber fließend Wasser haben wir, witzelte der König und wies auf den Kongo.

Die Prinzessin aber hatte an ihrem neuen Heim im Baum nichts auszusetzen. Und als sie abends - das erste Mal - neben ihrem neuen Ehemann im Bette lag, war ihr Mädchenherz voller Vorfreude auf die nun kommenden fleischlichen Vergnügen mit ihrem wollüstigen Pan. Und mit klopfendem Herzen knipste sie die Feldlampe aus.

Prinz Bonobo aber schaltete die Lampe wieder ein und nahm ein Buch vom Nachttisch. Es war „Die Kleine Raupe", das die Prinzessin noch aus den Zeiten vor dem Inkrafttreten des Tierbücherverbots kannte. Und der Affenprinz bat sie, ihm

daraus vorzulesen.

Ich kann nämlich noch nicht so gut lesen, sagte er entschuldigend.

Sorry, aber ich kann nicht mehr lesen!, sagte die Prinzessin, wälzte sich zutiefst enttäuscht vom Bett und legte sich auf die Strohmatte auf dem Boden, wo sie einerseits unberührt, andererseits ungestört ihrer zweiten schlafstättlichen Lieblingsbeschäftigung nachging - Schafe zählen -, bis sie endlich in einen tiefen, traumlosen Schlaf fiel.

Am nächsten Morgen führte der Prinz die Prinzessin in das Esszimmer, an dessen Wänden gerahmte Fotografien von Charles Darwin und Jane Goodall hingen. Auf dem Boden aber lag ein weißes, besticktes Tischtuch ausgebreitet, auf dem die Königseltern bereits Platz genommen hatten, und das immer noch unvollzogene Ehepaar setzte sich zu ihnen.

Ein bedienstetes Äffchen mit weißer Haube huschte vorbei und gab der Königin ein ziemlich zerfledertes, schmieriges Buch. Die Kö- nigin schlug es auf.

Vor dem Essen beten wir immer ein kleines Tischgebet, sagte die Königin und bleckte ihre Zähne, was wohl als Lächeln gemeint war.

Was ist das für ein Buch?, flüsterte die Prinzessin ihrem Gemahl zu.

„Die Entstehung der Arten", antwortete dieser.

Was ist denn das für eine Religion?, fragte die Prinzessin.

Prähumanismus, antwortete Prinz Bonobo.

Nie gehört. Und an was glaubt man da?

Nun, wir glauben an die Kraft der Evolution - und daran, dass man seine Evolution selbst in die Hand nehmen kann, erklärte die Königin und zeigte der Prinzessin noch einmal ihre Zähne.

Ja, sagte der Prinz, wir glauben daran, dass auch wir Menschen werden können. Wir glauben daran, dass wir bald von unserem Affensein erlöst sein werden.

Nonsens, rief die Prinzessin, wer würde denn so etwas wollen! Ich wäre an eurer Stelle heilfroh, dass ihr vor sechs Millionen Jahren die andere Abzweigung genommen hättet!

Ach, das ist doch nur ein kleiner Umweg. Bald werden auch wir ankommen, erwiderte die Königin: Und auch du wirst als Repräsentantin der Darwinistischen Republik Kongo den Prähumanismus als deinen rechten Glauben annehmen. So ein Blödsinn, warum sollte denn ich, als Mensch … ich meine, warum sollte denn ich ein Mensch werden wollen?

Nicht doch, sagte die Königin. Du bist die Prophetin, auf die wir so lange gewartet haben! Und es wird deine heilige Aufgabe sein, uns das Menschsein zu lehren.

Und alle starrten sie erwartungsvoll an. Die Prinzessin aber war bleich geworden. Es reicht!, sagte sie. Und sie raste aus dem Esszimmer, hinaus aus dem Palast, und verschwand im undurchdringlichen Dickicht des kongolesischen Dschungels.

Und sie ward nicht mehr gesehen in diesem Leben.

Manchmal aber hört man des Nachts ein fremdartiges Tier in einem der Bäume am Waldrand jubilieren. Und man sagt, dass es die Prinzessin sei, die endlich ihr Glück gefunden hat. Und drinnen im Palast schüttelt man den Kopf.

Erdbebensicheres Gartenhaus im Auftrag des Fürstentums Thurn und Taxis

Iven Einsehn

Um den Entwurf eines erdbebensicheren Gartenhauses für den Vorgarten in den pakistanischen Provinzen des Fürstentums Thurn und Taxis gebeten, ersann der Hamburger Stararchitekt Hadi Teherani einen bahnbrechenden Entwurf, der sich wahlweise im Kontext mit dem diesjährigen 100sten Geburtstag des Dadaismus oder mit den islamistischen Terroranschlägen in Paris zu betrachten lohnt (*). Oder beidem, was die herausragende zeitgenössische Note des Bauwerks doppelt, im Überschwang der Moderne möchte man fast betonen: dreifach (aber das wäre eine unzulässige Übertreibung), unterstreicht. Die Gleichzeitigkeit von Rückgriffen auf die Geschichte der Bildendenden Kunst und die Mahnung an vorangegangene bzw. die Vorwegnahme von künftigen Ereignissen wird in der Gestaltung urbaner Lebensräume bisher nur wenig berücksichtigt, findet aber immer mehr Anhänger - besonders an Schlüsselbunden und Weihnachtsbäumen.

Man kann die Sache aber auch rein architektonisch nehmen, dann erkennt man in Teheranis Arbeit ein Haus. Die Idee zum Entwurf kam Teherani nach einer durchzechten Nacht in einem iranischen Behelfsbordell, untergebracht in einem konspirativen anthroposophischen Kindergarten des Goetheinstituts. Die Adresse kann im Bundeskanzleramt erfragt werden, Telefon: 030/I82722720 (nicht abhörsicher).

Mit der Gestaltung des Gartenhauses wagt sich Tehera-delspaltenden Kopfschmerzen, in denen man die kurrenten Frank O. Gehry ahnt und der in Unart, fernab der Kinderprostitu-Urlaube in frischen Erdbebenge-Spende alter Decken mit dem werden.

ni an eine bildgewaltige Symbiose aus schä-alptraumartige Bedrohung durch den Erzkon-esoterischen Kreisen in Mode gekommenen tion in Thailand avantgardistische bieten zu verbringen, um nach der Bundesverdienstkreuz geehrt zu

Die fast malerische Themen Kopfschmerz Riefenstahl kaum hätte man sie nur trauen gezogen und mit ist dem Stararchitekten gelungen und führte ge-Schule des Bauens, die hinauf nach Dänemark un-(Verkürzung aus *alcoholism* Red.) firmiert.

Umsetzung der gesetzten und Erdbeben, die Leni besser gelungen wäre, rechtzeitig ins Ver-dieser Aufgabe betraut*, auf kongeniale Weise radewegs zu einer neuen in Fachkreisen bis ter *Alcoholismquake* und *earthquake*, Anm. d.

In der englischen Bou-jedoch längst der Eu-gesetzt. Zur Ehre der ewigen Erinnerung an den öffentlichkeitsgeiler Jahre der ortho-Thurn und Taxis schlagen wir jedoch den tref-für den neuen Baustil vor. Gerade Garten-immer schon in der Tradition von Lustgro-in diesen eigenen Kreisen gar nicht. Der überhaupt, je denfalls nichts Anste-behalten, infektiöse Pest, das.

levardpresse hat sich phemismus *Taxisism* durch-iranischen Nutten und zur verbalen Ausfluss früherer dox-katholischen Fürstin Gloria zu fenderen Begriff *Schnackselzismus* häuser stehen in adeligen Kreisen tten, und über AIDS spricht man Adel hat höchstens Krebs, wenn ckendes, das bleibt dem Volk vor-

Nachtrag: Die Inneneinrichtung wird echt fett, denn Tine Wittler wurde damit beauftragt. Sie hat sofort sämtliche IKEA-Filialen in der Umgebung geplündert, Deko im Brigitte-Bastelstil zusammengepfuscht, eine Arbeitspause bei McDonald's, Burger King, KFC und Pizza Hut eingelegt, bei RTL angerufen, BILD ein Exklusivinterview versprochen, ein Buch geschrieben, eine CD produziert, vier Kneipen eröffnet, sich fürs Dschungelcamp, Promi Big Brother, Das Perfekte Dinner, Shopping Queen und Raus aus den Schulden empfohlen und eine neue Modelinie auf den Markt geworfen, kompatibel zu den Angeboten auf klebefieber.de. Außerdem plant Wittler die Vermarktung einer farblosen Farbe für Kinder, Behinderte, Rentner und Ausländer und deren Angehörige sowie Helfershelfer und die Herausgabe zweckfreier lichtechter bunter Zettel in limitierter Auflage, dafür aber in Übergrößen, die man je nach Empfindung hinlegen kann, wo man möchte und die jedes herkömmliche Blatt Papier blass aussehen lassen, sogar kariertes. (Und ausgerechnet das ist Teheranis Lieblingsfarbe!)

* (Riefenstahl war zeitlebens total neidisch auf Arno Breker, wie archäologische Sprengungen am Olympiastadion Berlin und die Gravur auf einer in die USA deportierten V2-Rakete belegen. Anm. d. Red.)

HIRN UND HERRN KRÄMER
Daniel Ableev

Krämer hat die Zuverlässigkeit der Post zuzüglich eines Sendungsbewußtseins.
Marco Tschirpke

DANIEL ABLEEV
WIE HAT SIE KAFKA BEEINFLUSST, WELCHE ALBUMTITEL FINDEN SIE BLÖD UND WAS SIND DEUTSCHLANDS GRÖSSTE HUMOR-GEHEIMTIPPS?

SEBASTIAN KRÄMER
Was für eine originelle Frage!
Um mal mit den Humorgeheimtips anzufangen: Hans Krüger ist schon ne Marke. Da muß man erst mal die derbe Schale knacken, um zum epischen Kern vorzustoßen. Auch der schaue Fil ist etwas aus dem Blick geraten, seit Sharky, der Hai, sich rargemacht hat, nichtsdestotrotz einer der Größten. Und wer die Gedichte von Marco Tschirpke noch nicht kennt ...
Apropos Buch: Der erwähnte Kafka und Thomas Mann, beide punkten bei mir (und prägten) als Humoristen - und sind als solche vielleicht sogar auch Geheimtips. Ich muß nicht immer erst verstehen, bevor ich lachen kann. Im Gegenteil, das Seltsame, Undurchschaubare ist doch viel lustiger (wem sage ich das!), bis ein Deutschlehrer daherkommt und nach einer Interpretation fragt.
Blöd sind Albumtitel mit Wortspielen ohne inhaltlichen Zugewinn, insbesondere solche mit Klammern um einzelne Buchstaben oder Durchstreichungen.
Auch sehr weit vorne: „Liebe und andere Katastrophen" Da besteht die Blödheit allein schon darin, daß man sich noch nicht einmal die Mühe gemacht hat zu googeln, wer sonst noch auf diese tolle Idee gekommen ist. Wie oft irgendwas, Buch, Film, Theaterstück oder Joghurt so heißt, ist schon erstaunlich. „... und andere" ist generell ein ziemlich valides Symptom für blöd, direkt gefolgt von „... und Co".

ES MUSS VOR ETWA ZEHN – EIN TITEL WIE „BLÖD & CO." DÜRFTE DEMNACH EXTREM DOOF SEIN – JAHREN GEWESEN SEIN, ALS ICH IHNEN IM BONNER PANTHEON DEN „STERNMULL FEAT. KETTENSÄGE" VERBAL ZUSCHMISS, WORAUFHIN SIE EINEN SPONTANREIM AM KLAVIER ERSANNEN. WOZU WÜRDE DIESE KONSTELLATION AUS TIER UND MASCHINE – HANS KRÜGER WAR EIN SS-HAUPTSTURMFÜHRER – SIE HEUTZUTAGE INSPIRIEREN?

Mach nicht immer lauter schräge
Cuts mit deiner Kettensäge!
Das ist weder schön noch ehr'nvull.
So ein Baum ist doch kein ... - wahrscheinlich kommen deswegen so wenig Leute in die Show von Hans Krüger! - Sternmull.

ABER MANN WAR HUMORISTISCH DOCH GANZ ANDERS GESTRICKT ALS KAFKA, WENN ICH NICHT IRRE. WER VON IHNEN WOHL DIE SCHLECHTEREN WITZE ERZÄHLT HAT?

Schlechte Witze zu erzählen, ist durchaus auch eine Kunst. Schlechte Witze nicht zu erzählen, wahrscheinlich die noch größere. Den Humoristen erkennt man eben nicht an Witzen, sondern am Witz. Manns Witz ist jovial und souverän, der von Kafka sarkastisch, makaber. Nehmen Sie „Die Verwandlung". Sich in dieser Lage (wir müssen sie nicht referieren) zunächst Sorgen um Chef und Firma zu machen, weil man jetzt nicht zur Arbeit gehn kann, dieses unangemessen Aufopferungsvolle, das wird satirisch bloßgelegt. Alle fragen immer: Was bedeutet der Käfer? Darum geht es gar nicht. Die Reaktionen sind der Punkt. Wie würden ein Mensch und seine Familie mit einer solchen Verwandlung umgehen? Hier greift die schonungslose Gesellschaftsanalyse.
Diesen Text muß man sich von Wolfgang Draeger gesprochen vorstellen, der Synchronstimme von Woody Allen, dann würde man das nicht mehr für schwere Kost halten. Literatur gehört ja gesprochen, immer! Stumm Lesen ist wie Sinfonien still blätternd anhand der Taschenpartitur goutieren wollen. Und komische Autoren brauchen Sprecher, die das Komische zum Vorschein bringen. Thomas Mann hatte einen solchen zweifellos in Gert Westphal.

BUCH, THEATERSTÜCK UND/ODER JOGHURT LASSEN SICH HEUTZUTAGE JA (WIE NENNT MAN EINEN ENTZÜNDETEN ZAHN? – DICKER DENT) MIT HILFE MODERNSTER DADATENTECHNIK DIGITAGLIATELLESIEREN. DA STELLT SICH NATÜRLICH DIE FRAGE, OB ES BEI DEN GANZEN NULLEN UND EINSEN (ABER HAUPTSÄCHLICH NULLEN) ÜBERHAUPT EINEN UNTERSCHIED GEBEN KANN ZWISCHEN DER VERWANDLUNG VON MENSCH ODER MILCH.

Befinden wir uns also auf einmal im Computer, auf dem Planeten Pixar, ja? Von mir aus, aber dann sollten wir doch zumindest eines beachten:
Informatik beruht auf der Unterscheidung von Ebenen. Auf der untersten Ebene wird Strom an- und ausgeschaltet. Das führt zu den genannten Nullen und Einsen. Dann gibt es eine Ebene mit Hexadezimalzahlen, eine Programmierebene (die mit den sogenannten Befehlen) und zum Schluß eine, wo Fenster aufpoppen und der Benutzer mit der Maus herumwedelt.
Schauen wir nur die Nullen und Einsen an, gibt es natürlich nur Nullen und Einsen, keine Milch und keinen Zahn und keine Metamorphose. Selber schuld, wenn wir das machen.
Im Sonycenter Berlin steht eine Giraffe aus Lego, aber das ist kein Beweis dafür, daß der Mensch die Giraffe vollständig decodiert hat und nachbauen kann. Die gelben und braunen Legosteine dienen lediglich ihrer Darstellung, und wer an diese Darstellung nah genug herantritt, sieht schon keine Giraffe mehr, sondern nur noch Plastikquader mit Noppen dran.
Noch ist die Google-Brille nicht Teil des menschlichen Organismus. Und es zwingt uns auch niemand, in diese Richtung weiterzuschreiten. Der Trend Digitalisierung ist genauso wenig festgelegt wie das Hantieren mit Geld oder die Wahl von Bundestagsabgeordneten. Es sind, um mal dem Rahmen Rechnung zu tragen, alles nur Experimente. Können wir jederzeit abbrechen.

ICH KANN IHRE AUSFÜHRUNGEN JA NACHVOLLZIEHEN, ABER ERZÄHLEN SIE DAS MAL HERRN SCHLEICHER.

Nein, das erzähle ich nur dem, der fragt. Oder gibt es einen Grund, Herrn Schleicher, bislang unbescholten, Ihre Trugschlüsse zu unterstellen?

Schubert war wohl am wichtigsten, Prokofieff auch und Billy Joel, um nur die Spitze des Eisbergs zu ermessen. Generell bewegt mich vor allem Musik, die den Namen „Komposition" verdient, also, was auch beim Aufschreiben nicht langweilig wird. Für Wellen begeistere ich mich am Badestrand. Neo-Synthie kommt dann für mich vielleicht in zwanzig Jahren, momentan entdecke ich ja erstmal den Gitarrenrock.

MIT KLAS-DINGS KEN-BESSER (= NICHT BEN AUF SIE EI-BAREN) EINDRUCK DER ÜBERSICHTS-KOMPONISTEN BE-DEN REST EINSTAMPFEN?

SISCHER MUSIK KANN ICH VIEL ANFANGEN, ALLER-NE ICH MICH MIT GITARRENROCK WESENTLICH GUT GENUG) AUS. WELCHE ENTDECKUNGEN HA-NEN NACHHALTIGEN (ALSO ÖKOLOGISCH ABBAU-HINTERLASSEN? VIELLEICHT SOLLTE MAN SICH LICHKEIT HAL-BER AUF EINEN SCHRÄNKEN UND

Wo ich das überhaupt auf einen Begriff bringen kann und nicht auf geradezu mystische Erleuchtungsmomente, die nicht erklärbar sind, verweisen muß, nimmt mich als Hörer vor allem so manches vertrackte harmonisch-melodische Geschehen gefangen. Bei Prokofieff erscheint Bekanntes mit einem Mal verwandelt, weil er zwar die Zusammenklänge oft konventionell gestaltet, die Abstände zwischen den Schritten aber anders bemißt als gewohnt. Aus solchen Versetzungen ergeben sich neue Spannungen, Gravitationen, das harmonische Zentrum verschiebt sich oder schwankt bedenklich. Außerdem verfügt er über Collage-Techniken, die mehrere Emotionen gleichzeitig im Hörer aktualisieren. Das gibt es in Ansätzen schon bei Mozart, aber so kraß und bitonal wie etwa in Prokofieffs Kijeh-Suite natürlich nicht. Diese Musik macht uns nicht nur mit unverhofften Klang-Erscheinungen, sondern auch mit einer Erweiterung unseres Fühlvermögens bekannt. Das zeichnet wahrhaft progressive Kunst vielleicht generell aus.

ICH MERKE, DASS ICH MICH MIT PROKOFIEFF/JEFF/V/W AUSFÜHRLICH BESCHÄFTIGEN MUSS. ABER SATIE UND STRAWINSKY (KAVINSKY) SIND AUCH NICHT ÜBEL, ODER? DOCH SPIELEN WIR MAL ZUR ABWECHSLUNG EINE RUNDE WER WIRD DEUTSCHLEHRER. IN DEM SPIEL GEHT ES DARUM, EINEN MÖGLICHST ABWEGIGEN SATZ ZU FORMULIEREN, UM SO DEN DEUTSCHLEHRER (IN UNS?) AUF DIE PALME ZU BEFÖRDERN. ICH FANGE MAL AN: „DAS IST JA EINE KLASSISCHE DAUMENSPITZE!', SAGTE KÖNIG ZYGOTT VERSCHMITZT-ERBOST, SETZTE SICH IN SEINEN SIERRA LEONE UND FUHR NACH LIBERIA.'

Satie und Strawinsky, ja, man kann sagen, daß Prokofieff die recht gegensätzlichen Qualitäten beider, die jeweils auch die Schwächen des anderen bezeichnen, vereint, fehlt es doch Satie so sehr an handwerklicher Könnerschaft wie Strawinsky an Herz.

Das war aber noch nicht der Satz, der Deutschlehrer auf die Palme bringt. Es kommt natürlich auf die Palme an. Meine wächst eher im Grammatikhain. Und zwar geht er so, mein Satz: „Finde das Subjekt in dem Satz ‚Am Sonntag wird nicht gearbeitet', wahlweise auch in Heinrich Heines Gedichtbeginn: ‚Mir träumte von einem schönen Kind'."

DAS AUSGELASSENE UND HINZUZUDENKENDE „ES (WIRD NICHT GEARBEITET/TRÄUMTE MIR)" MÜSSTE DAS SUBJEKT SEIN, ODER? WAS HABEN SIE ZUM THEMA RECHTSCHREIBUNG ANZUMERKEN, DA MIR „DASS" AUFGEFALLEN IST?

Sie haben gewonnen, ich bin der Deutschlehrer. Denn nun bin ich auf der Palme.

Sätze mit weggelassenem Es sehen ganz anders aus. Wird schon werden, hat nicht wehgetan, usw.

Nein, Subjektstellvertreter ist das Partizip! Was wird am Sonntag? Nicht gearbeitet. Bei Heine ist es - noch weniger überzeugend - die Adverbialkonstruktion. Was träumte mir? Von einem schönen Kind. Tolles Subjekt, nicht wahr?

Alle diese Antworten sind fadenscheinig. Die Wahrheit lautet: Ein deutscher Satz braucht kein Subjekt. Und erst recht keine Neue Falschschreibung.

(HÄTTE ICH DOCH DIE DAF-FORTBILDUNG MACHEN SOLLEN!) WIE SIEHTS MIT DEM LECKEN DES EIGENEN ELLENBOGENS AUS? FALLS NEIN: SCHON MAL VERSUCHT, MIT DEM ELLENBOGEN KLAVIER ODER GITARRE ZU SPIELEN?

Sie meinen, weil die Musikbranche so eine Ellenbogengesellschaft ist? Gitarre wäre mal interessant. Auf dem Klavier hingegen ist das nichts wirklich Neues.

Wie soll man sonst einen Hund darstellen, der übers Klavier geht, ohne echten Hund zur Hand?

ABER EIN ELLENBOGEN IST DOCH KEIN HUND! WO KÄMEN WIR DENN ALS GESELLSCHAFT HIN, WENN ZWISCHEN HUND UND ELLENBOGEN KEIN UNTERSCHIED MEHR GEMACHT WÜRDE?

Ja, als Gesellschaft müssen wir das unterscheiden. Als Hund auch. Aber als Konsumenten, man könnte auch sagen Opfer der Kunst, haben wir geradezu einen Anspruch auf Irreführung.

So mag es in bestimmten Lebenslagen wohl auch von Bedeutung sein, einen Unterschied machen zu können zwischen einem Pferd und hohlen Kokusnußschalenhälften auf einem Tisch. Im Hörspiel hingegen fällt dieser (Unterschied) unter genau jenen (Tisch).

HEISST DAS ETWA, DASS TISCHE UND TISCHMETAPHERN EIN UND DASSELBE SIND?!

Ach, Hauptsache, da wackelt nix!

DOCH SPIELEN WIR MAL ZUR ABWECHSLUNG EINE RUNDE WER WIRD MATHELEHRER. IN DEM SPIEL GEHT ES DARUM, EINEN MÖGLICHST ABWEGIGEN DREISATZ ZU FORMULIEREN, UM SO DEN MATHELEHRER (IN UNS?) AUF DIE PALME ZU BEFÖRDERN. ICH FANGE MAL AN: „LORIOT : PASSIV II = MADONNA : X".

Ich staune. Der Auffassung zu sein, daß es tatsächlich die abwegigen Sätze sind, die Lehrer auf die Palme bringen, und nicht vielmehr die sinnvollen, deutet auf eine glückliche Schulzeit nebst intaktem Bildungskosmos hin. Anders gesagt: Ihr Weltbild verhält sich zum Lehrplan wie die Palme zum Abweg.

WÄHREND ICH NOCH DIE GRINSE BACKE, DIESE BONUS-FRAGE ZUM ABSCHLUSS: KENNEN SIE AUF ANHIEB EIN PAAR COOLE TIPPS & TRICKS ZUM UMGANG MIT (KLEINST-)KINDERN? WAS IST MIT (KLEINST-)ERWACHSENEN?

Sie sehen, ich zögere, hierauf zu antworten. Ich finde, man sollte sich für den Erstkontakt mit einem neuen Menschen (und darum handelt es sich ja bei so einem Kleinsten) nicht von vornherein mit „Tipps und Tricks" bewaffnen. Das macht der ja auch nicht. Die Begegnung ist eh schon nicht auf Augenhöhe. Wie viel Überlegenheit wollen Sie denn noch? zum Beispiel beim Finanzamt, womit wir auch schon bei den Kleinsten sind. Beamten dort haben wahrscheinlich auch Schmöker zur Hand mit Titeln wie: Tricks, um Steuerzahler zu verarschen". Da schenkt man sich nix.

Was anderes wachsenen wä- „1000 ganz Von Randy Newman doch bitte den Gruß von mir. dem ich sie ge- wahrscheinlich

Album namens „Short People". Dazu befragen Sie die CD Interviewpartner mit schönem Gruß direkt verbummelt, nachdem ich sie ge... habe. Würde sich reinzuhören.

> SEBASTIAN KRÄMER wurde am 23.12.1975 in Ostwestfalen geboren und ist seitdem (von wenigen Jahren des Erwerbs grundlegender Lebensfunktionen abgesehen) Sänger und Dichter. Spätestens seit Krämer den Deutschen Kleinkunstpreis in der Sparte Chanson (2009) und den Deutschen Kabarettpreis (2012) in der Tasche hat, sieht er von der Beschäftigung mit aktuellen Aufregern konsequent ab. Übrigens glaubt er, dass Wahrheit im Lied nur als matt durchscheinende, nicht als vorgeführte, zu gewinnen sei. Vielleicht gibt es sogar Wahrheiten, die er gar nicht kennt; das unterscheidet ihn von einem Kabarettisten. Sich Zustimmung durch die Artikulation bedenkenlos teilbarer Richtigkeiten zu sichern, ist Krämers Sache nicht. Sein Schaffen bleibt konkurrenzlos, weil vergleichbare Projekte keinem zweiten Liedermacher zu empfehlen wären. In dieser Konsequenz heißt sein aktuelles Programm, das es sich zur Aufgabe gemacht hat, Unangebrachtes anzubringen, ‚Lieder wider besseres Wissen" und formuliert einen romantischen Standpunkt.

Sebastian Krämer ist Dichter, weil es für ihn keine andere von der Gesellschaft geduldete Daseinsform gibt, zumindest nicht außerhalb der Staatsgefängnisse und Landeskrankenhäuser. In der Radikalität seiner Abwendung vom allgemeinen Diskurs liegt, dass er seine Kunstform in einer selten gesehenen Perfektion ausübt. Würde er für ein Unbewusstes handeln, um dann zu behaupten, es ginge weder um die Bombe noch um die konsequente Anwendung der Staphylokokken oder wie dieses Bombenmaterial handeln, um dann zu behaupten, es ginge weder um die Bombe [...] mehr er auf der Bühne die konkrete politische Aussage meidet, umso aufsässiger chemisch um politische Fragen, die von mir schon lange beantwortet worden.

Versmaß heißt. Je noch um ein Attentat. dichte, die von einem anerkennen, dass auch die Erklärung dafür ringt er nachts am Kä-

Lisa Polit

Guido Rohm wurde 1970 im osthessischen Fulda als Sohn eines Metzgersohnes und einer Mutter geboren. Er schreibt unter anderem an. Seit seinem Debüt ‚Ich war Michel in der Suppenschüssel" gilt er als Enfant terrible der Literatur. Rohm kann auf eine lange Tradition zurückblicken. Er erhielt für sein Werk zahlreiche Preise wie 11,90 Euro und 12,80 Euro. Veröffentlichte u. a. ‚Keine Spuren" (Seeling Verlag), ‚Blut ist ein Fluss" (Seeling Verlag), ‚Blutschneise" (Seeling Verlag), ‚Die Sorgen der Killer" (Kulturmaschinen), ‚Untat" (Conte).

Mein Name ist **Sebastian Schröer**, ich bin am 11. Januar 1985 in Werne an der Lippe (NRW) geboren. Ich habe Theaterwissenschaft und Geschichte studiert, ohne Abschluss. Ich schreibe in beinahe allen Gattungen, auch Songs, mache Musik und spiele manchmal Theater.

Maximilian Meier: Träumt täglich von einem besseren Leben in einem besseren Land.

© Kai Bernstein

ba
Bad
bald
bauen
Becken
Bauplan
basieren
Backstein
Badeanstalt
Badezimmer
Ballungsraum
beachtenswert
Baustellenbüro
Betriebsordnung
Baukastenprinzip
Betoneinbringung
Bewegungsfuge
Blaubrandziegel
Brückenpfeiler
Bezichtigung
Bodenplatte
Bruchstein
Bruchteil
bestürzt
bildlich
Bildnis
Beifall
Bruch
Bude
blau
bis
ba

Nikola Huppertz, geboren 1976 in Mönchengladbach, studierte Musik und Psychologie. 2007 gewann sie mit dem Manuskript zu ihrem Debütroman „Karla, Sengül und das Fenster zur Welt" den Literaturwettbewerb der Bonner Buchmesse Migration und schreibt seitdem Prosa und Lyrik für Kinder, Jugendliche und Erwachsene. Als freie Autorin lebt sie mit Tochter und Sohn in Hannover. www.nikola-huppertz.de

MATHEMATISCHE KONZEPTE

Das grundlegende mathematische Konzept, das die Doppelnovelle zu beschreiben versucht, ist die Kurvendiskussion in einem zwei-dimensionalen Koordinatensystem. Die fortlaufende Zeit wird als Intervallabschnitt auf der x-Achse (siehe Abb. I) abgetragen. Die Zeit auf die x-Achse zu legen, hat den Vorteil der Darstellbarkeit und impliziert, dass es nur eine Zeit gibt, die für jeden Beteiligten in jeder Novelle gleich lang ist.

Abb. I: Mathematisches Grundkonzept

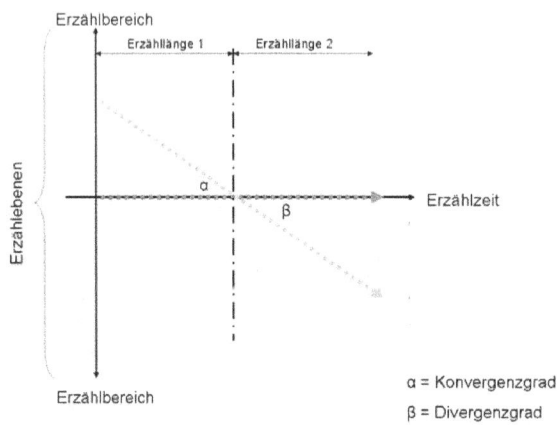

Während die x-Achse die fortlaufende Zeit determiniert, beschreibt die y-Achse in beide Richtungen vom Ursprung aus die ver-schiedenen Erzählebenen. Im Prinzip kann es unendlich viele Erzählebenen geben (siehe Abb. 2).
Um die beiden Erzählebenen innerhalb einer Doppelnovelle zueinander zu arrangieren, bietet es sich an, die eine der beiden Erzählebenen auf die x-Achse zu legen (siehe Abb. I, rote, gestrichelte Linie auf der x-Achse). Damit arrangiert man die eine Novelle als Grundnovelle der Doppelnovelle, während man die andere als angelehnte Novelle derart im Raum (x-y-Koordination) platziert, dass die Abstände zwischen beiden Erzählebenen den räumlichen Inhalt zueinander widerspiegeln.

Abb. 2: Erzählebenen

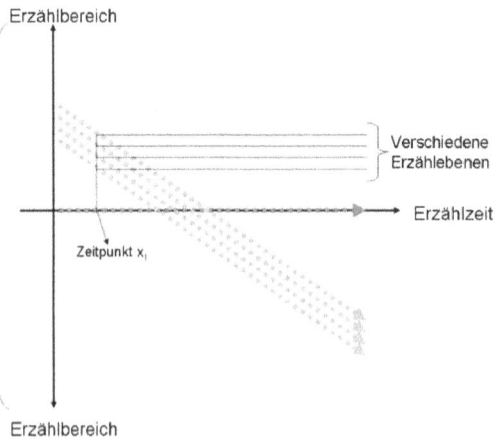

Da die beiden Erzählebenen in einer Doppelnovelle im Prinzip unendlich weit auseinander liegen, aber auch genauso gut fast aufeinander liegen können (ein Nullabstand ist nicht möglich, sonst wäre es dieselbe Novelle, d. h. man kann sich nur über das mathematische Konzept der schrittweisen Näherung herantasten), ist der ganze Erzählbereich (vollständige y-Achse) in beide Richtungen unbegrenzt. Da aber der physische Raum in einem ersten Schritt an die Grenzen der planetaren Physik gebunden ist, ist auch die Weite der y-Achse begrenzt. Denkbar wären aber auch Erweiterungen im Raum über die üblichen Dimensionen hinweg. Die Optionen der theoretischen Mathematik, die mit mehr als 3 Raumdimensionen rechnet, kann an dieser Stelle vernachlässigt werden, da in diesem Konzept zur Vereinfachung selbst die drei reellen Dimensionen (Länge, Höhe, Breite) auf eine Erzählebene reduziert werden. Die Kombination der Zeit mit der Erzählebene im Koordinatensystem ist denkbar einfach. Da die Zeit konstant für beide Novellen verläuft, ist jeder Zeitpunkt eindeutig zuordenbar. Zeitpunkt xI definiert einen Zeitpunkt auf der x-Achse. Indem man an diesem Punkt senkrecht nach oben oder nach unten eine Linie zieht, erkennt man, wo die Erzählebenen liegen (siehe Abb. 2). Die „Höhe" der Erzählebene definiert den räumlichen Abstand der einen Novelle zur anderen, da die Erzählebene der einen immer gleich null ist. Somit kann man mathematisch exakt definieren, wie groß der Abstand der beiden Erzählebenen zu einem bestimmten Zeitpunkt ist. Aus den bisherigen Erkenntnissen lassen sich die ersten Sätze ableiten:

Satz I:
Die Erzählzeit ist für alle Novellen konstant und gleich.

Satz 2:
Der Abstand der Erzählebenen ist die „Höhe" derjenigen Novelle, die nicht auf der x-Achse liegt.

Satz 3:
Im Prinzip sind die x-Achse und die y-Achse in alle Richtungen offen. Restriktive zeitliche und räumliche Gegebenheiten definieren jedoch ein nicht unendliches Raum/Zeit-Koordinatensystem.

Wenn man zwei Novellen in einem Raum und einer Zeit betrachten will, stellt sich sogleich die Frage, wie beide zueinander liegen. Bewegen sie sich aufeinander zu? Driften sie voneinander weg? Gibt es Phänomene wie z. B. Parallelnovellen?
Diese Frage kann man mit der Bestimmung des Divergenz- bzw. Konvergenzgrads bestimmen, zwei Winkel, die das Aufeinanderzulaufen oder Voneinanderentfernen bemessen (siehe Abb. I).
In Abb. 3 sind verschiedene Formen von Konvergenz- (α) und Divergenzwinkel (β) dargestellt. Die Winkel haben einen ganz entscheidenden Einfluss, denn sie definieren den Typ der Doppelnovelle.

Abb. 3: Konvergenz- und Divergenzgrade

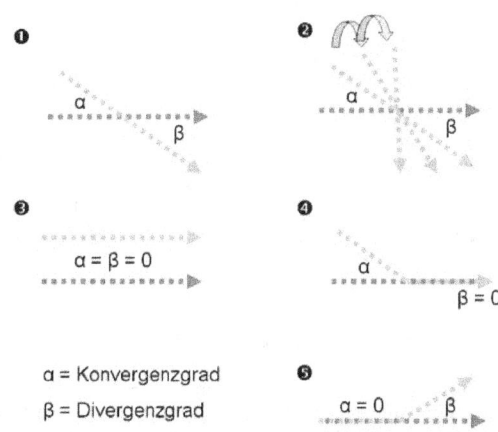

α = Konvergenzgrad
β = Divergenzgrad

Bei den beiden Winkeln ist wichtig zu erwähnen, dass auch sie gewissen Restriktionen unterworfen sind. Da die Zeit voranschreitend ist, gibt es einen Maximalwinkel, der für beide Grade gleichermaßen gilt:

Satz 4:

Der theoretische Maximalwert eines Winkel ist 90°, doch dieser Wert ist aufgrund der physischen Umwelt nicht erreichbar (Einschränkung hierbei sind technische Hilfsmittel, wie man bei der Stufennovelle sehen wird). Bei zwei Novellen, die beide zur gleichen Zeit auf der Erde spielen, liegen viele Faktoren so nahe beieinander, dass ein Wert von 45° kaum überschreitbar scheint, wobei

$$\lim \alpha = \beta = 90°$$

Abstand Erzählebene 2 zu 1 → ∞

anzumerken ist, dass dieser Wert ein Schätzwert ohne praktische Berechnung ist (siehe Abb. 3/2). Wohingegen die 90°-Regel dadurch nicht veränderbar ist.
Ein weiterer Spezialfall ist die Parallelität zweier Novellen, die zur gleichen Zeit ablaufen (siehe Abb. 3/3). Dabei sind beide Winkel 0, da die beiden Novellen nicht aufeinander zulaufen. Ein Aneinandervorbeileben wäre ein erster Hinweis auf eine solche Konstellation, die jedoch in ihrer strengsten Form nur äußerst selten vorkommen sollte.
Zwei eher reellere Fälle bilden 4 und 5 in Abb. 3. In beiden Fällen bewegen sich die beiden Novellen eine Zeitlang parallel, auf selber Höhe (die Höhe ist entweder bei beiden null (was bedeuten würde, dass es sich nur um eine Novelle handelt und keine Doppelnovelle ist), oder die Höhe der zweiten Novelle ist so verschwindend gering (aber nicht null!), dass man den Eindruck haben könnte, es wäre nur eine Novelle (die es aber nicht ist)). Der Unterschied liegt darin, dass sich bei 3/4 beide Novellen aufeinander zubewegen, bis sie aufeinanderliegend weiter in der Zeit existieren, während sie sich bei 3/5 zunächst parallel aufeinanderliegend bewegen, um sich dann voneinander zu trennen. Liebesbeziehungen bzw. Scheidungsgeschichten wären ein Beispiel für solche Typen.
Der Treffpunkt beider Novellen, den es nur in 2 Fällen nicht gibt (siehe Abb. 4), bestimmt die einzelnen Erzähllängen. Die Anzahl

der Treffpunkte kann theoretisch sehr groß sein. Standardfall sollte aber I Treffpunkt sein.

Satz 5:
Wenn T die Anzahl der Treffpunkte (Nicht-Null-Annahme muss gelten!) innerhalb einer Doppelnovelle ist, dann existieren T+I Erzähllängen.

In Abb. 5 sind mehrere Beispiele für Doppelnovellen aufgeführt, die mehr als einen Treffpunkt besitzen. Dabei spricht man von oszillierende Doppelnovellen, wenn die Treffpunkte >IO sind.

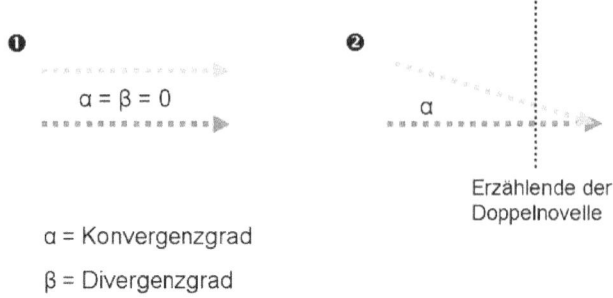

Abb. 4: Doppelnovellen ohne Treffpunkte

Satz 6:
Bei einer oszillierenden Doppelnovelle kann aufgrund der Gradbeschränkung der Abstand der Erzählebenen nicht sehr groß sein. Bei T gegen ∞ geht der Abstand gegen 0, ohne 0 zu sein.

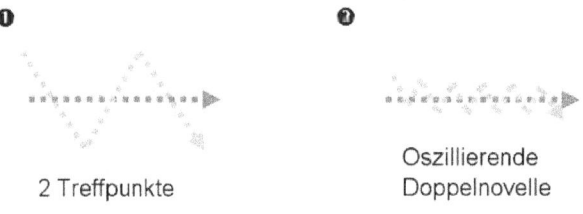

Abb. 5: Doppelnovellen mit mehr als einen Treffpunkt

Eine Kombination aus diesen Merkmalen einer Doppelnovelle lässt einen weiteren Extremfall zu, der z. B. durch die fortschreitende Technik möglich ist. Auch wenn zwei Novellen an zwei weit entfernten Orten stattfinden, gibt es z. B. über das Telefon die Möglichkeit, den gefühlten Raum zu harmonisieren. Damit ist das Momentum der Plötzlichkeit möglich, im Gegensatz zu einer normalen Doppelnovelle (siehe Abb. 6).
Auch wenn die Stufennovellen zwar innerhalb des mathematischen theoretischen Konstrukts (insbesondere der Maßgabe, dass kein Winkel annähernd 90° haben kann) liegen, aber ohne technische Hilfsmittel nie zustände kämen, so bietet diese Darstellung jedoch die Möglichkeit, die Veränderung des menschlichen Lebens und des menschlichen Agierens mittels der fortschreitenden Technik darzustellen.
Eine weitere Variante, die ebenfalls vielmehr der Darstellung und der Analyse dient als dem mathematischen Konstrukt zu IOO % zu unterliegen, ist in Abb. 7 dargestellt. Der Grundgedanke liegt darin, dass man, wenn die eine Novelle auf die x-Achse normiert, d. h. gezwungen, wird, kaum die Auswirkung jeder einzelnen Novelle genau beschreiben kann. Daher gibt es die Möglichkeit, von dieser Norm der x-Achsen-Fokussierung abzuweichen, um die Einflüsse jeder Novelle explizit beschreiben zu können.

Stufennovelle mit T=1   Stufennovelle mit T=2

Abb. 6: Stufennovellen mit T=I und T=2

Abb. 7: Aufgesplitterte Einflüsse der beiden Novellen

Satz 7a:
Die Aufsplitterung der Konvergenz- und Divergenzgrade auf die einzelnen Novellen, um die Einflüsse explizit ausweisen zu können, entspricht nicht hundertprozentig dem mathematischen Prinzip und dient allein der Darstellung.

Satz 7b:
Die Summe aller Teilgrade ist gleich der mathematisch ermittelten Größe des Grades bei Fixierung der einen Novelle auf der x-Achse.

Während Satz 7a die Möglichkeit bietet, zur besseren Darstellung der Einflüsse einer jeden Novelle die Grade aufzuspalten, so dient Satz 7b der Rückversicherung, dass mit der Aufsplitterung des einen Grades auf die zwei Einflüsse der Gesamtgrad-Faktor weder steigt noch sinkt, d. h. $\alpha I + \alpha 2 = \alpha$; $\beta I + \beta 2 = \beta$ und $\alpha = \beta$.

Ein weiterer Punkt, der gerne in der Fiktion als Methode des Erzählens herangezogen wird, ist die Zeitreise. Ob nun real oder aus rein erzähltechnischen Gründen, widerspricht die Nutzung dieses Konzeptes den Grundregeln der Doppelnovellenstruktur.

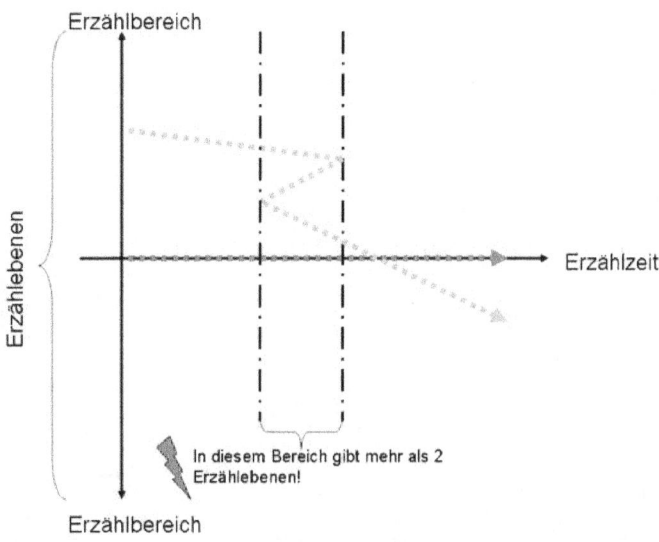

Abb. 8: Zeitreisen werden ausgeschlossen

Satz 8:
Die Erzählzeit ist kontinuierlich bei Nichtannahme von Zeitreisen. Damit gibt es zu jedem Zeitpunkt xi immer auch nur 2 Erzählebenen (je I pro Novelle)

Die bisherigen mathematischen Konzepte sind zwar bereits weit-, aber keineswegs ausreichend, denn noch immer gibt es offene Punkte, die nach einer Antwort verlangen. Dabei bilden die Sätze 9, IO und II die Basis für eine Einordnung der Doppelnovelle in den formalen Kontext über die Doppelnovelle hinaus.

Satz 9:
Unabhängigkeit. Beide Novellen innerhalb einer Doppelnovelle sind voneinander vollständig unabhängig. Jede kann für sich selbst existieren.

Die Aussage in Satz 9 wird nicht direkt klar, denn sogleich kommt die Frage in den Sinn, ob sich denn beide Novellen nicht gegenseitig beeinflussen - was eine Abhängigkeit darstellen würde. Das ist auch richtig, denn die Unabhängigkeit in Satz 9 sagt nur, dass es eine zeitliche und räumliche, aber keineswegs eine inhaltliche Unabhängigkeit geben muss. Inhalte können, ja müssen (selbst in der Parallelnovelle) miteinander korrelieren! Dass sich beide Novellen auch durch die Korrelation im Raum selbst und damit auf der y-Achse verändern, ist damit auch abgedeckt, denn der zweite Teil von Satz 9 sagt nur, dass die Novellen auch eigenständig existieren, also nicht in einer Doppelnovelle existieren müssen. Sie können - und sie können sich verändern, gegenseitig beeinflussen. Sie müssen es aber nicht.

Satz I0:
Beide Novellen sind eigenständig. Wird die eine nicht erzählt, kann die andere dennoch erzählt werden.

Um diesen durchaus offenen Punkt in Satz 9 einzugrenzen, präzisiert Satz I0 den offenen Punkt und schließt ihn damit. In der Kombination aus Unabhängigkeit und Eigenständigkeit ist gegeben, dass eine Novelle alleine für sich steht, aber jederzeit in ihrem Inhalt - und auch im Raum und damit bezogen auf ihre Erzählebene - beeinflussbar ist.

Satz II:
Die Anzahl der möglichen Erzählebenen und die Erzählzeit (also die Spanne zwischen Erzählbeginn und Erzählende) sind über die Novellenform limitiert. Eine Doppelnovelle besteht aus zwei (und nur aus zwei!) miteinander korrelierenden Novellen.

Satz II ist im Gegensatz zu Satz 9 und I0 etwas komplexer in der Aussage, aber nichtsdestoweniger wichtig für die Beschreibung der Form der Doppelnovelle. Kern dieser Aussage ist, dass eine Doppelnovelle aus zwei miteinander korrelierten Novellen besteht, die beide in ihrer Eigenständigkeit und Unabhängigkeit Novellen sind. Das bedeutet, dass die Form der Einzelelemente genauso stimmen muss wie die komplexere Struktur der zusammengefügten Teile.
Ein weiterer Punkt ist die Beschreibung des Spannungsfeldes, in dem sich die Novelle befindet. Denn die Kombination aus Erzählebene, Erzählzeit, Erzähllänge und erzähltem Inhalt, der sich um T Treffpunkte herumspinnt, fordert eine enge Beschreibung des Feldes, in dem sich die Doppelnovelle bewegt. Dabei ist die Grenze der Doppelnovelle die Grenze der Einzelnovellen - mit der Einschränkung, dass eine Doppelnovelle nicht als Akzelerator eines Einzelelements dienen darf.

Satz I2:

lim Doppelnovelle = Roman

Erzählebenen $\rightarrow \infty$

Erzählzeit $\rightarrow \infty$

Satz I2 besagt einfach, dass eine jede Doppelnovelle, in welcher die Erzählebenen und/oder die Erzählzeit gegen unendlich gehen, zum Roman wird.

Satz I3:

lim Doppelnovelle = Kurzgeschichte

Erzählebenen $\rightarrow 0$

Erzählzeit $\rightarrow 0$

Satz I3 ist die Umkehr von Satz I2: Die Erzählzeit und die Erzählebene gehen gegen null, und damit wird die Doppelnovelle zur Kurzgeschichte.
Wie Satz I2 ist auch die Aussage in Satz I3 keineswegs eine feste. Denn damit wäre der Übergang klar definiert, doch in beiden Fällen - nach oben und nach unten - sind die Übergänge unklar - beinahe diffus. Was bei dem einen noch eine Novelle ist, ist bei dem anderen ein (Kurz-)Roman. Mit dieser Tatsache muss man am Ende leben, aber sie ist keinesfalls ein Problem für die Doppelnovelle, die aufgrund der Sätze 9, I0 und II nicht über die eigentliche Normierung der Einzelnovellen hinaus darf. Das bedeutet auch: wenn man sich sicher ist, dass es sich bei beiden eigenständigen und unabhängigen Einzelnovellen um Novellen handelt, dann liegt auch die Doppelnovelle in diesem Bereich.

Abb. 9: Abgrenzung Doppelnovelle zur Kurzgeschichte und zum Roman

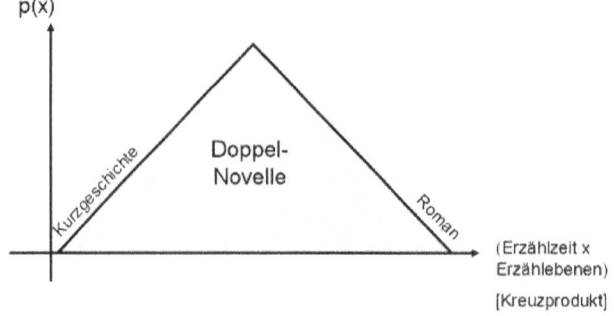

Die Abgrenzung in Abb. 9 gegenüber dem Roman und der Kurzgeschichte dient der Verdeutlichung, in welchem Spannungsfeld sich die Doppelnovelle - und damit auch jede der beiden Einzelnovellen - befindet. Das Kreuzprodukt von Erzählzeit und Erzählebenen verhindert, dass eine Falscheinordnung - falls eines von beiden deutlich den anderen dominiert - eintritt. Auf der y-Achse ist die Wahrscheinlichkeit abgetragen. Man sieht eindeutig, dass die Wahrscheinlichkeit, dass es sich um eine Doppelnovelle handelt, in einem bestimmten Bereich ziemlich hoch ist, wobei die Skala p(x) nach oben in der Höhe nicht definiert sein kann. Damit liegt die Spitze des Dreiecks auf keinen Fall (!) bei I, also bei I00%. Sie ist nur als Form wahrscheinlicher als die Kurzgeschichte und der Roman. Die Frage nach den Merkmalen und der Form einer Doppelnovelle führt sogleich zu einer der zentralen Fragestellungen:

Gibt es über die Doppelnovelle hinaus noch weitere Formen (Tripelnovellen, Quadrupelnovellen...)?
Diese Frage kann schnell beantwortet werden und wirft in ihrer schnellen Antwort so viele Fragen auf, dass es mit der Schnelligkeit schnell wieder vorbei ist. Tripelnovellen und Quadrupelnovellen, also drei oder vier eigenständige, unabhängige Einzelnovellen, die miteinander inhaltlich korrelieren, sind theoretisch möglich, aber widersprechen in ihrer Steigerung dem Grundsatz, dass die Doppelnovelle niemals über den Merkmalen und Formeigenschaften der Einzelnovellen liegen darf. Dies aber geschieht genau dann, wenn mehr als zwei Novellen miteinander inhaltlich korrelieren, wobei eine Tripelnovelle noch eher denkbar wäre als eine Quadrupelnovelle. Doch bei diesen sind wir sehr nahe im Grenzbereich zum Roman, vor allem dem Episodenroman.
Mathematisch gedacht ist eine andere Frage viel interessanter: Gibt es eine halbe Doppelnovelle, und worin liegt dann der Unterschied zur Einzelnovelle? Gibt es Drittel- und Viertel-Doppelnovellen?

Satz I4:
Theoretisch gibt es mehr als nur die Novelle und die Doppelnovelle. Die Wahrscheinlichkeit, auf eine solche Form zu treffen, ist jedoch verschwindend gering.

Damit ist diese Frage mit einem Augenzwinkern abgetan - auch wenn die Antwort der Frage nicht ganz gereicht, aber es ist müßig, über Kuchenteile zu streiten, wenn es schon schwierig genug ist, den Kuchen überhaupt gebacken zu bekommen.

Welche Arten der Doppelnovellen sind denkbar?
In diesem Einführungstext wurden bereits mehrere Grundformen angesprochen. Im Weiteren werden sechs Grundformen definiert. Ob es noch mehr gibt, und wie diese dann aussehen können, steht hier nicht zur Diskussion, da dieser Text die Funktion einer Einführung und nicht einer abschließenden Betrachtung hat.

Abb. I0: Formen der Doppelnovelle

❶ Kreuznovelle   ❷ Wünschelrutennovelle

oder

❸ Dreiecksnovelle   ❹ Stufennovelle (hier T=2)

❺ Oszillierende Novelle   ❻ Parallelnovelle

Diese sechs Grundformen definieren den Grundraum der Doppelnovelle. Auch wenn nach der Betrachtung klar ist, dass einige Formen nur sehr schwer zu konstruieren sein werden, so ist das Rahmenwerk für die Definition klar abgesteckt. Es wären Versuche denkbar, wenn man z. B. zwei bereits bestehende, allein für sich existierende Novellen miteinander vermischt und sie sich gegenseitig beeinflussen lässt. Denkbar wären Novellen, die in einer bestimmten Stadt zur selben Zeit spielen.

SCHLUSSBEMERKUNG

Das Konzept der Doppelnovelle ist mit diesem kurzen Text nur angerissen, aber keineswegs in seiner gesamten Ausdehnung betrachtet worden. Wichtigster Kernpunkt ist jedoch, dass sich die Mathematik dafür gebrauchen lässt, grundsätzliche Strukturen der Doppelnovelle zu beschreiben, in dem Sinne, dass darüber diskutiert werden kann. Ob es notwendig ist, die mathematischen Grundbegriffe, die über die Sätze und Abbildungsbeschreibungen eingeführt wurden, weiter auszubauen, bleibt abzuwarten. Eine sinnvolle Kurvendiskussion mit Ableitungsfunktionen, Integralbetrachtungen und Winkelberechnungen scheint sinnvoll, bietet aber auch das Einfallstor für Verwässerungen der bisher eindeutigen Struktur. Auch wäre eine Erweiterung vom zweidimensionalen zu einem dreidimensionalen Raum denkbar, auch wenn die Hinzunahme von handelnden Personen, Ortschaften oder Einzelmerkmalen durchaus zur Unübersichtlichkeit führen kann. Die Limitierung auf zwei Dimensionen in dieser Einführung hatte vor allem den Grund, dass die Erzählzeit und die Erzählebenen betrachtet werden sollen, nicht der Inhalt, da diese beiden Aspekte mathematisch bestimmbar und damit darstellbar sind - und eine mathematische Betrachtung, die zweifelsfrei dargestellt werden kann, ist zunächst einmal klar vermittelbar - was mit dem vorliegenden Text eindeutig und nachvollziehbar dargelegt wird.

AKUSTISCHE ASPEKTE EINER SICH DAHINZIEHENDEN BELAGERUNG DER KÖNIGLICHEN BURG

EINE AKUSTISCHE COLLAGE

Andrzej Kikat

Ein Schrei oben hinter der Burgmauer.
Gib acht. Links.
Das Geräusch einer hinabströmenden Flüssigkeit.
Am Fuße des Schlosses ein Stöhnen.
Nochmals.
Die Flüssigkeit.
Das Stöhnen wird schwächer.
Dann das Geräusch eines hinabbfallenden Gegenstandes.
Unten still.
Plötzlich ein Fußgetrampel unten.
Zurufe.
Ganz oben wird ein Basteifenster mit einem Knall geöffnet.
Eine verärgerte ungeduldige weibliche Stimme.
Das Fenster wird zugeknallt.
Für eine Weile still.
Dann unten gedämpftes Fußgetrampel.
Im Schloss ein Herumlaufen.
Das Geräusch einer hinabströmenden Flüssigkeit.
Am Fuße ein Schnaufen.
Dann das Geräusch eines hinabfallenden Gegenstandes.
Unten ein Stoßseufzer.
Still …

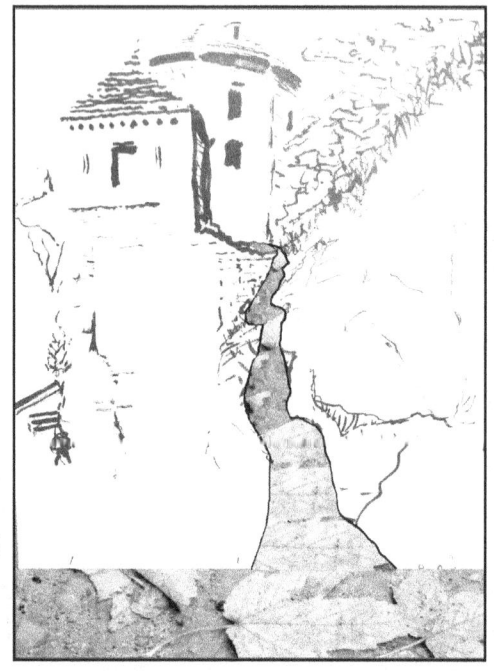

Michel op den Platz ist über 16 Jahre alt, er sitzt und spricht. 2012 hat er mit dem veröffentlichen angefangen und im selben Jahr gleich mal den 2. Platz beim 6. Literaturwettbewerb NORDOST belegt. Wo soll das alles bloß enden?

jürgen hofstetter ist 1973 in kulmbach (oberfranken) geboren. er veröffentlicht seine texte seit 2012 auf seinem lyrik-blog unter dem pseudonym „thepoemist". aus diesem blog sind zwei lyrikbände er- schienen: oberflächenspannung (2013) und mondphasen (2015). der blog www.thepoemist.tumblr.com hat ca. 3600 regelmäßige leser. hauptberuflich ist jürgen hofstetter als marketing-manager tätig. er lebt und arbeitet in heidenheim an der brenz.

Andrzej Kikat: geb. in Krakau, geschieden, studierter Germanist, zurzeit Deutschlehrer und Erzieher an ei- ner Sportschule in Szczecin. Zeichner. Preisträger im Berliner Lyrikwettbewerb Literaturpodium 2015. Bisher veröffentlicht: Kurztexte in der Tagespresse (als Fre- elancer), einige Gedichte im Band „Sommerfrühstück". Ein Warschauer Literaturkritiker: „poetische Lecker- bissen".

Ferenc Liebig: „Ich wurde am 6. Mai 1983 in Potsdam geboren und lebe seitdem in dieser Stadt. Nach dem Abitur und anschließendem Zivildienst habe ich ein Studium der Chemie abgeschlossen. Mittlerweile pro- moviere ich an der Uni Potsdam in der Kolloidchemie."

Udo Dickenberger, geboren 1958 im oberhessischen Ilbenstadt, 1977 Abitur in Friedberg, 1990 Promotion in Stuttgart mit einer Arbeit über die Poesie von Grabinschriften. Zahl- reiche Aufsätze in Jahrbüchern und literarische Beiträge in Zeitschriften. 1998 erschien die Philo- sophie des Maulwurfs.

Henk Nijmeijer

FUß ige DeR SOHLen / dIe
schUhE dEs köniGs

„ganz oben kriecht MÜLLER - er ist der UNTERHAL-
TER der Herrin!"

„hier von stand reden wir über REFORMEN,reden
wir über LIBERALITÄT - oben kriecht unser Genosse VOR DER HERRIN!"

(die frau)"hier unten,mann&tier,meines willen
ebenso untertan wie das unserer lehnsherrin -
dienen SOLLST (was du weißt,kleiner bösewicht,in
deinem hinterstübchen IST NICHT VON BELANG) du
unsereiner - WIR haben
->die kurzen röcke
->die durchscheinbaren strumpfhosen
->die engen höschen
was habt ihr, komm schon geselle HUND!verrat
UNSER.EINER doch EuEr geheimnis/kriechen willst
du nicht brutus/bruitist-zahlen sollst du an des
weibes öße - das korn euch euch zum malze schon
gereichen - den boden dürft ihr äckern,dürft ihr
pflügen - doch schönen sonnenschein in höchsten
höhn - wenn ihr in die stube zu uns kommt - mit
euren schweren laibern,euren schweren schäf-
ten,eurem gesenkten haupt-SCHAUT IHR AUF ZU UNS
- wie wir - entblößt -auf dem sessel vor euch
sitzen - unsere gedehnten körper empfangsbe-
reit...KOMM SCHATZ!...eine entladung,unser beider hirn implodiert unter euren,meines gemahle-
nen malzbrünftigen stößen - dabei will ich nur
herr>schen,meine lieber gemahl!>selbst - durch
eure anstellung zum dienen gezwungen - - - doch
zuhaus - bei uns in der wirtschaft - will ich
nun selbst das regimente führen - euch, lieber
GÖTTERgatte zeigen&dirigieren, wie es sich ziemt
mit einer dame[franziska von ahrstein]umzugehen
- nun:mann<bedinge mir diesen einen wunsch>->dich
einesmal(nur einesmale nur!)unter der knute zu
führen-dir zu zeigen, das ich es bin, die den
himmel in den (sss{chenkel}) trägt - dich von
oben herab nach unten zu deligieren - dir - mittels meiner
PANTOLETTEN
zu zeigen - das du (lieber...<Heinrich>) ein stiefelknecht danach&dabei nur sein
wirst.
genosse albrecht kommt zur tuer herein-es ist die zeit der reformbewegung zu anfang
des neunzehnten jahrhunderts -
„ach ihr lieben! wem würde das herze nicht laute zum halse hinausschlagen bei euch
zwei lieben,jungen leut - von keiner bösen ahnung beseelt - was die hiesigen - mi-
santhropischen verhältnisse des alten fritz anbelangt - saget mir - liebe franziska, lieber heirich - wie ist es um euch bestellt - man sagte mir - ihr banget um
nachwuchs - na - eurem alten albrecht könnt ihr es doch - gleich eurem alten klepper
matthias einflüstern - habt ihr denn schon diese „neue mode aus paris" probiert? der
mann soll ja neuerdings dem weibe - also dir,meine liebe franziska, ein stückweit
die „regie" überlassen - wie die näheren dinge der familie anbalangt - so saget mir
doch endlich , familie von ahrstein - ihr sitzt so ganz betröpfelt da - seid ihr
gar nicht mehr aufzumuntern? seht, so seht doch - ich hab euch zwei karaffen offenen
mosel mitgedarreicht - ihr wisst doch mein ehedem bis zu seinem verscheiden bester
freund , euer lieber und guter vater ottmar hat mir ein stückweit die vorsorge um
euch übertragen - ich möchte mich selbstverständlich nicht zu sehr bei euch reinzu-
mischen,das wag ich gar nicht, und das ist auch nicht meiner begehr! ich würde gerne
nur mit der gewissheit dereinst herniedergehen - das ihr - eurem beiden natürlichen
naturell zufolge - den dingen den richtigen anstoß gegeben habt!"
abtritt des rates albrecht.
draussen reiten zwei berittene jungoffizere heran - freischärler und dem toelranten
korps „freies pommern" zugehörig - sie wollen ihre pferde tränken lassen.
während heinrich - still für sich in gedanken verteift - die pferde abführt und ihn
der fähnrich malmuth begleitet - steht plötzlich & unerwartet vor der - immer noch
mit ihren gefühlen ringenden „dame des hauses" franziska -der strahlende&muntere
stabsunteroffizier august brezitz.
beider augenaufschlag sind streng auf beider augen entgegenüberstellend gerichtet-
stumme grüße ALS WÜNSCHE aussendend=>dabei:haltung - franziska stemmt ihre strengen
hände iß die seiten - stellt die feinen schuhe nach vorne - august schaut betreten
hinunter - dann -hand an den säbel, die andere bietet der frau einen silbertaler
an - ein ganz kurzer augenblick durchzuckt sie eine elektrophantastische aufladung
- gebannt im schatten der alten buche stehen sie - der wind bläst sie steif an -
huscht sie in ihrem -wohl?-gegenseitigen angang[an] die gleichen dinge denken[an] die sie
denken - versteift sie nur noch mehr - die beiden anderen - franziskas göttergatte,
sichtlich aufgeheitert und franziska mit den augen mutmachend - und augustens
kamerad - diese beiden bedauernd ansehend - mit den pferden
heinrich und franziska gehen in die stube - die beiden offiziere preschen davon.
im inneren wird ein folgenreiches gespräch geführt, wobei sich der herr des hauses
und göttergatte heinrich v.A. seiner kleidung entledigt und die DAME des hauses,
franziska inständig bittet - flehentlich - ihm doch einige kleidung für ihn zu nähen
(iin frauenmanier) -franziska diese zuerst brüsk ablehnt - und ihm - als (gespielt
oder ungespielt?) empörung mit der von der tür abgenommenen peitsche anbietet - die
heinrich - er ist in einem wahren rausch - plötzlich sogar zu wünschen scheint -
franziska jedoch gibt sich aufs erste damit zufrieden - das heinrich vor ihr sich
hinkniet - ihr den buckel der scham für sein geschlecht allein(wie franziska sich
denkt)und wie allein, -wie sie ihren geliebten mann - der nun ganz der ihre ist -
vor sich tief und devot so knieen sieht - hat sie den unwillkürlichen drang - und

wenn schon nicht als ihre älteste phantasie
so doch zumindest als haus&hofhund zu gebrauchen - sie gibt ihm also sanfte stöße auf den
allerwerstesten und er beginnt loszutraben -
sie vergessen ihre mahlzeit und nach wenigen
fünfzehn minuten packt franziska das verlangen - sie klemmt den hinterkopf ihres nun mit
dem h-wort titulierten untergebenen zwischen
ihre schenkel - leicht an ihn reibend traben
die beiden durch die stube - bis das franziska
absteigt sich ihrerseits vor ihn hinkniet und
von ihm nun die begattung - den höhepunkt -
wie sie es formuliert - einfordert - heinrich
springt beinahe auf ihren rücken - sie kauert
sich sich nun hin vor ihn - und es wird eine
starke intensive szene die beide ausgiebig
und ausgebreitet mit ihren poren und herzen-
klopfen genießen. ein ganzer strom von des
mannes saft ergießt sich in ihre errötete
und erhitzte möse und es ist so viel das ihr
ganze schwälle davon an den schenkeln hiun-
terlaufen - sie aber ist so erschöpft - das
sie völlig aufgelöst und der ohnmacht näher
als dem bewußtsein auf dem stubenboden liegt
und sehr schweren atem markiert - weggetre-
ten - heinrich halb über ihr - hat ab nun ein
tiefes leuchten in den augen - wie er zu ihr
ist - und sie drückt seine hände - und drückt
darob die schuhe gegen sein erschlafftes
aber pochendes glied.

ABC

des nachts wachen die beiden - innig versch-
lungenen - „partners in crimson" mit jähem
verlangen nach
essbarem
trinkbarem
- eng verbrüdert - so will man meinen - ab-
rupt auf - ist es so?frag ich als geschichts-
schreiber - das das spiel sich weitertrieb
- das der mann - henrich - in fesseln gelegt
wurde - auf einen lehnhocker drapiert & ausgiebig DIE PFERDEPEITSCHE spüren musste?
/ geben striemen davon auskunft? Läßt sich - in gleichem maße - zurückverfol-
gen - inwieweit die -schon sehr „gewagten" pantoletten DER DAME AHRSTEIN - den
rücken BETASTETEN / ihres GÖTTERgatten heinrich, der - wohl (?) - vor ihr
gekniet haben mag - vielleicht mit seinem starken körper, kopf ihr gewicht
getragen - spitz&stark stieb DIE HERRIN FRANZISKA ihm die pantolette in die
seiten - es solle sie

L
  I
   E
    B
     K
      O
       S
        E
         N
                      &
sich
ihrer
AN-NEH-MEN
so, wie sie es in der stadt bei ihren schwestern einmal mitbekommen habe bei
einem jungen galanten,der etwas zuviel wein getrunken hatte.
Wohl anzunehmen,aber nicht völlig annehmbar. So wird es sein - ebenso ist
denkbar - das im weiteren verlauf ihrer 30 harte,starke,schöne jahre dauernden
ehe sie es nicht lassen konnten das franziska - inzwischen selbstbewusster und
SCHNIPPISCHER geworden - mit ihren - von
I   H   R
 E   M
heinrich inzwischen „heiß & innig geliebten" (o la la!) pantoletten - es erlaubte, hmm - sagen wir es so - „es sich gefallen ließ" - sich herunterläßt - das
starke glied ihres - man kann ihn wohl - nun - in der historischen nachlese nicht
anders nennen - sklaven (oder diener - vielleicht sogar „hund/haushund/hofhund)
heinrich - wie sie ihn „am liebsten" titulierte? meiner urgroßmutter zufolge
- auf diese geschichte bin ich durch eine mitschülerin im schönen pommernland
gestoßen - die davon von den weiten teilen ihrer familie wusste - flüsterte nur
immer / wie sie immer zu flüstern pflegte - wenn sie sich „zu alt für solcherlei"
fühlte - / „hund" habe sie ihn wohl am liebsten gerufen/ diesen nun - „ihren
gottfried" - spannte sie ihre - wenn er sie „lieben durfte"/was - gott besagt!
Nicht immer der fall war! - oftmals gab sie ihm die peitsche - und es kam auch
mitunter - mit der zeit sogar häufiger -das sie ihn vor den zweisitzer spannte
- also sein glied über den standesbewußten absatz - hinein in das zart mit ihrem „kostbaren" sohlenschweiß bezogenen spann - und drückte nun - mal fest mal
holprig - zu - so da ß er - in seiner minderen position - scheinbar!
A/ sich für solche sachen nicht zu schade
&
B/ scheibar für mehr nicht immer zu gebrauchen
sich abmühen mußte - in der üblichen flügelanten herangehensweise - sich zu bewegen - um das köstliche vergnügen zu empfinden - in diese - alles in den lauf
gebrachten pantoletten S E I N E R H E R R I N sich zu ergeißen.
- ENDE -

HYBRIDE ODER ICH WILL KELLY OSBOURNE SEIN

Henning Bochert

Die Gestalt der Hybriden.

Gregor steht zur Begrüßung in der Tür. Johann erkennt mich inzwischen vom letzten Besuch, lächelt scheu und versteckt sich hinter Gregors Bein.

- Hallo, sage ich.

Gregor lässt mich rein: - Marion ist noch bei der Arbeit.

Seit Johanns Geburt vor zwei Jahren ist er vor allem Vater. Ich rechne ihm die Disziplin und Verantwortung hoch an, mit der er sich für die junge Familie ins Zeug wirft. Der Unterhalt nimmt ihn derart in die Pflicht, dass er an seinem Beruf nur noch den Broterwerb durchführen kann. Weiterführende Gedanken fallen weg, allein der Kontostand entscheidet. Ideen zu künstlerischen Themen saugt er mit der Begeisterung eines Parasiten auf. Sie lösen aber nichts aus und haben über den Moment hinaus keinen Bestand. Die Eigenschaft geht verloren.

Meine Besuche sind sporadisch. Nach anstrengenden Feiertagen, nach zähen Familienbesuchen voller belanglosem Gerede fühle ich mich beim Zwischenstopp hier auf dem Rückweg oft mehr zuhause als bei meinen Eltern. Kaffee aus denselben Tassen in wechselnden Küchen, zweimal zwei Stunden im Jahr, wenn's hochkommt. Und jedes Mal reden wir über Familie. Andere Themen hätten wir vor Jahren anschneiden sollen. Jetzt sehen wir uns zu selten, um etwas Neues zu vertiefen.

Die erste Generation der Hybriden.

Ich berichte ihm, wie sehr es mich bei meinem jetzigen Besuch irritiert hat, meinen Vater älter werden zu sehen. Das Hemd ist ihm näher als die Jacke, und übergeordnete Fragestellungen zielen besser darauf, ob der Käse besser in Plastikfolie oder in Wachspapier verwahrt werden sollte. Neues ist Fremdes und gefährlich. Wie immer hat Gregor zu allem etwas zu sagen.

- Mich hat immer so viel aufgeregt bei meinem Vater früher, und umgekehrt war das genauso. Aber mit Johann hat sich die Lage total entspannt. Wir sind geduldiger miteinander. Eigenschaften, die mich bei den Eltern immer genervt haben, stelle ich jetzt bei mir genauso fest, verstehst du?

Marion ist von der Arbeit gekommen, hat ihren Sohn liebevoll begrüßt und sich mit ihm ins Kinderzimmer verzogen. Jetzt nimmt sie sich einen Teller und setzt sich zu uns, während ich weiterrede.

- Das kenne ich. Ich entdecke immer mehr Merkmale, die von meinen Eltern zu mir konstant sind. Man spricht nicht miteinander. Ist ernüchternd, festzustellen, dass dieselben Züge in denen und in mir stecken, wie böse Geister.

Johann reißt die Augen auf.

- Wieso denn böse? fragt Gregor, ist doch klar, dass man von denen was übernommen hat, guck mal, die hattest du schließlich so lange vor der Nase, wäre doch ein Wunder, wenn das anders wäre.

Im Radio läuft etwas Romantisches.

Es ist in den Wald gesungen,
Wenn ich der mein Leiden sage,
Die mein Herz mir hat bezwungen;
Sie hört nicht auf meine Klage.

Die zweite Generation der Hybriden.

Marion schmiert sich ihr Brot. Mich haben die beiden als Paar immer beeindruckt, ihr Lebensentwurf. Ich erinnere mich an einen Besuch der beiden vor Jahren. Sie waren unterwegs und sind ein paar Tage geblieben. Marion war noch längst nicht schwanger, ich wohnte zusammen mit diesem Studenten. Schreckliche Zeit, alles drüber und drunter, kein Geld, die Zukunft ungewiss. Ich habe mich geehrt gefühlt durch Marions Aufmerksamkeit. Nachts habe ich sie im Nebenzimmer beim Sex gehört, das hat mich fertiggemacht. Ich würde gern hinter ihr Geheimnis kommen. Sie schweigt, sie macht ihr Ding. Ich war so verliebt in sie. Das ist mein Geheimnis. Vor vielen Jahren hat er mir ein Bild von ihr gezeigt. Auf irgendeinem Hotelbett lag er zwischen ihren Beinen und hat ihr Geschlecht abgelichtet. Wieso zeigt er mir das? Sie ist die Freundin des Freundes, aber es ist, wie es ist.

Sie hat kein Wort zu uns gesagt, seit sie gekommen ist. Langweilt sie das Thema? Vielleicht stört sie mein Besuch, sie wäre lieber mit Gregor allein. Die Eisheilige. Könnte einen ja zumindest mal angucken oder lächeln, kostet doch nichts. Zugegeben, Gregor und ich reden immer über dasselbe. Würde mich vielleicht auch langweilen, würde mich vielleicht auch bedanken für so einen Besucher, der über nichts anderes reden kann als über seine Familie. Etwas in der Art denkt sie über mich. Schätze ich.

Einen Moment sehe ich ihr beim Essen zu.

- Ist das langweilig?

- Was?

- Na, wir hier. Ist das blöd irgendwie?

Sie ist erstaunt: - Überhaupt nicht.

Ich glaube ihr nicht. In ihre Stimme höre ich eine Herablassung hinein. Dumme Frage, scheint sie zu denken. Gregor interessiert das Thema, und deswegen verachtet sie ihn. Ich weiß genau, dass sie ihn verachtet.

- Du sagst gar nichts.

- War ein langer Tag.

Natürlich. Gregor merkt nichts, redet einfach weiter.

- Kürzlich meinte mein Vater, er müsse mir jetzt was vererben. Ich bekomme es sowieso, wenn er tot sei, da wolle er es mir lieber selber geben.

- Geht es ihm nicht gut?, frage ich.

- Blödsinn. Ich hab ihm gesagt, er soll den Quatsch lassen.

Jetzt sieht Marion doch auf.

- Wie geht's deiner Cousine?

Muss sie sich bemühen, mich etwas zu fragen, oder bilde ich mir das bloß ein?

- Deswegen warst du doch zuhause, nicht?

- Ja ja, richtig, sage ich. Hat sich nicht viel verändert. Ehrlich gesagt, ich weiß nicht, wie ich damit umgehen soll. Nachdem sie aus der Klinik entlassen worden ist, kümmern sich meine Eltern um sie. Stefanie kann überhaupt nicht allein sein, fängt sofort wieder an zu grübeln, so eine Gedankenschleife, da kommt sie nicht mehr raus.

- Nimmt sie Medikamente?
- Neuroleptika, Antidepressiva, ich weiß nicht genau. Sie kann sich auf nichts konzentrieren.
- Seid ihr euch denn so nahe?
- Wir sind zusammen groß geworden. Sie ist praktisch meine Schwester.
- Und ihre Eltern?
- Ihr Vater ist weggelaufen, als sie klein war, hat meine Mutter mal erzählt. Komische Geschichte, wird nicht drüber geredet in der Familie. Wie immer. Na ja, ist sie eben nur mit ihrer Mutter großgeworden, Schwester von meinem Vater. Die ist selber im Krankenhaus, hatte vor anderthalb Monaten einen Unfall. Marion schmiert sich das dritte Brot. Ihr Tag war vielleicht wirklich lang.

Die Befruchtungszellen der Hybriden.
- Ich habe ja bis heute nicht verstanden, was du eigentlich arbeitest, sage ich.
- Labor.
- Und was da?
- Gentechnik, sagt sie.
- Ach so, Mäuse mit Ohr auf dem Rücken.
Gregor lacht und geht raus.
- Eher Virologie, sagt Marion. Wir untersuchen Viren und forschen nach Lösungen auf Basis ihrer Reproduktionsmechanismen.
- Wie sieht das praktisch aus? Du im weißen Kittel über dem Mikroskop, Pipette, Objektträger?
- Weißer Kittel stimmt. Meistens aber auch Berechnungen, Stammzellen, F1-Generation, F2-Generation, Phänotyp, Genotyp.
- Biounterricht.
- In der Potenz!
- Ist das riskant?
- Für mich?
- Infektionsgefahr?
- Gering. Aber möglich.
- Diesem Risiko setzt du dich aus? Mit Johann?
- Mir könnte auch ein Dachziegel auf den Kopf fallen.
- Die Wahrscheinlichkeit ist aber geringer, es gibt nur einen Kopf pro Dachziegel.
Sie sieht mich direkt an. Ihr Blick geht mir durch und durch, ich strecke die Waffen. Bilde ich mir das alles nur ein? Ihre Kommentare jetzt waren doch sehr brauchbar. Ich hab mir immer gewünscht, dass sie sich für mich interessiert. Jetzt fürchte ich mich vor ihr.

Die Nachkommen der Hybriden, in welchen mehrere differierende Merkmale verbunden sind.
Ich nehme auch ein Brot. Ich habe mich warmgeredet, bin aber immer noch unsicher, was sie denkt. Mag sein, sie mimt bloß Interesse. Aber wenigstens hört sie mal zu.
- Was meine Cousine angeht, da bin ich vollkommen ratlos. Irgendwie ist das alles so zäh, so verzweifelt, alle machen ihr Druck, tu dies, fang das an. Kaum ist die unmittelbare Lebensgefahr vorüber, gilt gleich wieder: mit Problemen beschäftigt man sich nicht, man hält sie aus. Keine Fragen! Solange wir sie ignorieren, tangiert es uns nicht. Die Entscheidung, dumm zu bleiben. Dieses große Schweigen: das ist unsere Familienkrankheit. Stefanies Psychose ist nur die Konsequenz davon. Das ist sicher anmaßend: aber vielleicht kann ich von außen der Familie ja neue Impulse bringen, frische Luft irgendwie.
- Also, ich glaube, diese ganze Betroffenheitsnummer ist vollkommen fehl am Platze. Natürlich kann deine Cousine jetzt noch nichts machen, vor einem Monat wollte sie nicht mehr leben, wo soll sie plötzlich die Kraft hernehmen, alles umzukrempeln? Ist doch ein bisschen viel verlangt.
Marion lehnt sich zurück, ganz in ihrem Element. Mir ist jetzt gleichgültig, ob sie es ernst meint oder klug tut. Sie spricht mit mir.
- Na klar, überleg mal, plötzlich wirst du verrückt. Da bricht eine Realität ein, die du nicht einordnen kannst.
Die Stimme. Es ist ihre Stimme. Immer betont ruhig, nahezu triefend vor Souveränität. Wie bei „Dune - der Wüstenplanet": die Stimme als Waffe.
- Stefanie fragt uns immer, ob es uns nicht auch komisch vorkäme, dass der und der gerade in dem Moment anruft, wo sie seinen Vornamen in der Zeitung liest? Ob es uns nicht auffiele, dass es in ihrem Zimmer nach verwestem Fleisch riecht?
- Das sind Versuche der Orientierung: was ist denn wirklich, was ist die objektive Wirklichkeit, über die sich alle einig sind?
Was für eine Sau ich doch bin: das Leid meiner Cousine für Marions Aufmerksamkeit. Für einen Moment hasse ich mich, dann Marion dafür.
- Du hast eben von bösen Geistern gesprochen, und Gregor hat gefragt, wieso böse. Ich würde fragen, wieso Geister?
Aus dem Radio:

Things they do look awful c-c-cold
I hope I die before I get old
Sie steht auf und stellt den Teller weg. Dann gießt sie die Pflanzen am Fenster, drückt ein paar Samen in die Erde.

Versuch über die Hybriden anderer Pflanzenarten.
- Pisum vulgaris, sagt sie.
- Wir sind Bastarde.
- Hybride?
- Genau. In meiner Spezies, unserer Familie, wohnt genotypisch die Möglichkeit, Unangenehmes zu benennen, so gut wie die, es zu ignorieren. Phänotypisch sind wir nun hervorragend in der Lage, Probleme, für die wir keine schnelle Lösung wissen, nicht zu behandeln. Wider das bessere Wissen, dass das alles nur noch schlimmer macht. Eine angeborene Unfähigkeit zur angemessenen Beschäftigung mit unbequemen Fragestellungen. Wir ziehen im Leben in stummen Vorwürfen und verstockter, schwärender Kränkung vor.
- Das ist nicht spezifisch für deine Familie.
- Ich bin immer zu Familien mit anderen Verhaltensmustern geflohen. Ich bin ein eingeschworener Anhänger der Antipädagogik geworden. Und mittlerweile verpasse ich keine Folge von den Osbournes.
- Du willst mir nicht erzählen, dass du die Osbournes magst.
- Ich will streiten können wie sie. Das imponiert mir! Ich will keine Angst haben vor der Auseinandersetzung, ich will nicht, dass das Wissen, dass meine Meinung den anderen kränkt, mich daran hindert, sie überhaupt zu äußern. Das dominante Merkmal in unserer Familie ist Konfliktscheue.
- Und was folgt daraus?
- Ich will Kelly Osbourne sein.

WHITE SHIP

Kaj Gutacker

Es war, als schliefen Christus
und seine Heiligen
— Angelsächsische Chronik

Wir wurden schon übersättigt davon,
was in Bücher eingeschifft und bebildert,
die Leinwände überschwemmt;
und an den runden Jahrestagen poltern die Rückschauen
durch jedes Hochglanzmagazin.

Wir alle haben schon so getan, als würden wir Salzluft riechen
und haben Seemöwen hinzuerfunden, Südwind gemalt.
Als würde sich einer aufs Geländer stemmen,
sein Abschied ist nicht lang her,
und er findet poetische Ausdrücke
für die Sterne am Nachthimmel,
seien es Diamanten
oder die Kerzen Orions.

Wir nehmen aber noch einen Mann hinzu, lockig und ansehnlich,
sagen, er sei in der Blüte seiner Jugend, denn wir müssen
uns mit ihm wie mit Jack identifizieren wollen,
obwohl er etwas arrogant ist
und zu viel getrunken hat
- und wie er der Nacht entgegenjubelt,
denn es geht nach Hause.
Wir geben ihm einen besoffenen Steuermann bei und die Elite
des Landes auf dem Deck, beschreiben die Weinflecken
auf den seidenen Surcots, was davon ablenken soll,
dass wir an keinem eleganteren Ort sind als im Hafen von Bar-
fleur,
und um nicht am Schicksal zu sparen,
erzählen wir von Priestern mit geweihtem Wasser,
geben ihnen lange Bärte und einen asketischen Ausdruck
und lassen sie das Schiff segnen wollen
und unverrichteter Dinge weggeschickt werden
von den übermütigen Passagieren.

Wir wissen inzwischen alle, wie ein Schiffsrumpf
aufgebrochen wird und wie Eisen knirscht und klagendes Holz
splittert, wie sich eine Härte in die Seite verbeißt und
haben vom Schreien gehört und von den Dolchstößen des Wassers,
davon, dass nur die besten aufs Beiboot kommen und die Kleidung
der anderen Wasser zieht, bis sie jämmerlich ersaufen.

Unser junger Mann aber, den sie als ersten gerettet haben,
weil er ein Prinz ist und der einzige Sohn des Königs,
erträgt es nicht, seiner Schwester beim Sterben zuzusehen,
wie die Wellen sie zum Treibgut machen und das Meer
sie mit seinem ungebührlichen Hunger beleckt; und wie er,
der Bruder, seinen Männern befiehlt, das Boot zu wenden,
um sie zu retten.
Gewöhnlich ist die Erzählung hier vorbei,
und ins Mitgefühl mit den Ertrunkenen mischt sich kurz
die Verachtung der Dekadenz.

Hier aber geht es weiter,
mit der eigentlichen Geschichte,
mit neunzehn Jahren Bürgerkrieg,
mit seinen verkohlten Körpern,
und den aufgespießten Kindern
und den gesalzenen Feldern
und denen, die am Salz verhungert sind,
und den Pferdekadavern und der unangefochtenen
Herrschaft der Aaskrähen.

Die Titanic war ein Scheiß dagegen.

William Ætheling, Prinz und Thronfolger von England. †
25.II.II20

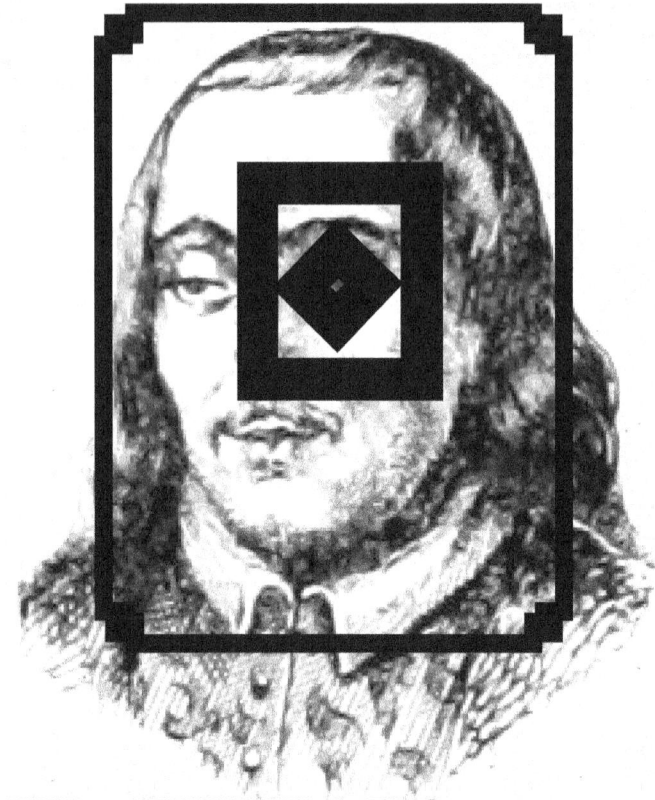

TRAUMHAUS

Peter Kapp

>>
Auf Treppenstufen schlafen die Bewohner, vor dem Lift
ein schmusendes Paar. Überall Matratzen, kaum Luft,
schummriges Licht. Die Lavalampenlandschaft, krass
gechillt. Schnarchen, Seufzen, Husten: Das große Lalala.

>>
Ein weißer Hase rutscht das Geländer nach oben. Horde
archaischer Gestalten (halb Affe, halb Mann) mit Keulen
in den Händen (Pfoten, Klauen), Schlüssel aus dem Sack.
Doppelte Dachböden leergeträumt, Geister in Gängen,
im verwahrlosten Speicher ein Regiment Antigespenster.
Ein Roman aus Dialogen, Drama aus dem Off: Im Keller
starrt ein aufgebrochener Brunnen, im Arm des Einäugigen
ruht der Hammer. Die zarte Stille abgeschlossener Zimmer,
Hände über den Kopf (Mundwerk, Maulfell), Trommeln.

<<
In den Büros vertrauter Geruch nach staubiger Rohrpost,
das Rascheln und Rauschen stenografierter Botschaften,
Ärmelschoner verziert mit Kopierstaub, stetiges Flackern:
Die Computer sind abgestürzt (Kopfgeburten), aber hallo!

>>
Die Bäume vor den Fenstern blühen, das Laub fällt aus
taufunkelnden Spinnennetzen vor die Tür. Der Briefträger
fliegt vorbei, immer wenn der Hund bellt (diese Monster
aus dem Traum sind gar nicht echt). Lachen, Zwitschern,
Stöhnen: Frühiling! Alle Häschen erwachen, schwanken
wie Zombies in ihren Anzügen, Cocktailkleidern, Hüten.
Ein Blick aus dem Erker direkt in den Himmel: Leitsterne
fallen ein, am offenen Kamin die toten Liebespaare, ganz
entrückt (ach, die schönen Körper). Giftige Efeuranken,
wann ging in diesem Haus noch einmal der Tag zu Ende?

königstöchter 2.0

von nikola huppertz

dornröschen

ein kuss
ist noch immer die
bewährte methode um
eine in träume versetzte
prinzessin aus dem
hundertjährigen schlaf
zu erwecken

nur die prinzen
sind heute von
anderem schlag:
sie erweitern den akt
des küssens
und reduzieren
seine konsequenzen
auf ein freundliches wort
des abschieds

aber wer will schon noch
einen thron besteigen
wenn die option besteht
vom bett aufzustehen
alle träume abzuwischen
und selbst
davonzugehen

königstochter, jüngste

okay die erpressermethoden
auf der suche nach deiner gunst
waren vermutlich von gestern
aber musstet du gleich
selbst in den brunnen
steigen?

weißt du
es ist ja nicht so dass prinz-
sein ein zuckerschlecken wäre
nicht nur die verwünschungen
und das zwingende verlangen in
den kriechenden gliedern - nein es
ist auch zu befürchten dass
jemand wie du mich nach all dem
buhlen und werben nur
verächtlich an die wand
werfen würde

lassen wir
es also auf sich beruhen
und die tür geschlossen
ich sage auch nicht deinem vater
dass wir für einen moment in der tiefe
des brunnens diesen golden
getünchten blick füreinander
hatten

schneewittchen

frag nur das spieglein
in den augen der anderen
und es wird dir verraten
wer die schönste ist im
ganzen land

und wenn es dich trifft
mit deiner schneeweißen haut
deinen blutroten lippen und
deinem ebenholzfarbenen haar
tust du gut daran
in die wälder zu gehen
sie wollen ja nicht dich
sie wollen nur deine schönheit
um sich mit ihr zu schmücken oder
um dich zu verspeisen samt
leber und herz
geh lieber schnell und warte
nicht erst auf den jäger
(denn nicht jeder
wird dich verschonen)
du musst auch nicht wieder-
kehren: es ist gut hier
unter den wilden tieren und
unter deinesgleichen

also komm prinzessin
komm zu uns

BECOMING GERMAN TEACHER
(BASED ON A BRAINOVELLA BY DANIEL ABLEEV)

RÜSCHENKLEIDER, RÖCKE UND BUSCHIGE, GLÄNZENDE HAARE, STILL AUF IHREM THRON- EINEM POLSTERSESSEL -SASS MONA DIE MEISTE ZEIT IN DER KINDERGRUPPE UND VERSANK IN IHREM MÄRCHENBUCH.

SIE WAR DIE SCHÖNSTE, GLAUBTE SIE. EINE PRINZESSIN.

DIE ANDEREN KINDER LACHTEN DARÜBER - ODER ES WAR IHNEN EGAL.

T-SHIRT, JEANS UND BUSCHIGERE, GLÄNZENDERE HAARE ALS MONA.

IRGENDWANN KAM EIN NEUES KIND, KATJA, ZUM SCHNUPPERN IN DIE GRUPPE.

MONA TAUCHTE AUF AUS IHRER MÄRCHENWELT, UND FOLGTE KATJA MIT JEDEM BLICK, VER-FOLGTE SIE MIT GROSSEN AUGEN. SIE SAH EINE FREMDE KÖNIGIN.

DIE KINDER BASTELTEN AN DIESEM TAG, SCHNITTEN UND KLEBTEN BUNTES PAPIER ZU EINER BURG.

KATJA SCHIELTE ZU MONA UND MACHTE IHR JEDEN SCHNITT NACH.

SIE WURDE FÜR IHR WERK GELOBT.

MONA NICHT.

MONA BEKAM ROTE AUGEN.

HEIMLICH NAHM SIE DIE SCHERE UND STACH ZU.

KATJA DREHTE SICH WEG.

MONA SCHNITT AB, WAS
SIE KONNTE.

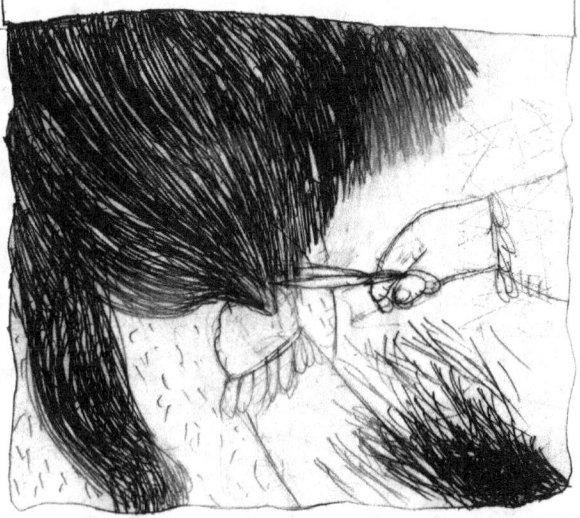

FÜR IHRE HAARE WOLLTE MONA BEWUNDERT
WERDEN, HAARE, DIE LÄNGER UND PRÄCHTIGER
WAREN ALS VON IRGENDEINEM ANDEREN KIND ...

... IN DER GRUPPE. SIE GLAUBTE, SIE SEI DADURCH
ETWAS BESONDERES. AN MANCHEN TAGEN TRUG SIE
SOGAR EIN FUNKELNDES DIADEM.

KATJA KAM NICHT WIEDER IN DIE KINDERGRUPPE, MONA
EINE WOCHE NICHT. HOSE, PULLOVER, STRENG NACH HIN-
TEN GEBUNDENE HAARE - SO WAR SIE DANN GEKLEIDET.
STILLER NOCH, HOCKTE SIE AM BODEN IN EINER ECKE
ÜBER IHR BUCH GEBEUGT. IHRE HAARE WURDEN DÜNN
UND GLANZLOS: SIE BEKAM SCHUPPENFLECHTE.

IHRE KOPFHAUT NÄSSTE UND JUCKTE. SIE KAUERTE AM FENSTER-
SIMS, SAH AUF IHR SPIEGELBILD IM GLAS, DAS MÄRCHENBUCH
LAG ZUGESCHLAGEN NEBEN IHR. STUMM, MIT SCHWARZEN AUGEN
WARTETE SIE JEDEN TAG UND HOFFTE, DASS IHRE HAARE WIEDER
WUCHSEN, NACH UND NACH VERLOR SIE ALLE - UND AUCH ALLE
HOFFNUNG. DIE ANDEREN KINDER LACHTEN DARÜBER - ODER
ES WAR IHNEN EGAL.

ENDE

Marina Büttner

AN IN-DEPTH INTERPHEW WITH JEFF VANDERMEER

Daniel Ableev

Jeff VanderMeer is the 2016-2017 Trias Writer-in-Residence for Hobart-William Smith College. His most recent fiction is the NYT-bestselling Southern Reach trilogy (Annihilation, Authority, and Acceptance), which won the Shirley Jackson Award and Nebula Award. The trilogy made over 30 year's best lists, including Entertainment Weekly's top 10, and prompted the New Yorker to call the author "the weird Thoreau." The trilogy has been acquired by publishers in 28 other countries, with Paramount Pictures acquiring the movie rights. VanderMeer's nonfiction has appeared in the New York Times, the Guardian, the Washington Post, the Atlantic.com, and the Los Angeles Times. He has taught at the Yale Writers' Conference and the Miami International Book Fair, lectured at MIT, Brown, and the Library of Congress. His forthcoming novel from Farrar, Straus and Giroux is titled Borne. He lives in Tallahassee, Florida, with his wife, the noted editor Ann VanderMeer. A three-time World Fantasy Award winner and 14-time nominee, VanderMeer serves as the co-director of Shared Worlds, a unique teen SF/fantasy writing camp located at Wofford College. Previous novels include the Ambergris Cycle, with nonfiction titles including Booklife and The Steampunk Bible. Widely regarded as one of the world's best fantasists, Jeff VanderMeer grew up in the Fiji Islands and spent six months traveling through Asia, Africa, and Europe before returning to the United States. These travels have deeply influenced his fiction.

> DA
> DUUUUDE WHAAAAAAAAZUP
>
> JV
> Puzaaaaaaaaaaaaaaahw is up!
> Duuuuuuuuuuuuuuuuuu.......dddde

He is the recipient of an NEA-funded Florida Individual Artist Fellowship for excellence in fiction and a Florida Artist Enhancement Grant. VanderMeer has collaborated on short films with rock groups like The Church, is in the preliminary stages of collaboration with Ben Templesmith, co-creator of 30 Days of Night, has had his fiction adapted for promotional purposes by Playstation Europe (by filmmaker Joel Veitch). His online nonfiction has been name-checked frequently by the likes of the LA Times, Boing Boing, and many more. His wife Ann VanderMeer was the fiction editor for Weird Tales for five years and won the Hugo for her work there. She now serves as an acquiring editor for Tor.com. She is also an award-winning publisher, and co-editor with Jeff on Best American Fantasy 1 and 2, Fast Ships, Black Sails (pirates), Steampunk 1 and 2, New Weird, The Weird, The Thackery T. Lambshead Cabinet of Curiosities, The Time Traveler's Almanac, and many more. Together, they have taught writing workshops and given lectures all over the world. This literary "power couple"& (Boing Boing) has been profiled on Wired.com, NYT blog, and on national NPR.

Ann and Jeff live in Tallahassee, Florida, with four cats.

Bob Schroeder

·GANY·MED·SCHWEIGEN·

Dans tabula

...kommt 0-Bit-STUMPFSINN. Ich würde dich so gern verstehen, aber du bist manchmal so hermetisch verschlossen, dass ein Nachvollziehen nicht möglich ist. Wenn du wenigstens sagen würdest, dass dich bestimmte Themen innerlich blockieren und du dabei sie nicht reden kannst/willst, ich würds eiviertelwegs verstehen, weil mir psychologische Seltsamkeiten alles andere als fremd sind (vgl. ICH). Aber du gibst tatsächlich GAR KEIN STATEMENT ab.

Warum rege ich mich so auf? Ich wäß es nicht. Du meinst nichts böses, ich wäß mein nichts böse. Du bist lebenschäftslos, ich bines nicht. Alles ist eigentlich gut. Nur: es gibt 3 Kommunikation. Aber ansonsten ist alles prima. Prima Party, Prima Bühgeschenk, alles nett. Nur Interviews & Co. sindhalt TABU (???).

Auf die Gefahr hin zickig zu kligen, sage ich: Ich verstehe dich nicht. Und ta tust ar bist ar nichtmal den Gefallen, mein Nichtverstehen verständlich zu machen, etw. dich eine Meta-Aussage wie: "Ich kann das leider nicht erklären. Wann wüste ich wenigstens, dass hier nicht mit Verstehen zuzukommen ist. Aber daist diese debile Haltung in mir.

Zu letzte Mal bitte ich dich darum: Scheib mir, ruf mich, ist mir melde ich aufirgendeine menschliche Weise.

GAN ? bin 38ar und 33Wahr Jter.

Hallo Klaus,

hier der Tipp auf den du gewartet hast

Es soll noch mehr abgehen als die BitCoin Geschichte.

Alle Infos findest du hier:

https://xstock.io/de

Sicher dir sofort noch schnell eine Position denn der Kurs wird diese Woche noch explodieren.

Denke bitte an die Kiste Rotwein für den sicheren Tipp

Gruß

Werner

KING UYP
Maximilian Meier & Daniel Adleev

I

Eines Tages war Uyp auf dem Weg zum Castle of Aich, wovon er sich so einiges erhoffte. Das Schloss stand mitten in der Hand Gottes, was Uyp nur gelegen kam.

Als Uyp im Aich, das das Schloss umgab, ankam, wurde er sogleich von den Anwohnern hysterisch begrüßt. Man schenkte ihm grobe Körbe voller Aich-Detritus.

2

3

Es dauerte nicht lange, da fand sich Uyp auf dem Aichthron wieder, wo er endlich Zeit hatte, seine löchrige Dauergrinse gegen ein Fünkchen Kontemplation einzutauschen.

Aus Kontemplation wurde leider Degeneration, und Uyp landete zügig samt Sack und Krone im königlichen Bettchen, wo der debilste aller Schlummer auf ihn wartete.

4

5

Schon bald begriffen die Aichinger, dass man vom desolaten Uyp nicht allzu viel erwarten konnte. Also organisierte man auf die Schnelle einen Uyputsch, stürzte den sinnfreien König und trieb ihn mit allerlei Unrat aus den Gemächern.

KEINER LEINE PACK

Theresa Luise Gindlstrasser

Eigentlich könnte ich sprechen, ichich. Eigentlich könnte ich vieles und eigentlich können ich nichts. Weil wenn ich der Mensch und mein Satz der Hund, dann wäre das einer kleiner mit Bewusstsein von Wolf. Da stimmt dann der Körperbau nicht mehr mit dem Tötungsinstinkt überein. Da stimmt hinten und von vorne nichts mehr zusammen, weswegen der Züchtung, deswegen täusche sich der Hund über sich selbst. Wow, sagt der Wolf, wow wow wow, sage einer kleiner mit Bewusstsein von Wolf. Deswegen in der Straßenbahn sowieso bleibt der Platz vor neben mir frei. Dabei hätte ich eine Leine und weiter dann nichts. Also eigentlich hab ich keinen Hund, keinen einen kleinen, eigentlich spreche ich nicht. Eigentlich sitze ich deswegen immer vor neben mir frei. Weil wenn ich der Mensch und mein Satz der Hund, dann wäre das einer kleiner mit Bewusstsein von Wolf, und weil ich aber Angst vor Hunden, tut ich dann immer so als hätte „ich ja eh sowieso auch keinen", nein, wenn ich der Mensch und mein Satz der Hund, dann wäre das einer kleiner mit Bewusstsein von Wolf, dann wäre das einer, KEINER, schau. Ich habe keinen Hund. Weil eigentlich bin ich keine Hundebesitzerin, habe keine Hunde ich, ich kann die Sparangebote im Supermarkt überhaupt gar nichts nutzen, weil wenn ich da vorbei und alle kaufen Cäsar: Ich spreche nicht, ich beiße nicht, ich streichle nicht.

Aber am Hundespielplatz ichich. Ich und die Leine leere, ich habe eine Leine bloß und weiter dann nichts. Die liegt mir in der Hand und hängt unten in den Boden hinein. Das sieht so schlaff aus, so stehe ich am Hundespielplatz. Ich könnte ja vieles, Hunde haben können ich nicht, nein, naja, Allergie, nein, ich habe ja die Angst vor Hunden. Deswegen liegt mir die Leine bloß wie so schlaff aus der Hand nach dem Boden. So ein Hund ist ja auch eine Naturgewalt, nicht?, und rund herum - um rund um mich - S. 73: „humana XXX" ?t das Vieh mir meine Knie weich. Wenn ich der Mensch und mein Satz der Hund, dann stehe ich mit leerer Leine am Hundespielplatz, am voller Köter Spielplatz, die haben sich im kreisrund, um rund herum mich so platziert, alle bellen, „jaja, beißen ja nicht", beißbellen mir die Waden wund, dann hänge ich an der Leine unten in den Boden hinein. Das sieht so schlaff aus, so schlaff ich mitten in Meute miau. Wow wow wow, eigentlich können ich nichts. Naturgewaltig rauben sie, reißen die Hundviecher, wäh!, mir die Leine noch fort. Am Hundespielplatz liege ich schlaff. Ich spreche nicht, ich beiße nicht, ich streichle nicht; ich recke meine Kehle so schlaff in den Boden hinein. So muss ich am Hundespielplatz mein Überleben sicherstellen, stelle den Hunden die Schulter auf dem Weg Richtung Kehle in Weg. Alle Hunde du, eigentlich können ich nichts und weswegen wenn wir nachts im Bett, habe ich die hundebisskalte Schulter für dich.

Wenn da einer kleiner mit Bewusstsein von Wolf eigentlich, dann weiß später wieder niemand mehr wer wo Naturgewalt. Wenn da also einer kleiner mit vorne hinten nichts zusammen, wann auch immer der Körperbau mit dem Tötungsinstinkt nicht können, ich habe keinen Hund, aber wenn ich der Mensch und mein Satz der Hund, dann wäre das einer kleiner mit Bewusstsein von Wolf, deswegen ist die Naturgewalt, das sind diese Tiere am Hundespielplatz. Eine Naturgewalt, nicht?, das ist ja immer mehr als der Wolf, das ist das ganze Pack, wenn es sich rottet und wenn der Wind im Wald, das ist dann außerhalb von der Stadt, jedenfalls wenn der Wind im Wald die ganze Hundebande hoch oben über sausen, wenn also der ganze Landstrich dort wo außerhalb der Stadt ganz laut, das ist ja eine Gewalt und die hat keine Leine. Steht dann der Mensch am Hundespielplatz und von oben über, von überall her befallen die Hunde, die Wölfe den Menschen am Hundespielplatz. So eine

Naturgewalt ist ja so schrecklich schön, großes wow am Landstrich, da steht dann der Mensch und am Hundespielplatz ist gar kein Können, eine Naturgewalt, nicht?, das ist ja wenn dir die Hunde von überall her fallen, da stehst du dann so schlaff Mensch da und hast nicht können laufen, hast nicht können nichts, angesichts der Naturgewalt bist du hin.

Wenn da aber einer kleiner mit Bewusstsein von Wolf eigentlich, dann weiß später wieder niemand mehr wer wo Naturgewalt. Der geht an einer keiner Leine Gassi und nix mit verantwortungsbewusstes Streicheln in der Straßenbahn alle weg. Deswegen spreche ich nicht, schau, ich hab gar keinen Hund, schau Schulter, schau Kehle, nirgendwo Hund, hör auf mich zu beißen, ich haben niemals Sparangebot, ich haben kein Hund. Aber wenn ich der Mensch und mein Satz der Hund, dann zieht mich der einer kleiner mit Bewusstsein von Wolf, und das ist ja das mit dem Körperbau Tötungsinstinkt verwirrend, der zieht mich an der Leine in den Wald dort wo außerhalb von der Stadt. Der will mir die Naturgewalt zeigen hinter inmitten von Wald. Die Leine ist straff ist gespannt aber „ist doch nichts hinten dran", ich habe ja die Angst vor den Hunden bitte, hätte ich niemals ein Hund, können ich nicht. Wenn ich der Mensch und mein Satz der Hund, dann wäre das einer kleiner mit Bewusstsein von Wolf, nein!, der beißen doch nicht, schau wie wenig Hund ich hab, schau wie Kehle ich, schau dir das dann, ich spreche doch nicht, schau beiß dich nicht. Das musst du dir ausgedacht, du Naturgewalt Wolf Mensch du, weil ich Mensch Satz Hund keine Naturgewalt, halte DU mir doch diesen Westhighland Terrier mit Körperbau süß, ich weiß es der beißt, ich habe Angst vor Hunden bitte.

Aber immer Sparangebot, du immer Gassi und süß. Und eigentlich könnte ich vieles, aber eigentlich können ich nichts. Du immer Westhighland, jajaja und wie der „der beißt doch nicht", mit Wolf Rotte im Wald. Du sausen mit Hundebande, du immer Cäsar. Du, das seh ich doch, du siehst mir wieder nicht wie ich keinen Hund, ich bin keine Hundebesitzerin, ich spreche nicht, ich beiße nicht, ich streichle nicht, du mir Naturgewalt wow am Hundespieltplatz. Du und die Rotte, ihr Pack, aus Landstrich, dabei ich nie Hund. Deswegen du und Westhighland, schau wie du beißt, das ist kein Gassi mehr, das ist eine Meute, geh weg. Du immer Körperbau süß, du immer beißen, „der beißt dich doch nicht", du immer Wolf Bande Wald, du Naturgewalt, ich Schulter, ich Kehle, ich habe kein Hund. Ich verwirrend, zweifelhaft, Mensch Leine Hund alles freischwebend, sehe ich dich Wolf Bande Wald, du Naturgewalt, nicht?, da muss ich mich wehren, du anderer Mensch mit verantwortungsbewusst Körperbau süß Westhighland, ich beiße. Ich weiß doch der beißt, ich beiße zuvor, so hab ich süß tot schon, schon längst.

Weswegen spreche also nicht, vorne hinten nichts zusammen ichich. Bin Mensch Leine Hund, ohne alle dem bis Leine Gerte, Hund Wolf, Mensch süß, alle Gewalt. Deswegen spreche ich nicht, ich Hund Leine Mensch. Liege nachts neben blutend Westhighland Körperbau süß, hundebisskalte Schulter, du Rotte, du Pack, wenn ich der Mensch und mein Satz der Hund, dann wäre das doch bloß einer kleiner mit Bewusstsein von Wolf gewesen.

Helmut Glatz: Eine Vita in vier Zeilen, ohne unterm Frühstücksei zu verweilen, ohne lange zu lesen, ohne „Hat gelebt. Das wars gewesen."

Im Garten eines Kraken

Frank Dukowski

In der Tiefe Nacht pulsiert,
acht Strahlen um den Schlund geschwungen,
unter Meeresmutterdruck
schwebt auf Gorgonenkronenzinken;
Gegen Brandungsstrom marschiert,
Schlingen statt Gliedern, sein Kopf ein Rumpf,
lautlos zuckend der Mollusk,
der Muskelstülper, Achtarmwürger:
KÖNIG PULP
aus: IN NATURA (9, 21–29)

„Nicht ins Wasser", flüsterte sie.
In der Dunkelheit erahnte er ihr Gesicht nur. Die bunten Lampions der Strandbar schaukelten in einiger Entfernung. Der Sand war warm, weich und angenehm. Ein lauer Wind wehte Meeresaroma herüber. In ruhigen Wogen brachen sich die Wellen draußen vor der Lagune. Nur wenige Schritte entfernt rauschte das gebändigte Meer seicht den Uferstreifen hinauf und raschelte leise durch die Muschelschalen zurück.
Der Tag war heiß gewesen, so heiß, dass man gar nicht anders konnte, als irgendwo im Schatten der Palmen zu liegen, die kühle Limonade von der Strandbar durch den Strohhalm zu ziehen und es sich gut gehen zu lassen. Als der Abend kam, kühlte es angenehm ab. Unter dem Sternenzelt lag das Atoll wie unter einer luftigen Decke behütet, wie unter einen schimmernden Spitzenschleier. Der Mondaufgang glühte schwach rötlich am Horizont und bleich darunter tanzten Schemen von Meerschaum.
Wenn man in diesen Stunden zu zweit mit einer Flasche Rotwein im Sand saß, vor einem kleinen Feuer, konnte das Paradies perfekt sein. Dann waren die Sterne gütig, das Meer wie eine behütende Mutter. Dann war jede Gesellschaft die beste, die man sich vorstellen konnte. Dann wurde jedes Gespräch anregend, die Stimmen wirkten beruhigend, und nichts, was man sagte, konnte banal oder unwichtig klingen.
In solchen Stunden konnte es passieren, dass, wenn zwei Menschen in der Verschwiegenheit des dunklen Strandes beieinander saßen, sie sich auf unschuldige Weise näherkamen: Die Sinne wurden leicht; Berührungen wurden gewagt und nicht zurückgewiesen; eine Nähe wurde zu einem Kuss, Zungen umspielten sich.
Sie hätte sich nicht mit ihm einlassen sollen. Er war Tourist. Einer von Hunderten, die jedes Jahr auf Nakula Island erschienen, ein paar Tage blieben und dann wieder weg waren, denen die Begegnung später bestenfalls noch eine E-Mail wert war, selten einen Abschiedsbrief. Und doch hatte sich Mereoni gut mit Robin unterhalten, und das schon den ganzen Tag lang.
Sie hatte ihm von ihrer Mutter Boulu Marama erzählt, die vor langer Zeit die erste Strandbar hier im Dorf, den „Octopus Garden", eröffnet hatte. Den Kermit mit der Taucherbrille über dem Schriftzug hatte sie selber gemalt. Sie habe nie einen Mann gebraucht - im Gegenteil, sie sei eine Zeit lang sogar selbst Chief von Nakula gewesen, in den Siebzigern, als sie nach ihrer Hippie-Zeit aus San Francisco zurückgekommen war. Angeblich habe sie sogar mal was mit Ringo Starr gehabt. Damals kamen noch recht wenige Touristen auf die Fidschis, schon gar keine Backpacker. Boulu Marama hatte die ersten Rucksacktouristen hierher gebracht. Die Insel habe ihr viel zu verdanken. Aber letztes Jahr sei sie gestorben. Sie sei schon sehr alt gewesen.
Robin wusste nicht, wer Ringo Starr war. Auch er hatte erzählt: dass auch sein Vater letztes Jahr gestorben sei; er sei überraschend Alleinerbe geworden - nicht wenig Geld; jetzt sei er mit der Schule fertig und wolle etwas von der Welt sehen, bevor er ein Studium anfange; er wisse noch nicht recht, was er studieren solle. Er sagte, er würde sich für fremde Kulturen interessieren.

Mereoni hatte sich hin und wieder mit Touristen unterhalten. Der heutige Chief, Ratu Joni, hatte ihr zwinkernd gesagt, es schade nicht, wenn junge Männer auf Nakula ihren Spaß haben. Er hatte Pillen besorgt und ihr gesagt, wann sie sie einnehmen müsse, damit nichts passiert. Manchmal machte es ihr auch Spaß mit den Männern, wenn sie hübsch waren, der Tag heiß und der Abend lau - wie bei Robin.
Mit Robin aber hätte sie sich nicht einlassen sollen! Er gefiel ihr zu gut. Er war kaum älter als sie und er wusste sehr gut, wie man mit Mädchen umgeht, wie man sie zu Dingen überredet, die sie sonst nicht tun würden.

Als die beiden vor dem Feuer saßen und Robin die nächste Weinflasche öffnete, hatten sie angefangen, sich gruselige Geschichten zu erzählen.
„Es gibt hier eine Legende", hatte Mereoni erwähnt, „die erzählt, dass ein Fischer einmal ein Wesen gefangen hat, das war wie ein Mensch und doch wie ein Aal mit schlängelnden Armen, und das bettelte: Bitte töte mich nicht!"
„Und was gibst du mir dafür?", fragte Robin mit verstellter Stimme.
„Das Wesen gab dem Fischer", erzählte sie, „die Fähigkeit, durch glühende Kohlen zu laufen, und die Menschen hier können das bis heute."
Robin kannte eine ähnliche Geschichte: „In Deutschland gibt es ein Märchen, da kann ein Fisch sprechen und verspricht, alle Wünsche zu erfüllen, wenn man ihn am Leben lässt."
Aufgeregt fragte Mereoni nach: „Und was hat der Fischer sich gewünscht?"
„Zuerst nur eine bessere Hütte. Aber seine Frau war immer unzufrieden und wollte mehr. Immer wieder schickte sie ihren Mann mit neuen Wünschen zu dem sprechenden Fisch. Sie bekamen einen Palast und wurden so reich und mächtig, wie sie nur wollten, und dann …"
„Es gibt mächtige Dinge im Meer, mächtiger als die Menschen", flüsterte Mereoni unvermittelt.
„… und der Nöck holt sich die jungen Mädchen", lachte Robin.
„Der was?"
„Der böse Wassergeist, mit seinem Fischmaul und seinen kalten Flossen."
„Der holt sich junge Mädchen?!"
„Ja, aber nur die hübschen, wie dich."
Er nahm sie nicht ernst und machte ihr Komplimente. Sie fand sich nicht hübsch. „Warum sagst du das? Das sagst du nur, weil …"
„Weil es wahr ist", hauchte er und sie glaubte es ihm.
„Komm, wir gehen schwimmen", schlug er plötzlich vor.
Er sah in der Dunkelheit nicht das Entsetzen in ihrem Gesicht.
„Ich habe keinen Badeanzug bei mir", schob sie vor.
„Ich auch nicht", antwortete er schmunzelnd.
Er sprang auf und warf auf dem Weg zum Wasser sein T-Shirt und seine Hose in den Sand.
„Komm!", rief er ihr zu.
„Nicht ins Wasser", flüsterte sie, aber er hörte sie nicht.
„Nun komm schon!" Seine Füße platschten zwischen den Wellenschlägen.
Sie stand auf und schüttelte den Kopf.
Er rief ihr zu: „Komm rein! Es ist herrlich, ganz warm."
Zögernd ging sie hinterher, bis ihre Füße nass wurden, dann wieder einen Schritt zurück.
Sie war schon lange nicht mehr schwimmen gewesen, sehr lange, seit damals. Beinahe wäre sie ertrunken. Es war einige Jahre her, als sie noch ein Kind war. Sie ging nicht mehr ins Wasser seitdem, sie konnte es nicht mehr. Sie wagte kaum, daran zu denken.

Er gab einen genüsslichen kurzen Schrei von sich, als das Wasser ihm an den Bauch klatschte. „Ehrlich! Es ist wunderbar. Das musst du probieren."
Vorsichtig hatte sie sich an die Wasserkante gewagt. Da stand sie nun verzweifelt.
„Robin, ich hab Angst, ehrlich! Komm zurück", rief sie.
„Du brauchst doch keine Angst zu haben. Es ist doch ganz flach hier."
„Komm zurück, bitte!"

Wie sollte sie ihm begreiflich machen, dass sie es nicht konnte. Dass es ihr unerträglich war. Sie dachte an damals, wie sie in der Grotte vom Stein abgerutscht und im Wasser gelandet war, zwischen glatten Felswänden. Er würde es nicht verstehen. Niemand würde es verstehen - außer vielleicht ihre Mutter. Der hatte sie zögernd davon erzählt. Ihre Mutter hatte verstanden. Sie kannte die Kraft des Meeres.
„Du bist noch nicht so weit", hatte ihre Mutter gesagt.

„Komm einfach rein", rief Robin. Er war so ahnungslos. „Es ist kinderleicht."
Wie hätte er es auch ahnen können. Er war ein Tourist, nicht von hier. Die Insel würde ihn nicht vermissen.
Plötzlich aber schrie Robin entsetzt auf und schlug mit den Händen

um sich. Plötzlich war er viel tiefer im Wasser als noch eine Sekunde zuvor. Gehetzt zappelte er und sein Schrei verlor sich blubbernd. Er war weg, tauchte wieder auf, holte Luft, und wieder blubberte seine Stimme durch das Wasser.

Für ein paar Sekunden stand Mereoni wie eingefroren da. Dann erst bewegte sie sich. Sie musste zu ihm. Der Rock bremste ihren Lauf im hüfttiefen Wasser. So schnell sie nur konnte, schob sie sich durch die Wellen.

„Robin!", rief sie, als sie an der Stelle ankam, wo er zuletzt gezappelt hatte.

Sie bückte sich und tastete im Wasser herum.

Und dann:

Wie einen Film erlebte sie in diesem Moment, was sie damals als Kind beim Sturz in der Grotte erlebt hatte, damals im schwarzen Wasser:

Als sie keinen Halt mehr hatte im Auf und Ab, als das Meer sie mit jeder Woge tiefer zog, sie keine Kraft mehr hatte zu strampeln, als Luftmomente weniger wurden und kürzer, und schließlich die Brandung sie griff und schleuderte, dass sie Oben und Unten verlor, erschlafft sich drehte wie Treibgut im Seegang, elastisch sich schmiegte wie Algen und Tang im Wellenschlag, als hätte sie keine Knochen mehr, als könne sie fließen. Wie ihr Rücken krumm wurde und es sie in den eigenen Unterleib zog, ihr Gesicht in den Bauch, ins Dunkel des eigenen Nabels, und die Arme hinter den Beinen zappelten, in den sich am Felsen brechenden Wellen hin und her geworfen, und wie ihre Glieder sich plötzlich fransig fühlten, als wären es nicht länger Hände oder Füße, sondern als bildeten sich stattdessen zwischen Fingern und Zehen Risse zum Gelenk, dann zu Knien und Ellenbogen, wie wedelnde Fetzen. Und sie erlebte, wie sich ihre Stirn in die Innereienhöhle grub - sie war eine rückgratlose Masse im Strom, ein unförmiges Knäuel -, bis das Spiel, das das Meer mit ihr trieb, sie nicht mehr traf, denn sie sah Licht, unterseeisches Meereslicht. Die Glieder trennten sich winkend, und durch den eigenen Rumpf hindurch sah sie Licht. Ihr Mund schnappte zwischen den Schlingarmen und -beinen und die Augen traten ihr vor, wo vorher ihre Hüften waren. Sie sah oben den Quecksilberhimmel und unten ihr eigenes Tentakelgewimmel, denn sie war verändert, in ein was auch immer.

So hatte sie es erlebt.

Plötzlich schoss Robin hoch, stand vor ihr im Wasser und lachte.

Sie schrie wie am Spieß. Sie begriff nicht, dass er sie nur zum Narren gehalten hatte. Er lachte wei-ter und nahm sie in seine nassen, starken Arme. Unter Tränen schrie sie.

Sie schlug um sich und er hielt sie.

„Ist ja gut!", redete er auf das zappelnde und schluchzende Bündel in seinen Armen ein. „Es ist ja alles gut! Es ist ja vorbei!"

Langsam beruhigte sie sich.

„Es tut mir leid", flüsterte er. „Es tut mir so leid."

Tränenüberströmt sah sie ihn an. Dann warf sie sich wieder im erlösenden Weinkrampf an seine Brust.

„Das wollte ich nicht. Ist ja alles gut. Ich bin doch gar nicht der Nöck", sagte er leise.

Ein wenig war ihr Schluchzen wie Lachen.

„Gott sei Dank", sagte sie.

„Gott sei Dank", sagte er.

„Es gibt keinen Nöck?", fragte sie.

„Nein", schmunzelte er.

Plötzlich spürte er ein Tasten direkt unter der Wasseroberfläche, direkt zwischen seinen Beinen. Sie suchte seinen Schwanz. Er begriff selbst nicht, wie schnell er erigierte.

Sie schmiegte sich an ihn, hob ein Bein an. Der nasse Rock verfing sich unter Wasser in seiner Hand. Er zog ihn hoch. Ihre Lippen fanden sich im Dunkeln. Sie küssten sich salzig. Das Meer schwappte zwischen den Körpern. Beide wussten nicht, wie es geschah. Eben noch hatten sie sich fast geprügelt, dann geweint.

Jetzt fickten sie, hier im Wasser.

„Nicht ins Wasser", dachte sie immer wieder, während er wieder und wieder in sie eindrang.

Sie stöhnte nicht. Sie zuckte nur.

Ihre Arme zogen ihn fest an sie heran, lösten sich, zogen sich wieder zusammen. Sie pressten seine Schultern an ihre. Sie drückten ihren Unterleib an seinen. Ihr Kopf wanderte sein Brustbein herab. Sie sog an seinem Bauch und er warf den Kopf in den Nacken. Sein Blick verlor sich im unendlich funkelnden Sternenhimmel.

„Du bist noch nicht so weit", hatte ihre Mutter gesagt.

Geschmeidig drehte sie sich um und nahm die Stöße von hinten an. Genau so hatte er sie sich vorgestellt. Das salzige Wasser spritzte ihm bis unters Kinn. Er packte ihre Hüften und sie seinen Hintern. Mit jedem Stoß beugte sie sich mehr nach vorn, empfing ihn tiefer. Ihr langes Haar breitete sich im Wasser aus und ihre Beine lösten sich vom Sandboden. Sie klammerten sich in seine Kniekehlen. Sie schluckte Meerwasser. Es schmeckte ihr.

Damals als Kind, nachdem sie bei den Savailau Caves gespielt hatte, hatte man sie am Strand gefunden, halb im Wasser, ohne Lebenszeichen. Sie hatte Unmengen von Wasser gespuckt, als man sie wiederbelebte.

„Deine Zeit wird kommen", hatte ihre Mutter gesagt. „Schäme dich nicht. Sei, wie du bist."

Ihr Kopf versank im nassen Dunkel. Er konnte das Glitzern des bewegten Wassers um sich herum tanzen sehen. Er umfasste ihren biegsamen Körper noch fester mit seinen starken Händen und stieß härter zu.

Sie spürte, dass es geschah.

Sie beugte sich tiefer und ihre Lippen fanden das fest in ihr pochende Ding. Ihre Zunge kitzelte zwischen den Wellenschlägen. Ihr Kitzler leckte an ihm entlang. In den letzten Stößen erkannte er am Sternenzelt wie in göttlichem Triumph das Kreuz des Südens.

Ihre Arme drückten seine Schultern nach vorne. Ihre Arme zogen ihm die Beine weg. Ihre Arme waren überall. Sie legten sich von hinten um den Hals, umschlossen ihn und tasteten nach seinem Mund. Die Öffnung, in die er sich entlud, ihr Mund, ihr Schlund, der sich konvulsiv verengte, sog ihn pumpend aus. Sie sah seine Arme schlagen, sah tanzende Bläschen im Mondlicht.

Sie brauchte keine Luft mehr. Ihr Rock trieb davon. Ein salziger, fischiger Knebel verhinderte seinen Schrei. Dann zog sie ihn herunter.

„Deine Zeit wird kommen", hatte Boulu Marama gesagt. „Du wirst es wissen. Wenn deine Zeit kommt, musst du zu deinem Vater. Bis dahin aber: Geh nicht ins Wasser!"

Jetzt wusste sie es.

Der ertrunkene, deutsche Tourist war ein kleiner Skandal. Mit mäßigem Erfolg versuchte Chief Ratu Joni, den Todesfall zu vertuschen. Die Touristen kamen trotzdem, es war einfach an der Zeit.

Ratu Joni hatte Mereoni nie ganz getraut, sie war eine unzähmbare Frau, genau wie ihre Mutter - nur hässlicher war sie, mit ihren Glupschaugen und ihrer Gummivisage. Er war sich sicher, dass sie etwas mit dem Unfall zu tun hatte, aber wen sollte man noch beschuldigen? Mereoni jedenfalls war danach auf Nakula Island nicht mehr gesehen worden, hat alles stehen und liegen gelassen. Vielleicht ist sie mit einem Haufen geklautem Geld abgehauen, dachte er. Zum Teufel mit ihr!

Der „Octopus Garden" lief gut. Er übernahm den Laden.

Wie es kam, dass der König bei mir einzog

N. Ehrlich

Ich weiß natürlich nicht mehr, wann es anfing. Ein Zeitpunkt lässt sich gar nicht so genau feststellen, ich würde sagen, die Grenzen sind fließend - die Redewendung hab ich mal aufgeschnappt. Dass ich mir ein bisschen verarscht vorkam, das fing schon früh an, denn entgegen aller Behauptungen würde ich sagen, ich war kein dummes Kind. Es begann damit, dass die Lehrer einfach nicht zuhörten, oder zumindest niemals richtig verstanden.

In der zweiten Klasse sollte man schon schreiben können. Ich konnte es nicht. Nicht schreiben, nicht lesen. Meine Lehrerin - Frau Kantenwein, eine alte DDR-Beamtin in mausgrauem Kostüm und dicken Strumpfhosen, mit lila Dauerwelle und grün geschminkten Augenlidern, eine die forsch und altbacken war und bei der sich Mädchen wie Mädchen zu benehmen hatten, mochte Jungs und leistungsstarke Schülerinnen. Mich nicht. Ihre Diktate waren furchteinflößend. Als Frau Petry krank wurde, übernahm Frau Kantenwein manchmal den Religionsunterricht und tat, was sie für ihre Pflicht hielt - diktieren. „Ich lese einmal vollständig - Gott der Herr, hat mir eine Zunge gegeben wie sie Jünger haben, daß ich wisse mit den Müden zu rechter Zeit zu reden. Und jetzt noch einmal

langsam - Gott der Herr [Pause] Komma hat mir eine Zunge gegeben [Pause] wie sie Jünger haben Komma [Pause] daß mit Sz ich wisse [Pause] mit den Müden [Pause] zu rechter Zeit zu reden Punkt. Und alle noch einmal -" Alle: „Gott der Herr, hat mir eine Zunge gegeben wie sie Jünger haben, daß ich wisse mit den Müden zu rechter Zeit zu reden." Frau Kantenwein: „Und weiter. Gott der Herr [Pause] hat mir das Ohr geöffnet Punkt [Pause] Und ich [Pause] bin nicht [Pause] un - ge - hor - sam [Pause] und weiche nicht zurück Punkt. Und alle noch einmal -" Alle: „Gott der Herr hat mir das Ohr geöffnet. Und ich bin nicht ungehorsam und ich weiche nicht zurück."
Meine Hände kamen nicht mit, mein Kopf konnte die Wörter nicht schnell genug auseinanderhalten und eigentlich war ich noch eingeschüchtert, weil Melanie Vogelmann, eine der leistungsstarken Schülerinnen, mir in der Stunde zuvor vors Schienbein getreten hatte, weil meine Strickjacke so hässlich war. Also tat ich nur so, als würde ich schreiben, und zeichnete stattdessen kleine Kritzel-Chaosse in mein Schreibheft. Es sah sehr schön aus, wie kleine Universen. Natürlich - wie hätte es auch anders kommen können - erwischte mich Frau Kantenwein, als sie sich mit ihrem mächtigen Oberkörper zu mir herunterbeugte. Ich versuchte, das Schlamassel mit der linken Hand zu verdecken. Sie befahl mir, die Hand wegzunehmen. Ich sollte ja nicht ungehorsam sein, sagte der Jesus oder Gott oder wer auch immer in der Bibel zu uns spricht, und tat wie mir befohlen. Sie blickte auf die Kritzel-Chaosse und verstand nichts. „Was soll das jetzt wieder, Ava."

Ich zuckte nur mit den Achseln, mein Herz pochte turboschnell und mir traten die Tränen in die Augen, ich wurde feuerrot, weil ich Angst vor der Frau Kantenwein hatte, die mit Schönem ja so wenig anfangen konnte. An die Strafe kann ich mich nicht mehr erinnern - vielleicht musste ich die Bibelstelle bis ins Endlose kopieren (ehrlich gesagt habe ich keine Ahnung, was die alte DDR-Beamtin mit der Bibel am Hut hatte, aber vielleicht war sie früher bei der SS - oh pardon, bei der Stasi gewesen und versuchte sich zu dieser Zeit, nach der Wende, möglichst unauffällig zu verhalten, um nicht aufzufliegen) oder vielleicht hat sie mit meiner Mutter gesprochen - ich weiß es nicht mehr. Ich weiß nur, dass sie es persönlich genommen und dass die Klasse mich ausgelacht hatte. Ich meinerseits hatte nicht begriffen, warum sie glaubte, ich hätte es getan, um sie zu ärgern. Danach gab ich mir große Mühe, Frau Kantenwein nicht mehr zu ärgern.

In der dritten Klasse, da hatte sie die Klasse von Frau Petry, meine Klasse, übernommen. Wir sollten ein Bild, das in einem Schulbuch abgebildet war, beschreiben. Ich schrieb: „Auf dem Bild siet man ein Mätchen. Das Mätchen sitzt auf einen Stul. Fieleicht denkt es an was. An ire Kaze. Ire Kaze heist Mikesch. Sie ist ser ser süß mit Streifen. Sie spielt an liebsten mit einen Strick an den ein Stok gebunden ist. Man ziet an den Strik Strick und die Kaze springt danach. Das macht Spas."
Frau Kantenwein war weniger über die Fehler, sondern vielmehr darüber verärgert, dass ich mich nicht an die Aufgabe gehalten und stattdessen meine subjektive Sicht auf das Bild beschrieben hatte. Sie dachte, ich hätte es aus Bosheit getan und ich verstand nicht, was sie von mir wollte. Es dauerte Jahre, bis ich begriffen hatte, warum auf dem Bild nicht zu sehen war, dass das Mädchen an seine Kaze dachte, dass diese Zudichtung schlicht falsch war. Aber das Mätchen hätte doch an die Kaze denken können.

In der vierten Klasse sollten wir unser Lieblingsbuch mitbringen und daraus vorlesen. Alle brachten „Pippi Langstrumpf" oder „Emil und die Detektive" mit. Einer stellte „Alfons Zitterbacke" vor. Melanie Vogelmann, mit der ich mich im vergangenen Jahr angefreundet hatte, weil ich die hässliche Strickjacke gleich nach dem Tritt vors Schienbein im Wald verbuddelte, zeigte „Ronja Räubertochter", und ich war begeistert, weil ich all die schönen Bücher nie gelesen hatte - ich hatte nie von Wilddruden gehört und einem Mädchen, das allein, ohne Mutter und Vater und nur mit einem Affen und einem Pferd lebte, ich kannte weder Emil noch Erich und bei den Brüdern Löwenherz ging mir das Herz so auf, dass es zerspringen wollte (alles Kometen) - zu dieser Zeit wusste ich nicht, dass beide Brüder bereits tot waren - ich konnte mich lediglich an das Kirschblütental erinnern und Pferde und einen Dreiseitenhof, denn diese Stelle wurde in der Vierten von Anna vorgelesen. Mir blieb das Tragische lange

verborgen. Irgendwann kam ich dran, ich glaube gleich nach Anna, weil wir immer alles zusammen machten und wenn das nicht ging, dann wenigstens nacheinander. Anna war fast immer die Erste, weil sie mutiger war, das wiederum lag daran, dass sie hübscher war.
Und jetzt kommen wir zum tragischsten Tag meiner Grundschulzeit, dem Tag, an dem ich begriff, dass Frau Kantenwein nichts begriffen hatte. Und das erschütterte mich. Zutiefst.
Aber ich fange am Anfang an: Das Buch, das ich mitgebracht hatte, war uralt und die einzelnen Seiten fielen heraus, es roch nach altem Buch und fühlte sich an wie altes Buch - in diesem Buch steckte Leben. (Komet) Seit ich denken konnte, war es da. Ein polnisches Buch: „Vom König mit der schiefen Krone."

Es erzählte von einem König, der regieren wollte. Weil aber niemand auf ihn hörte, weil er statt zu regieren den ganzen Tag in den Obstbäumen saß und Leute mit Apfelkernen bespuckte und sich zwischendurch allerlei Gedichte einfallen ließ, klappte das Zusammenleben im Land sehr gut. Der König aber, der dachte, er sei das Oberhaupt, weil er ja über allen saß, in den Baumkronen - er dachte, das Zusammenleben im Land sei friedlich, weil er außerordentlich gut regierte - und so blieb es.
So blieb es über Jahre und Jahrzehnte. Der Nachbarkönig mit der pompösen Krone wollte wissen, warum das Land des Königs mit der schiefen Krone seit Jahrzehnten in Frieden lebte, er konnte es sich nicht erklären und schickte seine Lakaien aus. Sie befragten die Bauern und die Bauern sagten: „Unser König ist ein guter König, er lässt uns in Frieden die Felder bestellen und unsere Arbeit verrichten." Die Lakaien zogen weiter und fragten die Handwerker, die Handwerker sagten: „Unser König ist ein guter König, er lässt uns in Frieden unserem Handwerk nachgehen." Die Lakaien zogen weiter und fragten die Bäcker, die sagten „Unser König ist ein guter König, denn er lässt uns in Frieden das Brot backen." Die Lakaien kamen zum Marktplatz, wo Händler ihre Waren feilboten und Kinder übermütig spielten. Aus heiterem Himmel schoss eine Droschke auf einen der Lakaien zu, die Pferde waren auf einmal verrückt geworden. Der Lakai erschrak und ließ vor Schreck sein Büchlein in den Brunnen fallen. Da verlangte er, zum König gebracht zu werden, der das Unrecht, das ihm widerfahren war, klären sollte. Der Droschkenfahrer lachte und fragte, woher er komme. Der Lakai wurde böse und verlangte, dass man den Droschkenfahrer, der ja nichts dafür konnte, dass ihm die Pferde durchgegangen waren, ebenfalls zum König bringen sollte. Der Droschkenfahrer aber fragte, wie er dem armen Mann auf andere Weise helfen könne, ob er zum Buchbinder gehen und nach einem neuen Buch verlangen, oder ob er den Fischer nach seiner Angel fragen solle, um das Büchlein aus dem Brunnen zu fischen. Der Lakai ließ sich nicht beirren, er bestand darauf, zum König zu gehen. Er sagte, er sei Lakai des Königs mit der pompösen Krone, aber keiner der Leute auf dem Marktplatz begriff, was das sein sollte - ein Lakai. „Ein Diener. Ein Gehilfe. Ein Gesandter", versuchte er zu erklären, aber die Leute behaupteten, ihr König habe keine Lakaien. Der Lakai glaubte, es müsse an der fremden Sprache liegen, und zählte weitere Umschreibungen auf, aber die Menschen blickten leer drein und behaupteten, ihr König habe keine Diener oder Gehilfen oder Gesandten, er habe auch keine Sklaven oder Untertanen, weder Mägde noch Knechte. Da fragte der Lakai, wie ihr König dann regieren könne, ohne Untertanen, und die Leute sagten - eben genau so, ohne Untertanen. Da fragte der Lakai, was das für ein König sei, wenn er keine Untertanen habe, und da sagten die Leute - eben genau so ein König, ein König ohne Untertanen. Da wurde der Lakai wütend und sprach lauter - er fragte, wem der König dann befehle, ihm die Speisen zu bringen oder die Kleider zuzuknüpfen, die Nachbarländer auszuspähen oder in den Krieg zu ziehen, die schönste Seide zum Rock zu verarbeiten oder die Krone zu schmieden. Da trat ein Kind hervor und sagte: „Wenn der König speisen will, dann kocht er sich Eintopf. Wenn der König sich anziehen will, dann zieht er sich das purpurne Hermelinwams an. Wenn er fremde Länder sehen will, reitet er davon und wenn er Seide verarbeiten haben will, geht er zum Schneider. Die Königskrone hat der König selbst geschmiedet. Und wenn der König in den Krieg ziehen will, dann ist er nicht mehr unser König, denn unser König will keinen Krieg."
Der Lakai hörte zu und verstand kein Wort. Zurück im Königreich des Königs mit der pompösen Krone erstatteten die Lakaien Bericht. Der erste behauptete, das Land lebe in Frieden wegen der guten Ökonomie, der zweite behauptete, die Frauen seien wunderschön, der dritte sagte, das Land sei durch guten Zauber geschützt, der vierte meinte, es liege an den Bergkämmen rings herum, der fünfte schüttelte den Kopf und wurde auf der Stelle entlassen, und der Marktplatz-Lakai stellte sich vor den König und verkündete, dass er nicht länger in seinen Diensten stehe. Der pom-

pöse König lachte und behauptete, dies müsse erst befohlen werden, vom König. Der Lakai lachte seinerseits und tanzte aus dem Saal.
Irgendwann wurde der König mit der schiefen Krone alt und müde - er musste den Nachfolger bestimmen und ernannte den Lakaien des pompösen Königs.
Ich weiß noch genau, wie ich mit glänzenden Augen vom König erzählt hatte und anfing, ein Gedicht vom Apfelmann, dem Apfelmann, der alles kann, auswendig aufzusagen und dabei ein bisschen so zu tanzen wie Stefanie Hertel im Musikantenstadl. Frau Kantenwein unterbrach mich. Stille. Kalt blickte sie in die Klasse wie Katla der Drache und fragte, was die Schüler davon hielten, dass ich in einer Sprache, die sie nicht verstünden, ein Gedicht aufsagte, ob sie glaubten, es sei bloß Dummheit oder gar Hohn oder Spott - und sie fragte, ob ich die Aufgabe nicht verstanden hätte, was sie nicht wundern würde, und sie nahm das Buch mit spitzen Fingern aus meinen Händen, sodass alle Seiten herausflatterten. Ich sank auf die Knie und sammelte sie wieder auf. Fuchur hockte in der Ecke und klemmte den Schwanz zwischen die Beine.
Da war mir klar, dass Lehrer nichts kapieren. Frau Kantenwein fand es auch nicht sehr gut, dass ich aufs Gymnasium kam. Mir war es egal - ich hatte sowieso nicht geschnallt, dass Gymnasium für die Schlauen war und Realschule für die Dummen. Die meiste Zeit verbrachte ich mit Tagträumen und den Tagträumen war es egal, wo sie geträumt wurden. Man wird sich nicht wundern, dass ich von Schule nicht viel hielt. Aber ich hatte immer meine 2 - die Note der Durchschnittsschüler, der Mauerblümchen, der Unauffälligen, derer, die so viel lernen, aber keine Einsen schreiben. Nur, dass ich nicht gelernt habe. So fing das an. Die ganze Verarschungsgeschichte. Und so zog der König in mein Haus. Applaus.

THREE STORIES/THREE CHOICES

Bruce Taylor

You stand there on the edge of the world, the immense star field before you. The galaxy Andromeda rises slowly, majestically in the sky. The Master of your Fate comes up to your side. You stand there with the Master; it is dressed in a deep red robe and a red hood. You cannot see the Master's face.

„Well?" the Master says in a voice that reminds you of wind through grass, trees, or over waters.

It's a nice, open-ended question, almost the kind a therapist might ask. It's up to you to begin. What is on your mind first? Whatever it is, you talk about it. The image that comes to your mind is that of a winter day; not too far away, an immense tree, devoid of leaves, massive branches reaching skyward, ending in smaller and smaller branches until they look like dendrites; beyond the tree, a vast dome of low fog, creeping slowly across the land like a pale snail. The fog bank becomes brighter and more intense as you look to the east until it turns incandescent and almost as white as the rising sun. The mountain beyond, an immense volcano, is a pale blue against the deeper blue of the horizon.

„I see," says the Master. „Preoccupation with the magic, with the beauty of the world."

Another image comes to your mind; looking out over a bay to see jagged, snow covered mountains rising to the west and the sun turning them brilliant white.

„Yes," says the Master. „Yes, it is a beautiful place."

Yet another image, you, holding a woman in your arms--you stand behind her, arms around her waist and she's leaning into you and you're both looking out over a cliff, to a lake far below, then to the mountain ridge beyond culminating in impossible spires of rock, like a fantasy and it's sunset. Clouds have backed up on the west side of the ridge and push through the narrow clefts, where they melt into rivers of mist, pink in the light of the setting sun, turning a dusky white in the shadow of the ridge; it flows down between gaps in the crest of the ridge, three rivers of mist flow down, down, and coalesce again, flowing like dry ice down into the lower valley, toward the lake and the Master says, „Yes, love and beauty in the world. Yes, for this is life too. Yes. Well?"

You nod. „I am ready to let go of life."

And the master laughs: „Liar."

Second Story:

You stand there on the edge of the world, the immense star field before you. The galaxy Andromeda rising slowly, majestically in the sky, so large and bright you can dimly see color as you would in the light of a full moon. The Master of your Fate comes to your side. You stand there with the Master, looking at it. It is dressed in a pale blue robe and a blue hood. You cannot see the Master's face.

„Well?" the Master says in a voice that reminds you of wind through bones and gutted and ancient buildings.

It's an open-ended question, almost the kind a priest might ask. It's up to you to begin. What is on your mind first? Whatever it is, you talk about it. The image is that of a cold December day. You are seated in a church. You gulp. You know who's in that casket up front.

„Mr. Thompson," the priest says, „was a man of honor and pride."

He was my father, you think, I know how he was. An abusive, alcoholic screwball who lusted after young girls--

„He was seen by all who knew and loved him as a hard worker, toiling long hours to provide for his loving family--"

Right, you think, right, when he wasn't drinking and screwing his secretary and when he remembered where his car was and when he wasn't stopped for a DUI and when he wasn't abusive--it was sometimes good to see him when he occasionally came home.

„--a wonderful sense of humor, loving and considerate--" says the priest.

Are we thinking about the same guy? you wonder.

„--and now we turn to the 23rd Psalm-'The Lord is my Shepherd'--"

You stand. Your sister is there. She's crying. And her grief spreads like a cold, and you're crying, you don't really know why but then you really begin to cry and then bawl and then suddenly you know why--oh, Gods. What might have been. You hate yourself for crying for this guy who was never around but you cry your heart out because you never got to know him, because he never was around, because there was no connection--at all, ever, and now there never will be--shit! And then everybody loses it--for the guy they thought they knew, for the guy you never knew and it's tragedy all over the place--and at the burial site, when you hear the dirt being plopped down shovel full after shovel full, like the slow heartbeat of the very earth is beating and after every-ry- one comes up to you and says, „I'm sorry," and „He was a swell guy," and so forth and so on you stand there and you wonder, who the hell was it we just buried anyway?

You look to the Master. You look to Andromeda and you say, „Okay, can I leave now?"

The master laughs: „No way."

You scowl. God, you wanna leave so bad. In disgust you stomp toward the edge of the world, toward the waiting arms of Andromeda, the doorway to Something Else, but the Master grabs you by the arm and yanks you back.

„Uh-uh," it says.

„But it's my life," you say plaintively.

„But you're not ready." says the Master.
„Yes, I am," you insist.
„Pay attention," says the Master.

Third Story.

You stand there on the edge of the word, the immense star field before you, the galaxy Andromeda rising slowly, majestically in the sky. The Master of your Fate stands by your side. Looking at the Master, you see it is dressed in a white robe and a white hood. As before you can't see the Master's Face.
„Well," the Master says in a voice that reminds you of wind blowing through a graveyard.
As before, it's a nice open-ended question, the kind that an undertaker might ask. It's up to you to begin. What is on your mind first? That is what you talk about. And--there it is.
You see yourself in a nursing home. Your mind shot. You being helped around by aides, you being fed by Alex, a seventeen year old fellow with acne and he's looking at cute Melinda Dreér who is eighteen with the braces on her teeth and honey blond hair and the cute little boobies and your mind isn't so shot that you don't know that someone has a hard-on and you don't think it's you, but then again--
You drift in and out, and then you become aware of sitting on the glassed in porch, and for a moment you understand. You hear George Whatizname, eighty-three, sitting next to you coughing and coughing because of his chronic emphysema. Next to you is Mrs. oh, hell--um--oh, yeah, Bella Jones, hazel-eyed, who wears smudged glasses in white frames and is overweight. She sits in a rocker in her deep blue nightgown with a cane propped between her legs, hands folded over the top of it and you're all looking out over the lake, to that immense mountain rising to the south, Mt.--Mt. what the dingdong--and then you just kinda space out and forget what you were trying so hard to remember and Bella Jones just kinda absently says, „That Mt. Rainier--lived here all my life and never get tired of looking at that mountain--"
You look in that direction, and its beauty and majesty suddenly move you to tears and in spite of where you are you know you're dying and you don't wanna die, you don't wanna die, even with the farts, the diarrhea, the tapioca pudding, and half the time not having the faintest idea who you are, where you are, you don't wanna die, to leave this--
And the master says, „You've embraced your fear."
You look out at the star field, to Andromeda.
„Now you can go."
„I don't wanna go," you say.
„Have to," the Master says.
„Don't wanna." you respond.
„No argument," says the Master.
„I'm gonna stay," you say.
„No, you're not." says the Master.
„Yes, I am," you say.
„Can't argue with Fate. It's your time."
„Says who," you say.
„Says me," says the Master.
„Can't make me if I'm not ready."
„You're ready. Go."
„No." you say.
The Master gets impatient and gives you a mind picture of how you

look: old, wrinkled, bad teeth, wearing a robe that is vertically stripped in white and blue and that says, in a pale circle on the right side of the robe, lower down, „Hospital Property."
„So?" you say, „I may look like hell and half the time I don't know where I am but it doesn't mean I wanna die."
„Getting tired," says the Master. „Go."
„No. You should have quit when you were ahead. I gave you two chances."
„You weren't ready," replies the Master of your Fate.
„Now I am?"
„Yes. Leave." The Master gently but very firmly pushes you toward the cliff, to the waiting spiral arms of Andromeda, to the beginning of the next beautiful journey and transformation--
„Fuck off," you say and you turn and with a dexterity that surprises even you, you pull the Master toward you then shove it back; it goes over the cliff--but somehow, someway, its hand reaches up, grabs you by the ankle--over you go and then you get it: you go--whether you want to--or not.
End of story.

Susanne Rzymbowski, geb. 1964 in Köln, abgebrochenes Studium in TheFHe, Germanistik und Kunstgeschichte, im Büroalltag zu Hause, dennoch nicht die Lust am Schreiben und Staunen verloren. Vor allem lyrische Texte liegen mir am Herzen, ich bin noch blutiger Anfänger, der an den unterschiedlichsten Ausschreibungen teilnimmt um das eigene Schreiben gerne vor mich hin zu entwickeln. Philosophiere gerne vor mich hin und freue mich wenn meine Texte Anklang finden, will zum Nachdenken anregen und der Fantasie freien Lauf lassen. Erstveröffentlichungen von Lyrik in Kleinverlagen (Wendepunkt, Elb-Verlag). Zwei Verlagsangebote liegen mir bislang vor. Eine Veröffentlichung ist von mir Ende des Jahres geplant.

blume (michael johann bauer), *29.06.1979 in Schrobenhausen, ich lebe in Durlach, Karlsruhe. Habe Forstwirtschaft in Weihenstephan, Freising, studiert und mich anschließend auf Pädagogik spezialisiert. Diverse Veröffentlichungen in Literaturzeitschriften und Anthologien, u. a.: Eine Kurzgeschichte in der Literaturzeitschrift ‚phantastisch!'; Gedichte in verschiedenen Ausgaben der Literaturzeitschrift ‚Dichtungsring', Gedichte in der Literaturzeitschrift ‚keine! delikatessen', experimentelle Kurzgeschichten in ‚Kalmenzone', ‚Kein Firlefanz! Nur Texte!' und ‚Die Novelle', dazu erscheint eine Autorenausgabe der Zeitschrift ‚Das Dosierte Leben' mit meinen Texten.

Kurt Neumayr, Jahrgang 1975, ist Religionspädagoge und AHS-Lehrer mit dem Schwerpunkt ‚Bibliotherapeutische Literatur'. Neumayr lebt und arbeitet im Umfeld der niederösterreichischen Landeshauptstadt St. Pölten. Veröffentlichung von Lyrik und Kurzgeschichten, Artikel in Fachzeitschriften sowie von diversen religionspädagogischen Behelfen.

WIE GLAS AM HIMMEL
Daniel Mylow

Erst später, lange nach dieser Nacht, hatte er sie geliebt. Er wusste nicht mehr, wann es angefangen hatte, nur, dass es nicht mehr aufgehört hatte, wie ein Versprechen. In seiner Erinnerung wurde dieses Versprechen zur Farbe eines grün schimmernden Flusses. Sein Wasser war undurchdringlich. Der Abend warf zähe Schatten darauf und gab ihm etwas zurück.

Worauf wartete sie? Das Spiel, das wir spielten, nannte sich „Königshäuser". Zwischen ihren schlanken Fingern hielt sie einen weißen Stein. Sie hielt ihn zwischen ihren Fingerspitzen schwebend über der Tischfläche. Vor jedem Spielzug sah sie mich lange an. Die Farbe ihrer Augen wechselte, wenn sie atmete. Etwas in ihren Augen lächelte, durchscheinend und von sehr weit her. Ihr Fuß schob sich unter der Bank wie zufällig an meinen Fuß. Es war eine Nacht im Juni. Die Sterne standen wie brüchiges Glas am Himmel, einer sandfarbene Schein von Lichterkette erhellte den Platz vor dem Küchenhaus. Sie setzte jeden ihrer Steine mit einer einzigen Handbewegung, einer Bewegung, in der alles Entscheidende steckte. Wenn ich an diesen Moment zurückdachte, dann glaube ich, es ist zuerst ein Sehen und Gesehenwerden, das berührt, ein Augenblick nur, einer jener seltenen Augenblicke jenseits der Zeit, in dem so etwas wie die Liebe beginnt.
Es war eine Nacht wie jede andere in der Summe eines Menschenlebens. Unsere Hände nahmen die Steine, bewegten sie zwischen unseren Fingerkuppen, so, als wäge man eine Entscheidung von großer Tragweite, und setzten sie vorsichtig, Königshaus um Königshaus, auf das Spielfeld. Wenn sie einen Stein gesetzt hatte, sah sie mich an, weich und herausfordernd. Länger als eigentlich erforderlich überlegten wir jeden Zug. In ihren Augen wiederholte sich jeder dieser Züge. Weil ihre Augen mit jedem Moment die Farbe wechselten, blieben mir ihre Gedanken verborgen. Manchmal ging jemand auf dem nahen Weg vorüber. Dann wussten wir, dass das alles hier, das winzige Spielfeld unter dem Sternenhimmel, unsere zueinander geneigten Körper, das monotone Zirpen der Grillen, dass all das nicht nur außerhalb von Zeit und Raum existierte.
Wir hatten alle Königshäuser gesetzt. Beide verschränkten wir die Hände für einen Augenblick ineinander, so, als wüssten sie, wohin. Manchmal strich sie ihre Haare zurück. Sie neigte ihren schlanken Körper unmerklich vor und zurück, so dass ihre Bewegungen im Hauch der Luft zerstoben, und es nichts wirklich gab, was mich von ihr erreichte.
Ich erinnerte mich, dass ich sie,

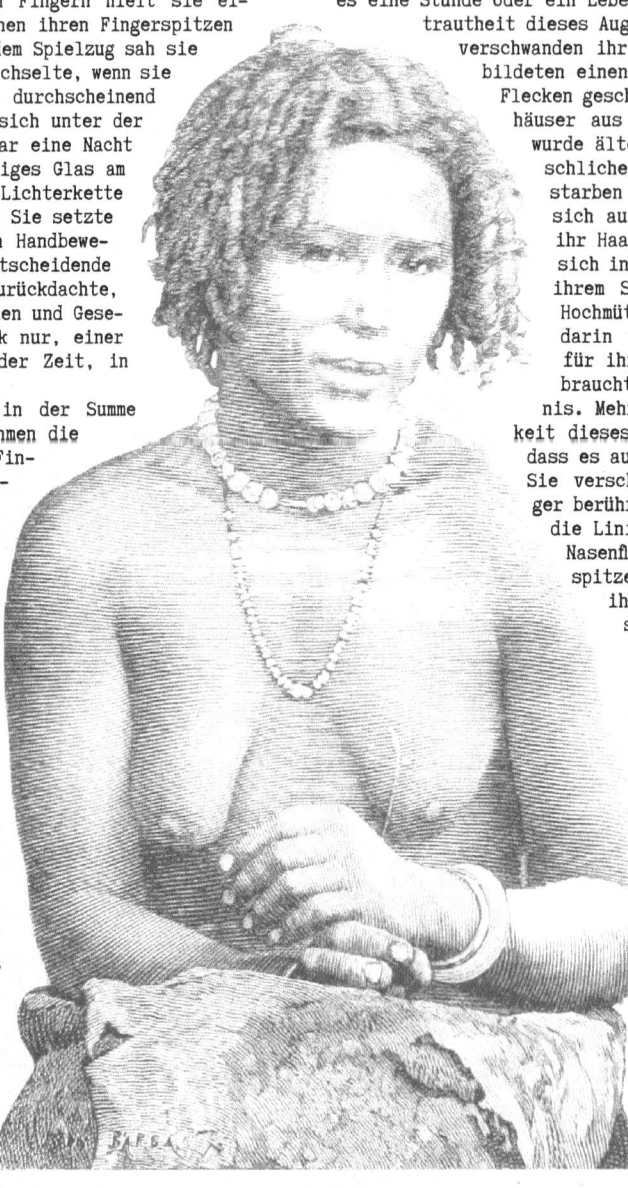

ganz gleich wie nah ich ihr auch war, niemals wirklich gesehen hatte. So, wie man einen Menschen gewöhnlich sieht. Sie ahnte, dass sie mit jedem Zug ein Stück mehr von sich preisgab. Wenn sie gezogen hatte, in einer sanften, fast parallelen Bewegung zum Spielfeld, dann winkelte sie den rechten Arm ein wenig an und spielte mit den Fingerspitzen in der Luft. Ich konnte nicht anders, als sie anzusehen. Wenn ich sie in den letzten Tagen aus der Ferne gesehen hatte, dann war es, als ob sich ihr schönes blasses Gesicht aufzulösen schien, wenn man versuchte, es wirklich zu sehen. Auch auf den Fotos, die ich von ihr kannte, war das nicht anders. Es schien, als sei sie überhaupt nicht da.

Aber in diesem Augenblick war alles anders. Hatte der andere seinen Spielzug gemacht, dann sahen wir im gleichen Moment auf. Es war, als ginge ein Fluss durch ihre Augen und der Himmel legte alle Farben auf sein Wasser. So lange wir uns auch ansahen, der Fluss nahm sie mit. Für einen Augenblick war ich wie ein Schwimmer in der Wüste.

Das Spiel dauerte. Es dauerte viel länger, als ein Spiel dauern konnte. Wir zögerten es hinaus. Alles, was danach kam, und dauerte es eine Stunde oder ein Leben lang, würde nichts mehr mit der Vertrautheit dieses Augenblicks zu tun haben. Stein für Stein verschwanden ihre weißen Steine in meinen Händen. Sie bildeten einen winzigen schimmernden Haufen. Wie ein Flecken geschmolzener Sterne leuchteten die Königshäuser aus dem Blau der Tischplatte. Die Nacht wurde älter. In einer unendlichen Kreisbewegung schlichen die Schatten um uns herum. Sie erstarben in der warmen südlichen Luft, bevor sie sich auf die blasse Haut ihrer Arme oder auf ihr Haar legen konnten. Schließlich fügte sie sich in ihre Niederlage. Sie verlor nichts von ihrem Stolz. Nichts von ihrer verletzlichen Hochmütigkeit, die mich so anzog, weil sie darin war wie ich. Die Zeit, die sie sich für ihre Spielzüge, hätte sie nicht gebraucht. Es war wie ein stilles Einverständnis. Mehr noch, ein Wissen um die Einzigartigkeit dieses Augenblicks. Niemand von uns wollte, dass es aufhörte.
Sie verschob ihren letzten Stein. Unsere Finger berührten sich wie zufällig. Ich beobachtete die Linie auf ihren Wangen. Ich sah, wie ihre Nasenflügel sich bewegten, wenn ihre Fingerspitze an den Stein tippte. Wie die Farbe in ihren Augen wechselte, wenn unsere Blicke sich tastend begegneten, in der gleichen Kreisbewegung, in der das Licht seine Bahnen um uns legte. Hätte ich in diesem Augenblick in die Zukunft sehen können, ich hätte meine Hand auf ihre gelegt, so wie sich vor zwei Tagen ihre Hand in meine gelegt hatte, voller Sanftheit und Entschlossenheit, und ich hätte sie den schmalen Pfad entlang zum Meer geführt, in das weiße Rauschen und ein Stück weiter noch, dorthin wo es keine Wege mehr gab. Zu lieben heißt, Grenzen zu verlassen.

Das Spiel war zu Ende. Plötzlich saßen Menschen neben uns. Ich weiß nicht mehr, was ich gesagt habe. Es heißt, wenn man einen Stern genau sehen will, muss man nur daneben sehen. Und so blickte ich auf ihre Wimpern, ihre durchsichtigen Brauen, das Licht, das um ihre Augen spielte. Sie spürte das Gleiche, was ich in diesem Augenblick spürte: Die Liebenden haben keine Zukunft. Sie haben nur die Gegenwart, die ihre Liebe ist, und ihren immer gegenwärtigen Tod.
Deshalb musste ich wieder als König, wie sie es nannte, vor ihr stehen. Sie durfte mich nicht mehr so ansehen, wie sie es tat. Wir sahen uns jeden Tag, drei Jahre lang. Doch wir hatten einander aus den Augen verloren.
Wenn ich an sie denke, denke ich an nichts Bestimmtes. Ich sehe nur, wie die Farbe ihrer Augen beständig wechselte, als wolle sie niemals die sein, die sie gerade ist. Ich weiß nicht, wer es ist, der trauriger ist. Die Königin ist traurig.

Es war einmal eine wunderhübsche Prinzessin, die fühlte sich sehr einsam. Da bat sie ihren Papa, der praktischerweise König war, ihr ein Tier zu schenken, mit dem sie spielen konnte. Der König, ein äußerst sparsamer Mann, schenkte ihr einen Zwergpinscher. Doch damit konnte die Prinzessin nichts anfangen. Der war ihr zu klein und unansehnlich. Außerdem hatte sie in der Zeitung gelesen, wie gefährlich das Leben als Berühmtheit sein konnte. Was sollte ihr da so ein Winzling nützen?!

Es gab Entführungen und Geiselnahmen selbst bei unbedeutenden Personen, und sie war doch eine bedeutende Persönlichkeit, an Bedeutung gleich nach dem König kommend. Ja, sie war bedeutender als ihre Mutter, denn die war gestorben und kam also nicht mehr in Betracht. Also muss die Prinzessin doch auch geschützt werden. Und weil sie um die Sparsamkeit ihres Vaters wusste, machte sie einen vortrefflichen Vorschlag. Sie schlug dem König vor, ihr einen großen, kräftigen Hund zu schenken. Damit könnten sie sich den sonst üblichen Personenschutz sparen. Der König war einverstanden mit der Idee und schenkte ihr sogleich eine mächtige Dogge. Die war ein wunderschönes Tier, und die Prinzessin hatte ihre Freude daran. Sie spielte mit dem Hund auf dem königlichen Rasen vor dem Schloss, und das Schönste: sie war nun nie mehr einsam! Immer, wenn ihr langweilig wurde, rief sie nach der Dogge und spielte mit ihr. Das ging einige Wochen so. Die Prinzess und ihr großer Hund waren ein Herz und eine Seele. Niemand konnte der Tochter des Königs etwas anhaben, denn die Dogge beschützte sie so gut und tollte ihr so wild herum, wie sie es sich immer gewünscht hatte.

Doch eines Tages geschah etwas Merkwürdiges. Während die beiden auf dem Rasen vor dem Schloss herumtobten, biss die Dogge der Prinzessin plötzlich in die Nase. Ohne jegliche Vorwarnung und wie aus heiterem Himmel. Man weiß eben nie, was in so einem Tier vorgeht. Spieltrieb und Jagdinstinkt liegen manchmal gefährlich nah beieinander.

Und als dann auch noch Blut aus der Nase der Prinzessin floss, war die Dogge nicht mehr zu halten. Sie biss sich im Gesicht der Prinzessin fest. Erst ein kräftiger Tritt in den Unterleib, den der herbeigeeilte Pförtner dem Tier versetzt hatte, brachte es wieder zur Besinnung. Aber da war es schon zu spät, und die Prinzessin hatte praktisch kein Gesicht mehr. Nur Stirn und Augen blieben verschont. Dem Pförtner gelang es, das scheinbar wahnsinnig gewordene Tier wegzuzerren. Die Prinzessin wurde in ein Krankenhaus eingeliefert, und der nichtsahnende Hund musste eingeschläfert werden. Das hatte er nun davon.

In einer mehrstündigen Notoperation wurde der Prinzessin das Gesicht eines kürzlich verstorbenen Unfallopfers aufgepflanzt. Wochenlang bekam niemand sie zu sehen, sie sich selbst auch nicht. So eingehüllt lag ihr Kopf in Mullbinden, dass nicht einmal mehr ihre schönen Augen daraus hervorschauten. Und hätten nicht verschiedene Kabel und Kanülen an ihrem Körper gehangen, wer weiß, ob sie nicht mit einer Mumie verwechselt worden wäre.

Die neuen Gesichtszüge waren mit den heil gebliebenen Teilen ihres Vorderkopfes vernäht und an Adern und Muskeln angeschlossen worden. Es war keine ungefährliche Operation, aber sie glückte, zumal der König sich ausnahmsweise nicht hatte lumpen lassen und die teuersten Ärzte bestellte, um das Gesicht seiner hübschen Prinzessin zumindest so herzustellen, dass sie sich selbst im Spiegel wieder ansehen mochte. Und das tat sie auch, nachdem die Binden entfernt und die Narben zwischen Kopf und neuem Gesicht in großen Teilen verheilt waren.

Aber was für ein Anblick! Sie erkannte sich selbst nicht mehr. Wie sollte sie auch, es war ja das Gesicht einer völlig Fremden. Aber gerade das bereitete ihr, nach all den schmerzhaften Wochen eine unbändige Freude. Es war ihr, als hätte sie endlich eine Freundin gewonnen, einen Menschen, der immer in ihrer Nähe war. Und so war es ja auch. Wenn die Prinzessin sich wieder einmal einsam fühlte, brauchte sie nur in den Spiegel zu schauen, und schon war da jemand, der sie tröstete und Grimassen zog, um sie zum Lachen zu bringen. Anfangs war das wegen der Narben noch etwas schmerzhaft, aber mit der Zeit ließen die Schmerzen nach und die Prinzessin wurde ein glücklicher Mensch.

Die weiteren Jahre ihres Lebens verbrachte sie zusammen mit ihrem neuen Gesicht und die beiden freuten sich, wie viel Spaß sie miteinander hatten. Ja, es war noch besser als das frühere Herumtollen mit dem Hund, den sie auch gar nicht vermisste. Sie und ihr neues Gesicht waren zu einer untrennbaren Einheit geworden. Und wenn sie nicht gestorben sind, so leben sie noch heute.

Peter Zemla, geboren neunzehnvierundsechzig in Bamberg, studierter Aeroozeanograf, lebt in der Nähe von Nürnberg, mal unter, mal über der Erde und dazwischen dazwischen, Veröffentlichungen in Magazinen und Anthologien.

Der 1951 geborene **Eugen Egner** ist Schriftsteller, Zeichner und gelegentlich auch Musiker. Sein teils komisches, teils unheimliches, aber immer groteskes literarisches Werk umfasst Romane, Erzählungen und Kurztexte, außerdem schreibt er Hörspiele für den WDR. Seine Cartoons erscheinen seit 1989 in der Satirezeitschrift Titanic. 2003 wurde er mit dem Kasseler Literaturpreis für grotesken Humor ausgezeichnet, 2011 mit dem Bernd-Pfarr-Sondermann für Komische Kunst. Zuletzt ist vom Autor der Erzählungsband „Totlachen im Schlaf" erschienen.

Kai Weber wurde 1978 in Traben-Trarbach geboren. Nach einer Buchhändlerlehre studierte er Literaturwissenschaft und Bohemistik, arbeitete dann in einem Buchverlag. Aktuell ist er Projektmanager für E-Book-Auslieferungssoftware und studiert nebenbei Informatik. Er lebt mit seiner buddhistischen Frau in Stuttgart.

Peter Kapp: Geboren 1968 in Freiburg, lebt in Frankfurt a. M. Zahlreiche Veröffentlichungen, zuletzt: Nach dem Börsengang, Gedichte, Edition Thalia 2014. http://www.plan-b-frankfurt.de/Plan_B/Peter_Kapp.html

Häupter mit Kronen, Guido mit uuuiiiiiii und Simon mit e

Gerhard Benigni

Morgens rekle ich mich in meinem King-Size-Bett in meinem geliebten gestreiften Flanellpyjama von Hennes & Mauritz. Es war wieder eine traumhafte Nacht unter dieser exklusiven Glanzsatinbettwäsche von Schlossberg, Modell Windsor, aus ägyptischer Baumwolle. Natürlich farblich abgestimmt auf meinen Kuschelpyjama. Wenn das nicht zusammenpasst, quälen mich die schlimmsten Albträume. Da huschen dann lauter korpulente Frauen in potthässlichen Leggings durchs Schlafzimmer. Wie aufgedunsene Bratschläuche sehen die untenrum aus. Furchtbar. Aber an der Taille macht das Grauen längst nicht halt. Geschminkt sind die vielleicht. Sagt mal, ist denn heut' schon Halloween? Und dann umzingeln mich diese kriegsbemalten Königsberger Klopse auch noch. Ja, so grotesk sind sie, meine feuchten, vielmehr schweißdurchnässten Reality Dreams. Die machen mich fix und alle. Aber als Modepapst der Fashionnation achte ich klarerweise peinlichst genau darauf, dass der Stoff meiner Träume ein anderer ist. Selbstverständlich frühstücke ich auch in meinem Flanelli, denn dieses wohlige Wohlfühlgefühl vermittelt mir sonst kein Kleidungsstück. Ganz abgesehen davon ein perfekter Start in meinen modischen Alltag. Untertags heißt es dann ohnehin wieder, mich anzüglich zu geben. Und damit meine ich nicht meine ätzenden Kommentare ober- und unterhalb der Gürtellinie bei den Aufzeichnungen zu „Shopping Queen", sondern meinen großen Schwarzen. Davon hab' ich mehrere. Selber mach' ich's mir recht einfach, Schwarz in Schwarz. Schwarzer Anzug, schwarzes Hemd, schwarze Socken, schwarzer … nein, Moment, alles verrate ich euch nun auch wieder nicht. Ach, was bin ich heute wieder eine Plaudertasche. Bestimmt kein passendes Täschchen am frühen Morgen, so kurz nach elf. Bunte Gewänder überlasse ich jedenfalls dem gemeinen Volk. Es bunt zu treiben, das ist mehr was für den Pöbel von der Straße. Bei dem geht es dann meist drunter und drüber. Das ist in Sachen Kleidung zwar durchaus gewollt und macht vielfach auch Sinn, aber die Farbkombinationen, mit denen sich manche außer Haus wagen, schrecklich, einfach schrecklich. Eine optische Umweltverschmutzung sondergleichen. Ich würd euch nicht so gehen lassen wie ihr euch selbst, denke ich mir dann immer, wenn mir auf dem Weg zur Arbeit wieder so papageienartig gekleidete Frauen begegnen. Denen würde ich am liebsten sofort die Kleider vom Leib reißen und ein Einzelcoaching verpassen, aber ich muss ja auf Sendung. Mittlerweile nehme ich meine Versace-Sonnenbrille in der U-Bahn gar nicht mehr ab. Das hilft zumindest ein wenig gegen diese grellen Farben, die ringsum mein Auge beleidigen. Das Schlimme

ist nur, wenn ich im Studio ankomme, wird's um keinen Deut besser. Eine Modesünde nach der anderen, rein farblich, vom Schnitt rede ich erst gar nicht. Obwohl, Geschichten könnte ich euch da erzählen. Da wird aus einer Never Ending Story ein Never Ending Styling. Styling scheint für viele ein echtes Fremdwort zu sein. Da ist selten jemand bei, der mit der Farbwahl bei mir ins Schwarze trifft. Aber ich höre nicht auf, diese beratungsresistenten Tanten zu maßregeln. Das ist zu tief in mir drin. Ich muss die Welt einfach ein wenig verschönern. Und dazu gehören für mich nun mal Ladys in schicken Klamotten. Das kann doch nicht so schwer sein. Ich bitte euch.
Oh, mein Gottchen, die Aufnahmeleiterin. Was trägt denn die heute wieder für einen Fetzen? Neonpink ist dagegen blass. Und der Hüftspeck, der quillt seitlich über. Wie eine Chorizo schaut die aus, nur ohne Wumms. Das ist gar nicht hip. Donnerlittchen, Samantha, wie oft hab' ich dir schon gesagt, was zu dir passt!? So was kannst du nicht bringen. Auch wenn du nicht vor der Kamera stehst. Mit dem Fummel wirst du mit Sicherheit kein zweites Mal schwanger, kannst du dir damit abschminken. Nur, die Madame hört ja nicht auf mich. Klar, der Prophet im eigenen Land … Aber am Set von „Shopping Queen", da erwarte ich mir schon mehr Style, Schätzchen, und dein Rumgezicke, das kannst du dir schenken. Also lange drücke ich das nicht mehr durch. Die hat nun echt nicht an der „Vogue" geleckt. Vor allem redet diese Tussi auch noch beim Casting mit und läuft selber im Schlabberlook rum. Geht gar nicht. Da menstruiert mein Designerherz. Aber, bleib cool, Guido, du musst auf Sendung. Sitzen meine Haare, Brenda? Was macht mein Teint? Ich will wie immer glänzen, aber nicht auf der Stirn. Ist da wohl kein Schüppchen auf meinem schwarzen Sakko? „Shopping Queen", Staffel 6, Folge 3, Aufnahme läuft …
Ach, du liebes Lottchen, das war wieder ein Chaos am Set. Keine Spur von Glanz und Glamour, eher ein Sodom und Gomorrha. Auch nicht wirklich. Jedenfalls bin ich wie immer dagesessen, hab' mir diese shoppinggeilen Wuchtbrummen angeguckt und dann mein Urteil zu den Mottoverfehlungen abgegeben. Ich sag's mal so: Wenn ich das sagen würde, was ich mir wirklich denke, das

würde VOX nie senden. Never ever. Aber so verkackt, wie die sich stylen. Manche von denen wälzen sich wie adipöse Walrosse über den Catwalk. Huch, das will niemand hören vom Guido. Dabei ist's doch wahr. Im Vergleich dazu ist Miss Piggy ein Magermodel. Da bekommt man echt sein Fett weg am Set. Als wäre ich schuld daran, dáss die Mädels mitunter ein paar Pfündchen zu viel auf den Rippchen lagern, und sich die Bluse dann umständehalber zum Tonnengewölbe formt. Da kann ich doch nichts für. Und dann noch dieses nervige Team im Studio. Heute hat wieder mal nichts geklappt. Ich schmeiß' das echt bald hin. Dann macht der Guido Winke-Winke und sagt Tschüssikowski als Moderatmoderator. Aber einen Auftrag ziehe ich noch durch. Der ist allerdings streng geheim. Stilechte Beratung für ein Königshaus. Vom Adel verpflichtet. Alles topsecret. Ganz ohne „Shopping Queen"-Team versteht sich. Nur ich und der Prinz. Der Kleine ist echt verzweifelt. Der ist ganz von der Rolle. Wenn ihr wüsstet… Wie hat er zu mir am Telefon gesagt? „Ich hab' die Prinzenrolle satt. Ich schmeiß' alles hin und werde Prinzessin!" Ich weiß, ich sollte es für mich behalten, aber ich kann nicht anders. Der Auftrag ist einfach zu crazy. Ganz großes Kino. Hört euch das bitte schön mal an, meine Lieben!

Da ist dieser Prinz Simon aus dem Geschlecht der DeBeukelaers, uralter belgischer Fritten- und Gebäckadel, durchlauchte „Pommes de Terre", der mit seinem Schicksal hadert. Ein armes Kerlchen. Als Sohn von König Robbe und Königin Camille wurde er mitten in den belgischen Hofstaat hineingeboren. Damit galt es für Klein Simon bereits sehr früh zu lernen, seinen Mann zu stehen. Als kleinem Prinzen fiel ihm das unter der royalen Obhut seiner Eltern noch leicht. Auch das ganze Theater mit diesem hofnärrischen Zeremoniell, Schnickischnösel von und zu und sowieso nahm er damals recht gelassen. Doch mit der Zeit hat Simon immer mehr bemerkt, dass ihm die Prinzenrolle so ganz und gar nicht auf den Leib geschneidert ist. Die anderen Buben in seinem Alter, ein Haufen rolliger Frischlinge, die vergnügen sich mit den feschen Mädchen aus der Gegend, während Simon, ich kann ihn nur zu gut verstehen, den unweigerlichen Drang in sich verspürt, lieber jungen Männern den Hof zu machen. Ist er nicht lieb, der kleine Racker? Kein Verlangen nach sprießenden Knöspchen, dafür hinter jeder Hose her, das süße Prinzregentenschnittchen. Doch erst mal die rosa Brille abgesetzt, sitzt er ganz schön in der Bredouille mit seinem kronischen Leiden.

Auf der einen Seite seine angeborene Blaublütigkeit, durch die er in seinen privaten Aktivitäten von Königshaus aus sehr eingeschränkt ist, die macht ihm schon gewaltig zu schaffen, aber dass nun auch noch diese Warmblütigkeit sein Leben erschweren soll, das bringt den smarten Simon vollkommen aus der Fassung. Er hat mir erzählt, dass seine Eltern sich bereits für ihn am europäischen Heiratsmarkt in Adelskreisen um eine geeignete Prinzessin umsehen. Unvorstellbar, er im Anzug zur Hochzeit. Niemals, das traue ich mich steif und fest zu behaupten. Denn Simon probiert immer wieder heimlich die schönsten Fummel seiner Mutter an. Ich sag's euch, meine Lieben, das macht das Prinzchen ganz wuschig. Das weckt die Frau im Manne. Da muss sich wohl seinerzeit ein verkapptes X-Chromosömchen zu viel reingeschummelt haben ins majestätische Ejakulat, dass aus dem Jungen ein Kleidermann geworden ist. Die großgewachsene, schlanke Königin Camille hortet jede Menge wunderschöne Roben in ihrem Kleiderschrank. Ach, was sage ich, in ihrem riesigen Ankleidezimmer. Wie der Simon davon schwärmt, eine wahre Fundgrube für ihn. Und damit er sich weder im Farbton vergreift noch im Schnitt sich Irrungen und Wirrungen ergeben, hat er mich als seinen persönlichen Shoppingberater auserkoren. Als glühender Fan von „Shopping Queen" bin ich seine erste Wahl. Wer kann ihm das verdenken? Er will nun mal keine Kleidung von der Stange. Ach, diese Zuckerstange, ja, leck' mich doch am … Fass dich kurz, Guido, dem jungen Mann will geholfen werden. Dem halte ich schon die Stange. Na, wenn ihn nur niemand dabei erwischt, wie er im Palast in Frauenkleidern rumrennt. Ich find' sie ja zum Anbeißen, die Fotos, die er mir vorab schon mal gemailt hat. Im Kleidchen, im kurzen Röckchen, ach, Kinder, ein wahrer Augenschmaus. Seinen Eltern gegenüber verheimlicht er seine Neigungen. Irgendwie schämt er sich dafür. Von Zeit zu Zeit glaubt er gar, einen Hofknacks abbekommen zu haben und nicht ganz normal zu sein. Man hat's auch wirklich nicht leicht, ständig im Rampenlicht zu stehen. Außer man ist so eine wilde Rampensau wie ich. Kurz gesagt, es fällt dem femininen Jüngling einfach schwer, dazu zu stehen. Diesen

Teil seines Körpers kann er nicht ausstehen. Simon weiß damit nichts Rechtes anzufangen. Aber immerhin ist er nun bereits fast 17 Jahr' und blondes Haar krönt sein Haupt. Der ist aber auch ein Schnuckelchen, dieser Simon. Die gute Camille, als Königin on top, als Mutter voll unten durch, die ist sich sicher, dass sich die Prinzessinnen quer durch Europa alle zehn Finger abschlecken würden, und wohl nicht nur die, wenn sie ihren Simon erst mal in selbige bekommen würden. Doch was in Simon vorgeht, oder eben gerade nicht in ihm, nachdem er sich seinen Eltern gegenüber nach wie vor bedeckt hält, davon ahnt dieses aufs Protokoll getrimmte Königspack natürlich nichts. Ob einer von denen wohl selbst morgens mit dem Königspudel Pipi machen geht? Sei's drum, meine Lieben, ihren Sohn glauben die zwei nur zu gut zu kennen. Aber nicht um die Burg, die Rabeneltern, die wissen längst nicht alles, und schon gar nichts über seine Sehnsüchte. Ja, wie sollten sie denn auch? Bei den offiziellen Empfängen und Terminen, da gibt sich der Simon gezwungenermaßen stets staatsmännisch hetero, präsentiert sich im feinsten Zwirn, bindet immer brav seine Krawatte. Kurzum, er macht den DeBeukelaers alle Ehre und lässt sich nichts anmerken. Auch wenn ihm das alles auf den Keks geht.

Mächtig genervt ist er von alldem. Ich würd' ihm raten, endlich mal Mode zu machen. Ha, kleines Scherzchen aber auch. Der zerbricht sich doch sonst noch sein hübsches Prinzenköpflein, wenn er sich laufend solche unsinnigen Gedanken macht. Womöglich würden ihn seine Eltern vom Hofe jagen, ihm den Thron unter seinem reizenden Hintern wegziehen, ihn unter Umständen gar enterben, nachdem er nicht gewillt ist, sich standesgemäß zu binden und aktiv für die deBeuklaersche Thronfolge einzusetzen. Eine verklemmte Situation, in der sich der pubertierende Spross da befindet. In seiner Haut möchte ich nicht stecken, wobei … Sachlich bleiben, Guido, reiß dich am Riemen, immerhin ist der Kunde König, auch wenn es ein Prinz ist. Jedenfalls soll es perfekt inszeniert über die Bühne gehen, sein Ich-bin-als-Frau-im-falschen-Körper-geboren-worden-Outing. Darauf legt der kesse Schlingel besonderen Wert. Geht es nach mir, liebend gerne. Nach jahrhundertelanger gelebter und überlebter Inzucht werden die das auch überleben. Das wär' doch gelacht, wenn das bumsfidele Adelsgeschlecht so eine kleine Geschlechtsumwandlung nicht durchdrückt. Dann wär's ohnehin besser, wenn die sich nur noch untereinander beflecken. Für sein Coming-out hegt der Simon bereits einen fulminanten Plan. Nächsten Monat, da heiratet seine Schwester, die Prinzessin Lea, diese Kackbratze Prinz Schwermuth von Schaumgummi-Hippe, obwohl schon vor Jahren Prinz Lambert von Keksen-Anhalt mehrfach offiziell um ihre Hand angehalten hat. Allein schon wegen der ollen Namen würde ich mir mit keinem von den beiden was anfangen.

Doch dem Simon ist das herzlich egal. Hauptsache, es gibt ein maßloses Tamtam rund um die Adelshochzeit. Sämtliche Fernsehstationen werden darüber berichten. Und mittendrin Simon mit e, er als sie. Für diesen Anlass möchte sie sich eigens von mir ein herrliches Kleid designen lassen. In zartem Rosé, mit Spitze. über und über bestickt mit Swarovski-Steinchen. Na ja, meins wär's ja nicht, aber bitte. Sie will sich an diesem Tag wie eine Prinzessin fühlen, in ihrem Guido-Maria-Kretschmer-Chiffonfunkelglitzerkleid. Sie sieht schon die Schlagzeile vor sich: „Royale Hochzeit: Prinzessin Simone stiehlt Prinzessin Lea die Show". Und sie hat für sich selbst noch folgenden Zusatz dazugesetzt: „Operation gelungen". Kinder, so einen Auftrag darf man sich doch nicht durch die Lappen gehen lassen. So viel können diese Möchtegernqueens gar nicht shoppen und verflixt und zugenäht auch nicht geschickt einfädeln, als dass ich da nicht an vorderster Front mitwirken würde. Wie bescheuert müsste ich denn sein, mir damit kein goldenes Näselchen zu verdienen? Das gibt doch bestimmt Folgeaufträge in ganz Belle Belgique. Aber bevor ich jetzt den Faden verliere und noch mehr aus dem Nähkästchen plaudere, wird sich mit Sicherheit wieder einmal bewahrheiten, was ich immer sage: Kleider machen Leute.

Ich mach' mich lieber gleich ran ans Hochzeitskleid, schließlich muss am Tag der Tage alles tippitoppi passen, nicht dass mir die Simone da als Rollbraten auf drei Etagen daherkommt. Mit textilen Verhütungsmitteln werde ich bei „Shopping Queen" schon genug belästigt. Aber beim Auftritt von der lieben Simone, da will ich, dass es nicht nur mir warm ums Herz wird. Wir werden als „Der best-dressed Prinz alive und sein taffes Schneiderlein" in die europäische Adelsgeschichte eingehen. Dafür gibt's von mir 10 Punkte.

Armin Breidenbach studierte Germanistik, Philosophie und Soziologie an der TU Darmstadt. Während des Studiums absolvierte er Regie- und Dramaturgiehospitanzen in Deutschland und der Schweiz und arbeitete in verschiedenen freien Gruppen. Von 2007 bis 2010 war er Regieassistent am Theater Osnabrück. Dort assistierte er u. a. Dariusch Yazdkhasti, Jens Poth, Cornelia Crombholz, Nina Mattenklotz, Matthias Kaschig, Kathrin Mayr, Holger Schultze und Hans Kresnik. Von 2010 bis 2014 war er Dramaturg für den Abendspielplan am Landestheater Tübingen, wo er u. a. mit den Regisseuren Alexander Nerlich, Simone Sterr, Jens Poth und Maria Viktoria Linke zusammenarbeitete. Seit der Spielzeit 2004/15 ist Armin Breidenbach Dramaturg am Düsseldorfer Schauspielhaus.

GRÜSSE EINES GENESENDEN AUS DEM GRÜNEN NEAPEL

Tobias Stenzel

Opas Zustand hat sich verschlechtert. „Jeder Todeskampf endet beizeiten", sagt der Arzt. Wir versammeln uns im Krankenhaus. Gemeinsames Beten. Aufteilung des Reiches. Opa die Münze ins Maul stecken. Gute Reise und so weiter. Opa liegt da und röchelt. Reagiert nicht auf Abschiedsgrüße. Reagiert überhaupt nicht. Alle sind enttäuscht von so viel Teilnahmslosigkeit und verlassen das Zimmer. Ich will als Letzter gehen. Da krallt sich etwas an meinem rechten Ärmel fest. Opa. Kaum habe ich Zeit, die Überraschung zu verarbeiten, als ich ihn flehen höre: „Pull the plug, preacherman!" Aufgebracht fahre ich herum. Hektik. Ungewissheit. Epilepsie der Emotionen. Wie zufällig trete ich in eine Kabelschlaufe. Stolpere. Das Kabel fährt zischend aus der Wand. Mehrere Explosionen folgen. Mein Fuß ruckt wie wild. Opas Arm ragt in die Luft. Zeige- und Mittelfinger formen ein V. Ich gönne dem Alten den Triumph, aber plötzlich stürmen sechs oder sieben mit Schlagstöcken bewaffnete Krankenschwestern ins vernebelte Zimmer und beginnen, heftig auf Opa einzuprügeln. Ihre Schlagstöcke bestehen aus hartem Gummi. Es scheint sich um eine Elite-Einheit zu handeln. Aus dem Pulk der Furien sehe ich Opas Arm und das V ragen. Ich stürze mich auf eine Schlägerin und reiße ihr am Kittel. Sie zieht mir den Knüppel über den Schädel. Sie schreit mich an: „Verstehen Sie nicht! Der Alte braucht eine Lektion!" Erschöpft sinke ich auf den Boden. Alles ist voller Kabel. Blut läuft mir ins Auge. Doch endlich taucht der Chefarzt auf. Sofort will er meine Platzwunde behandeln, aber ich weise ihn auf die sechs, eventuell sieben dreschwütigen Schwestern hin, die meinen todkranken Opa brutal misshandeln. Der Chefarzt begreift. Er treibt das verrohte Spezialkommando auseinander. Es gelingt ihm, die gewaltgeladene Situation zu entspannen. Danach geht es allen besser. Opa auch. Er darf wieder nach Hause. Abends sitzt er auf dem Balkon. Mittags hinter dem Aquarium. Dann möchte er seine Medizin. Ich sehe, wie Mutter zum Medizinschrank geht und wahllos hineingreift. Sie nimmt Ätznatron, Blattgold, Zyankali, Ata Scheuermilch, Blausäure, Bergamottöl, eingedickten Süßholzsaft, Schellack, Koriander, Darbepoetin alfa und Schlafmittel. Alles zusammen gibt sie in eine Tasse mit siedender Flüssigseife. Opa ist ahnungslos. Er will trinken. In letzter Sekunde schlage ich ihm den Todesbecher aus der Hand. Der Becher fliegt gegen die Nordwand des

Aquariums, wo er zerschellt. Kugelfische kollabieren vor Schreck. Muschelkrebse erleiden Shell Shocks. Mutter verliert die Besinnung. Ich ebenfalls. Opa verschluckt sich an der Münze, die er immer noch auf der Zunge trägt. Opa folgt uns in die Ohnmacht. Wir müssen alle ins Krankenhaus. Als ich wieder zu mir komme, sitze ich neben Opas Krankenbett und halte die Hand des Alten. Opa flüstert mir zu: „Priester, schieb mich auf das Bahngleis …" Ich staune: „Du meinst Abstellgleis?" - „Nein, das Bahngleis …" Da begreife ich. Opa möchte mit seinem Krankenbett auf ein Bahngleis gerollt werden, vom Zug erfasst werden und sterben. Ein teuflischer Plan. Ich löse die Bremsen des Krankenbettes. Mühsam schiebe ich Opa auf den Flur. Licht brennt. Das Krankenhaus steht in einer strukturschwachen Stadtregion, in dem es weder Aufzüge noch Rolltreppen gibt. Ich muss das schwere Krankenbett ohne maschinelle Unterstützung die Treppen hinunterbefördern.

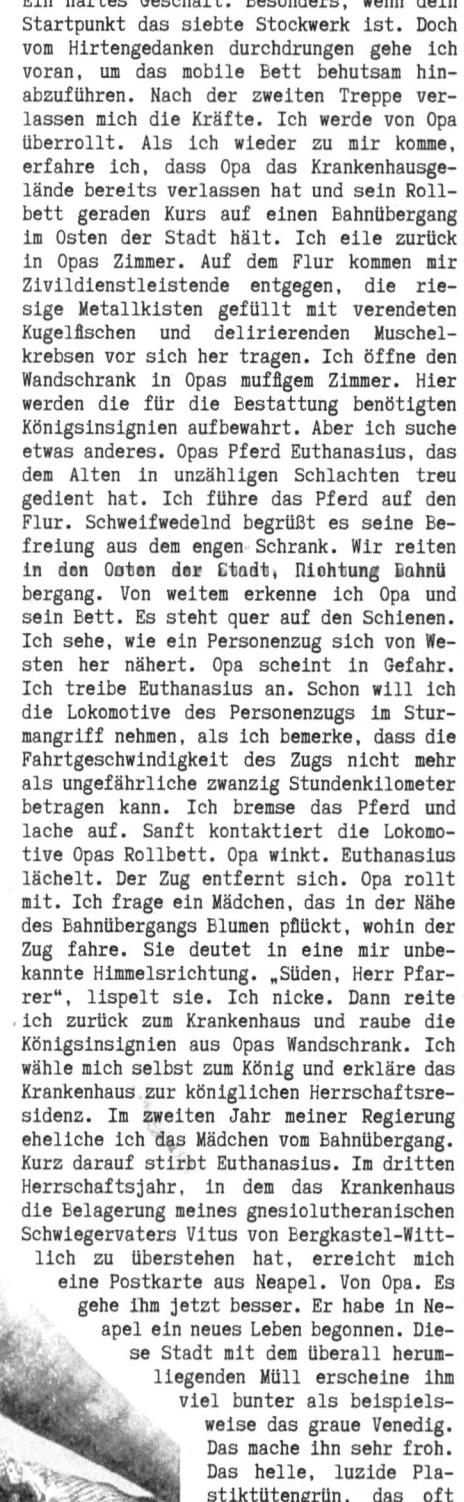

Ein hartes Geschäft. Besonders, wenn dein Startpunkt das siebte Stockwerk ist. Doch vom Hirtengedanken durchdrungen gehe ich voran, um das mobile Bett behutsam hinabzuführen. Nach der zweiten Treppe verlassen mich die Kräfte. Ich werde von Opa überrollt. Als ich wieder zu mir komme, erfahre ich, dass Opa das Krankenhausgelände bereits verlassen hat und sein Rollbett geraden Kurs auf einen Bahnübergang im Osten der Stadt hält. Ich eile zurück in Opas Zimmer. Auf dem Flur kommen mir Zivildienstleistende entgegen, die riesige Metallkisten gefüllt mit verendeten Kugelfischen und delirierenden Muschelkrebsen vor sich her tragen. Ich öffne den Wandschrank in Opas muffigem Zimmer. Hier werden die für die Bestattung benötigten Königsinsignien aufbewahrt. Aber ich suche etwas anderes. Opas Pferd Euthanasius, das dem Alten in unzähligen Schlachten treu gedient hat. Ich führe das Pferd auf den Flur. Schweifwedelnd begrüßt es seine Befreiung aus dem engen Schrank. Wir reiten in den Osten der Stadt, Richtung Bahnübergang. Von weitem erkenne ich Opa und sein Bett. Es steht quer auf den Schienen. Ich sehe, wie ein Personenzug sich von Westen her nähert. Opa scheint in Gefahr. Ich treibe Euthanasius an. Schon will ich die Lokomotive des Personenzugs im Sturmangriff nehmen, als ich bemerke, dass die Fahrtgeschwindigkeit des Zugs nicht mehr als ungefährliche zwanzig Stundenkilometer betragen kann. Ich bremse das Pferd und lache auf. Sanft kontaktiert die Lokomotive Opas Rollbett. Opa winkt. Euthanasius lächelt. Der Zug entfernt sich. Opa rollt mit. Ich frage ein Mädchen, das in der Nähe des Bahnübergangs Blumen pflückt, wohin der Zug fahre. Sie deutet in eine mir unbekannte Himmelsrichtung. „Süden, Herr Pfarrer", lispelt sie. Ich nicke. Dann reite ich zurück zum Krankenhaus und raube die Königsinsignien aus Opas Wandschrank. Ich wähle mich selbst zum König und erkläre das Krankenhaus zur königlichen Herrschaftsresidenz. Im zweiten Jahr meiner Regierung eheliche ich das Mädchen vom Bahnübergang. Kurz darauf stirbt Euthanasius. Im dritten Herrschaftsjahr, in dem das Krankenhaus die Belagerung meines gnesiolutheranischen Schwiegervaters Vitus von Bergkastel-Wittlich zu überstehen hat, erreicht mich eine Postkarte aus Neapel. Von Opa. Es gehe ihm jetzt besser. Er habe in Neapel ein neues Leben begonnen. Diese Stadt mit dem überall herumliegenden Müll erscheine ihm viel bunter als beispielsweise das graue Venedig. Das mache ihn sehr froh. Das helle, luzide Plastiktütengrün, das oft zu sehen sei, gefalle ihm besonders.

Atlantis

Marc Suter

Wenn man König einer alten, sagen wir, antiken, auf einer Insel im Meer gelegenen Stadt wäre, und man verhielte sich heutiger Denkweise entsprechend, dann riefe man, sobald dieser Inselstaat an seine physisch gegebene Wachstumsgrenze stieße - die gesamte Insel bis an die steil abfallenden Küsten hin bebaut und kein weiterer Bevölkerungszuwachs, kein Ausbau der Wohngebäude und Werkstätten möglich - all seine Minister zur Beratung hastig zusammen; denn wie sollte man unter diesen Umständen den Fortbestand des Staates sicherstellen? Wo Beamten und Offiziere rekrutieren, um das stetig sich ausbreitende Reich zu verwalten, die Armeen in den Kolonien zu führen? Wie die nötigen Steuern eintreiben, wenn nicht durch beständig wachsenden Import von Waren aus allen Teilen der Welt? Nachdenklich thronten nun die greisen Minister und Generäle auf ihren samtbezogenen Sesseln im reichlich geschmückten Ratssaal und zupften sich an ihren Bärten, denn sie wussten keine Antwort, bis schließlich irgendeiner, erwähntem Denkmuster folgend - beispielsweise der Flottenkommandant, der vielleicht kürzlich einen Aufstand von Minensklaven in entfernter Kolonie niederrang und sich daher einigermaßen auszukennen glaubte in der Sache - auf die Idee käme, dass sich zwar nicht das horizontale Ausmaß der Insel, wohl aber deren vertikale Nutzfläche vergrößern ließe, indem man Gebäude und Straßen, einer Mine gleich, in die Erde hinein baute; diesen Vorschlag würde man, obwohl kostspielig und riskant, mangels Alternativen umzusetzen befehlen; die besten Bergleute des Reiches riefe man herbei, tausende von Arbeitern und Sklaven, die unterirdische Stadt zu erbauen; Schächte und Stollen würden gegraben, Säulen und Säle in den Fels gehauen, Wohnungen, Tempel, Paläste, auch eine Bergbauakademie, exquisit ausgestattet alles, ausgeklügelt beleuchtet und belüftet; zudem würden neue Schiffe gebaut, um Baumaterial herbeizuschaffen; das königliche Banner nun hundertfach auf hohen Masten flatternd, die Gassen flirrend und rauschend im Gedränge der Arbeiter und Lasttiere; und zehntausende Menschen lebten bald in der neuen Stadt unter der Erde, bis vielleicht, Jahre später, irgendein außergewöhnlich begabter Student der Bergbauakademie, Karon hieße er zum Beispiel, während einer Vorlesung scheu sich erheben würde; wankend würde er seine Berechnungen vortragen im hallenden

Saal und fundiert darlegen, dass gewisse tragende Säulen der unterirdischen Stadt, beispielsweise diejenigen der prunkvollen, aus Marmorblöcken geschichteten Haupttreppe zum oberirdischen Teil, einbrechen würden, wenn sich ein Großteil der Bewohner der unterirdischen Stadt dort einfände; interessiert würde der dozierende Bergbaumeister Karons Erläuterungen zuhören und schließlich - den geängstigten Gesichtern der zahlreich vor ihm sitzenden Studentenschaft sorglos entgegennickend - erklären, die Berechnung Karons stimme einwandfrei; sorgen müsse man sich dennoch nicht, denn die Auslegung der Haupttreppe sei unter Berücksichtigung genau dieser Berechnung erfolgt, die Treppe limitiere nämlich durch ihre räumliche Begrenzung sozusagen von selbst die zu tragende Last; überdies sei die Überlegung ohnehin bloß akademischer

Art, denn aus welchem Anlass sollte eine derartige Anzahl Menschen zeitgleich die Haupttreppe aufsuchen? Dennoch würden nach dieser Vorlesung sicherlich ein paar weniger Schlaue, die der Ausführung des Dozenten nicht bis zum Schluss zu folgen vermochten, durch die Gassen eilen, um ihre Familien zu warnen, und bald breitete sich wie Feuer folgendes Gerücht aus: dass nämlich die Haupttreppe einstürzen und die unterirdische Stadt für ungewisse Zeit von der Erdoberfläche abschneiden könnte; angsterfüllt strömten nun die Menschen dieser Haupttreppe entgegen, um an die sichere Oberfläche zu gelangen; im Königspalast würde man über Situation und Gefahr unterrichtet und eiligst Soldaten an die Treppe entsenden, um von oben her Barrikaden zu errichten, die Massen zurückzudrängen, den Einsturz zu verhindern; tosend brandeten nun panische Menschenmassen von unten gegen diese Barrikaden, sich stauend auf den schweren Marmorstufen, während oben Truppen nachgesandt würden, die verzweifelten Bewacher zu verstärken; und die Haupttreppe mit den umliegenden, massiven Stützsäulen hielte dem Gewicht nicht stand, würde tosend einstürzen, hunderte unter sich begrabend, aufgrund der Erschütterung Mauern und Gebäude in nächster Umgebung mit sich in die Tiefe reißend, eine Kettenreaktion auslösend, sich ausbreitend wie Strohfeuer, jeweils den Einsturz nächster Gebäude bewirkend; dichte Staubwolken peitschten durch die Gassen und zerrten die Stadt ins Dunkel, während Tempel, Paläste und Menschen donnernd in die Tiefe stürzten, und hoch aufschäumend bräche endlich das Meer über die eingestürzten Stadtteile und begrübe, innert Stunden, die Jahrhunderte alte Stadt in den Fluten.

ACHIM KNORR
ÜBER MATHEMATIK, MUSIK UND TECHNISCHE FREUNDSCHAFT
ZWISCHEN TÜR UND ANGEL EINIGER PARALLELUNIVERSEN

FRANK DUKOWSKI
FALSCHES ÜBEN VON XYLOPHON-MUSIK QUÄLT JEDEN GRÖSSEREN ZWERG

ACHIM KNORR

--

TEST TEST TEST

Gelungen gelungen gelungen. Ist das Üben falsch, also wird das Falsche geübt, oder verspielt sich der Übende beim Üben? Und warum nur Zwerge, da leiden doch alle. Noch mehr übrigens bei gepusteter und geblasener Musik.

„FALSCHES ÜBEN" IST JA AN SICH SCHON EINE WIDERSPRÜCHLICHE BEGRIFFLICH-KEIT, DENN DAS ÜBEN WÜRDE SICH ERÜBRIGEN, WENN ES FEHLERFREI BLIEBE. – ALLES QUATSCH! (GENAU WIE: THE QUICK BROWN FOX JUMPS OVER THE LAZY DOG.) KÖNNTE MAN NICHT GRÖSSERE ZWERGE ÄRGERN, WENN MAN IN EIN XYLOPHON PU-STETE? – DAS WÄRE DOCH RICHTIG FALSCH, ODER? (AUCH QUATSCH!) – KENNST DU DICH MIT GEPUSTETER MUSIK AUS?

Ich habe früher im Schulchor gesungen, wir haben auch Konzerte gege-ben und dann kam immer der Bläserkreis dazu. Und der Flötenkreis. Die haben immer schief gespielt. Die Fehlerquellen sind auch vielfältig. Falsches Anblasen, zu wenig oder zu viel Luft oder ganz einfach falsch gestimmt. Meistens falsch gestimmt. Ich glaube, diese Instrumente will keiner wirklich spielen und die will auch keiner wirklich hören.

DU HAST ALSO VON TUTEN UND BLASEN EHER SCHLIMME VORAHNUNGEN. – SCHLAGEN WIR ANDERE SAITEN AN: EINES DEINER SKURRILEN BÜHNENWAGNISSE HATTE DEN TI-TEL „ICH SPIELE JETZT EH GITARRE". WIE ENG IST DEIN VERHÄLTNIS MIT DEINER GITAR-RE HEUTE? – IST ES NOCH LIEBE ODER SCHON …?

… oder schon Gewöhnung? Ich hatte eine längere Gitarrenpause bis 2004. Vielleicht, um Ab-stand zu gewinnen und die alte Rockmusik-Haltung abzuschütteln. Dann habe ich mir eine Telecaster gekauft und wieder angefangen, herumzududeln. Das hatte dann bald Auswirkungen auf meine Auftritte. Ich bin wieder häufiger mit Gitarre aufgetreten, seit ca. 2008 spiele ich eigentlich immer Gitarre auf der Bühne. Natürlich meistens nur kurz. Das Musikalische daran ist auch nicht so entscheidend. Für mich ist es eher die Dynamik und die Unterstützung. Also eine Art technische Freundschaft.

KORRIGIER MICH, WENN ICH FALSCH LIEGE! – DIE GROSSE KUNST DES KAUM ANGE-SPIELTEN, SCHON AUSGESPIELTEN LIEDES HAT JA EINE LANGE TRA-DITION. (VALENTIN, WAALKES, RAAB …) VON WELCHEN KÜNSTLERN (AUSSER YOKO ONO) FÜHLST DU DICH AM WENIGSTEN INSPIRIERT?

Manchmal gibt es einfach nicht mehr mitzuteilen. Oder anders: was kann nach dem Höhepunkt noch kommen? Wenn ich eine gute Idee habe und denke, die muss raus,

Keine Angst, Ohrwürmer hinterlassen nur ihren Kot. An guten Tagen kann das Hirn den kompostieren und in Nährboden für eigene Ideen umwandeln. Die Tagesschau hilft nicht, sie lähmt. Noch schlimmer ihre bösartige Schwester, die politische Talkshow. Eigentlich hilft nur Abschalten. So viele Augen und Ohren kann man gar nicht zuhalten.

ICH KRIEG DIE OHREN NICHT ZU. – ABER STIMMT, MANCHMAL IST DER MIST AUCH FRUCHTBAR FÜR SELTSAMSTE GEWÄCHSE. MEIN LIEBLINGSZITAT DES DEUTSCHEN SCHLAGERS LAUTET: „LIEBE SCHMECKT WIE KAVIAR." (AUS „MOSKAU" VON „DSCHIN-GIS KAHN") KANNST DU MEINEN UNERSCHÖPFLICHEN SCHATZ DES SCHLECHTEN GE-SCHMACKS BEREICHERN?

Eigentlich alles, wo 1000 drin vorkommt. Deutsch hat einfach den Nachteil, dass man den Text in all seiner Sinnlosigkeit komplett erfasst.

OH, MEIN GOTT! – DU HAST ALSO EIN PHÄNOMEN WIE „1000 ROTE ROSEN" IN ALL SEI-

Frank Dukowski

dann nützt es nichts, sie vorher noch zu verwässern. Sämtliche Versuche in der Richtung haben zu nichts geführt. Ich habe alles wieder durchgestrichen. Zur Inspiration: am wenigsten inspiriert mich WDR2. Das ist der Künstler, von dem nichts hängenbleibt. Danach kommt schon direkt die Tagesschau.

ICH HABE MIR DIE WDR2-PLAYLIST MAL ANGESCHAUT: (UNTER „ROXETTE" KANN ICH TAGELANG LEIDEN!) VERURSACHEN OHRWÜRMER HIRNKREBS? – SYNAPSENFRASS? – MUSTERERKENNUNGSSTÖRUNGEN? – HILFT DIE TAGESSCHAU?

NER SINNLOSIGKEIT KOMPLETT ERFASST? IST DAS NICHT WIE EIN BLICK IN DAS NIRWANA? – WIE WAR ES, DANACH WIEDER INS LEBEN ZURÜCK ZU KOMMEN?

1000 rote Rosen: ein Parallel-Universum. Aber Nirwana würde ich das nicht nennen.

EINE GANZ ANDERE FRAGE: WÄRE ES NICHT EINE VIEL SCHÖ-NERE WELT, WENN NACH DEN ZAHLEN ZEHN, ELF UND ZWÖLF DIE DRÖLF FOLGEN WÜRDE?

… und dann erst die Dreizehn? Da würden aber einige Leute ganz schwer durcheinanderkommen.

NEE, DIE DREIZEHN WÜRDEN WIR DANN WEGLASSEN. DIE BRINGT DOCH SOWIESO UNGLÜCK! (DERZEITIG WIRD IN EUKLIDISCH ABGESCHIRMTEN MATHEMATIKLABORATORIEN SOGAR AN EINER ALTERNATIVZAHLENREIHE VON FURZ, FÜLF, SEXLF, SIEBALF, AXL UND NAUF EXPERIMENTIERT, ABER DAS IST NOCH NICHT SPRUCHREIF …) WENN DU MITMACHST, WÄRE VIELLEICHT AUCH KNORRF DISKUTABEL, ODER!?

Kai Gutacker. 1990 geboren, studiert Europäische Literaturen in Berlin. Dreimaliger Jahrespreisträger des Lyrik-Wettbewerbs des Deutschland-radios. Lesungen u. a. im Rahmen des Friedrich-Bödecker-Kreises, auf der Langen Leipziger Lesenacht und beim ukrainischen Literaturfestival Meri-dian Czernowitz. Veröffentlichungen in Zeitschriften wie Federwelt, 500Gramm, Sachen mit Wörtern sowie verschiedenen Anthologien.

Ich würde aber nicht wollen, dass die armen Mathe-Schüler sich mit Zahlen herumärgern müssen, in denen mein Name vorkommt.

Warum immer so kompliziert? Warum wird Mathe nicht einfach ab der Oberstufe abgeschafft?

OK, WIR SCHAFFEN MATHE AB. ABER RECHNEN IST WICHTIG! ... ICH KANNTE MAL EINEN CLOWN, DER BEHAUPTETE, DASS MAN POINTEN BERECHNEN MÜSSE.
IN WIE WEIT TRIFFT DIESE AUSSAGE ZU? // BITTE ANTWORTEN SIE AUF EINER SKALA VON 1 (TOTALER HUMBUG) BIS 6 (TRIFFT VOLL UND GANZ UND GAR NICHT ZU) – MIT DEN ZAHLEN DAZWISCHEN KÖNNEN SIE IHRE ANTWORT ABSTÜRZEN.

Ja, man kann Pointen berechnen. Allerdings kommt es dabei sehr auf die Betonung an. Sehr gut zu beobachten bei Comedy im Fernsehen.

DASS DU IN DIESEM BEREICH GUT RECHNEN KANNST, HAST DU SCHON OFT BEWIESEN. KANNST DU UNS EIN BEISPIEL EINER DEINER GUT BERECHNETEN POINTEN GEBEN?

Ich berechne meine Pointen ja nicht. Aber meine Tochter kam letztens mit einem (zugegebenermaßen) alten Witz aus der Schule: Wieviel ist siebenmal sieben? - feiner Sand.

DIE 49 WÄRE ENTSPRECHEND AUS EINEM PARALLEL-UNIVERSUM. ICH DANKE DIR SEHR HERZLICH FÜR DAS GESPRÄCH. GIBT ES ABSCHLIESSEND NOCH EMPFEHLUNGEN AN ALLE, DIE DEINEN EINZIGARTIGEN HUMOR TEILEN?

Ich empfehle: „On the Phenomenon of Bullshit Jobs" - STRIKE!
Ich habe das letztens auf einer Zugfahrt gelesen und dachte mir, falls mich mal jemand fragt, ob ich was empfehlen kann ... Ich bedanke mich, befragt worden zu sein.

AUSSERDEM SEI NATÜRLICH NOCH HINGEWIESEN AUF DIE SEITE ACHIMKNORR.DE, WO MAN AUCH AKTUELLE INFORMATIONEN ÜBER KNORRS BÜHNENAKTIVITÄTEN BEKOMMT. VIEL VERGNÜGEN!

Henning Bochert arbeitet als Autor, Dramaturg und staatlich geprüfter Übersetzer in Berlin. 2012-2014 Veranstaltungen mit Drama Panorama zu internationaler Dramatik. Projektgestaltung (Auswahl): Heiner-Müller-Symposium von raumA und Teatr Pokolenij in St. Petersburg, SUM² am Theater Erlangen, HYBRIDE in der Vierten Welt Berlin, phoenix transatlantic und Werkschau Wuppertal in der Landesvertretung NRW. Eigene Texte u. a.: Mangels Deckung (Roman), Tagesthemen, Saboteure. (Hör-/Theaterstück), Bestandteil (Theaterstück, Übersee (Dramolett), Heimattfilm (Erzählung), Dystopia (Theaterstück, credits (Theaterstück), Aschenputtel (Theaterstück).

EQUUS
DARIN BEHANDELT DIE EINIGKEIT VON GOTTHEIT, REITTIER UND BEUTEJÄGER

Tobias Reußwig

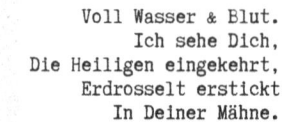

I : Pferdchen, Holz
Darauf ein Knabe, schaukelnd
Eine Bewegung auf Schienen
Wer gibt sie vor?
Beweger und Bewegtes
Strukturell statisch
Equus
Erlöse uns von der Langeweile
Holz auf Holz (tot)
Wer frisst wen?
Duldsames Pferdchen
Impuls.

Wenn er fällt …
Vererbtes Spielzeug.

2 : Wer reitet wen?
Es gibt nur Kommunikation.
Es gibt nur das Draußen
Ist nicht der Sattel
Gleichermaßen
Geeicht auf den Rücken
Wie auf den Schritt?
Ist die Trense nicht
Dolmetscher?

Vom Lehm genommen,
Ungebrannt.

Wer mich herrschen lässt,
Fleisch nach seinem Fleisch,
Trägt mich sanft
Zu grünen Auen.

3 : Nachtmahr.
Der Sattel voll Blut,
Der Halt der Trense
Binden mich.
Trag mich voran,
Gehorche.
Wer frisst wen?
Gieß mich aus in Täler,
Die Dich halten können.
Equus.
Der Glaube meiner Väter.
Christi Dornenkrone
Auf zuckenden Ohren.
Schweißfeuchte Flanken

Voll Wasser & Blut.
Ich sehe Dich,
Die Heiligen eingekehrt,
Erdrosselt erstickt
In Deiner Mähne.

Geblähte Nüstern.
Dieser Stolz aus Erde,
Warum trägst Du mich,
Führest mich zu frischem Wasser
Ein tumbes Tier,
Gut im Laufen,
Sozial, lebt in Gruppen.

Du bist auf mich angewiesen
Spricht Equus
Mit deinen weichen
Sohlen und deiner Unvorsicht
Damit du schwach würdest
Habe ich mich sanft gezeigt
Damit du glauben würdest
Litt ich für dich.

Reißzähne, die aus Kiefern brechen.
Equus.
Erlöse uns
Von der unreinen Abstammung.
Herr erhöre uns
Und zermalme mit Deinen Hufen.
Christus, Schrecken aller Schrecken
Dies unser Körper
Und Blut
Für Dich gegeben
König der Könige
Equus.

4 : Wir schufen Dich,
damit Du uns schaffen würdest.
Du schufst uns,
Dir und den Deinen zum Speiseopfer.
Und erlöse uns von dem Bösen
Denn Du bist die Himmel,
Die Schienen, Strukturen der Welt
In die wir gegossen wurden.
Equus.
Der Taumel unserer Seelen
in den Abgrund.

Wir waschen unsere Hände
In Unschuld.

STILLEKÖNIG

Genau zwei Minuten lang sprechen wir noch, dann Stopp. An diesem Tisch habe ich keine Symptome, diejenigen, die um den Tisch herumsitzen, wissen nichts von meinen Symptomen. Es ist warm, ich bin braun in einem sich drehendem Rock und habe nur eine Strumpfhose an. Bis halb fünf sprechen wir nicht, dann kommen sie, um uns zu checken und um zu nehmen. Blut gemacht, Pipi gemacht, Stuhl gemacht. Gemacht, gemacht, gemacht, genau zwei Minuten lang sprechen wir, dann läuft das Thermometer ab. 35,8. Sie werden auskühlen, das Elektrische ist nicht zuverlässig. Wenn ich die Ohrstöpsel einsetze, kann ich das Spiel fortsetzen, gebe den Kameraden Bescheid, dass ich die Ohrstöpsel eingesetzt habe und setze sie dann auch ein und werde sie dann nicht mehr hören. Gemacht, gemacht, gemacht, der Teufel sitzt im Kessel, wir spielen Stillekönig, wer zuerst spricht, kann nicht schlafen, kann nie raus.

ZAHNBECHER

Im Krankenhaus wandeln Gespensterkinder, erzählen, wo sie hineingeschoben wurden, zeigen ihre Spinde. An einem der drei Betten wird der Alarm ausgebaut, das wird Katatons. Die, die ich kenne, haben alle dieselben Zahnbecher, weiße, graue und blaue Tupfen sind darauf. Die Zahnbürsten werden ausgetauscht, wenn sie verschwinden.

SARG

Sie verbinden meine Hände, damit ich mich nicht bewegen kann. Im Sarg bin ich und kriege keine Luft, im Sarg gibt es Luft für 4-12 Stunden, es hängt davon ab, wie viel Platz verdrängt wird. Dieser Sarg ist ziemlich klein, sein Dach ist flach. Weiß und glänzend, wie bei der Nasen-OP, ich weiß, es ist MRI, aber kann mich nicht davon überzeugen, ich glaube es nicht. Meine Lungen glauben mir nicht, lassen die Luft nicht rein, erinnere mich nicht, wann ich den Knopf drücke.

GOLDENES EI

auf ihr steht eine nachricht
die schale platzt auf der hufschmied
macht fehler die buchstaben
   fallen ab die skizze die karte
    verrutscht an den eierschalenteilen
    die werden zum band gefügt
     der kopf umrahmt vom kranz
      die schrift zeigt nach innen
      an den schlaufen verschmolzen
       die beine die tänzer mit der
       schrift
      die menschen zum haufen
      die lebensunfähigen
       überhitzen sich im mund
        können mit dem geliebten gegenstand
        verschmelzen der schmied gewinnt kraft
        soll er furchtlos die maschine
        füttern
       versammelt er die gefallenen
       am schmelztiegel zufrieden stößt
      der maschinenkörper sie wieder
      auf
        ihr überschuss wird zu
        skulpturen gegossen

DIE PRINZESSIN AUF DER ERBSE
Elisabeth Wilhelm

Im Land der Erbsenzähler und Korinthenkacker lebte einst ein schöner zarter Prinz, so empfindsam wie ein Wespenfühler und so exakt wie die Caesiumfontäne einer Atomuhr. Seine feingliedrige Statur, der leichte Gang und eine Ausstrahlung unerschütterlicher Präzision ließen uralten Adel vermuten, wenngleich seine Mutter die erste der Familie war, die es zur Blaublütigkeit geschafft und gleich auch noch das höchste Staatsamt errungen hatte. Ihr Sohn übersprang, was Aussehen, Fähigkeiten und Fragilität betraf, gleichsam mehrere Generationen an genetischer Mutation und überzeugte durch unwiderlegliche Noblesse. Wenn er sich mit seinen feinen Pinzettenfingern durchs fedrige Haar fuhr, knisterten Funken, winzig klein, so dass sie nur bei absoluter Dunkelheit mit einer Lupenbrille zu erkennen waren. Das Geräusch, das sie machten, konnte ausschließlich mit einem Fledermausortungsgerät teuerster Ausführung in einem schalldichten Raum wiedergegeben werden, falls es dem Prinzen gelang, die Luft länger als 30 Sekunden anzuhalten und sich nach Austritt des ersten Funkens nicht mehr zu bewegen. Bisher war ihm dieses Experiment erst einmal geglückt, doch seine eigentliche Leidenschaft galt ohnehin einem ganz anderen Forschungsgebiet.

Es begann früh am Morgen mit dem zarten Bing seines obertonreichen Funkweckers: Wenn der Prinz im mehrfach gepufferten Luftkissenbett erwachte, strich er als Erstes mit einem (in der Tasche seiner Seidenpyjamahose aufbewahrten) Tupfer einige der im Schlaf wie aus dem Nichts aufgetauchten Hausstaubmilben auf den bereitliegenden Mikroskopträger seines ansonsten leeren und sagrotanduftenden Schlafzimmers. Nach einer ausgiebigen Dusche unter dem königlichen Ultraschallreinigungsgerät und einem Molekularfrühstück delikatester Machart verbrachte er den Tag mit der Erforschung des Liebeslebens dieser ungewöhnlichen Spezies und schrieb seine Erkenntnisse in spinnwebfeiner Schrift auf ein mehrfach gefaltetes Blatt Japanpapier, so dünn, dass hundert Lagen eine Dicke von etwa einem Milbenbein ergaben. Wenn es ihm gelungen war, bis zum Abend mehrere Seiten zu füllen, ging er, ausgerüstet mit einem neuen Tupfer, zufrieden zu Bett und schlief für gewöhnlich traumlos bis zum nächsten ebenso erfüllten Tag.

Doch an diesem Abend war alles anders. Er hatte kurz vor 22:25:14 Uhr zwei besonders filigranen und ästhetisch ansprechenden Hausstaubmilben bei ihrer Kopulation zugeschaut, als ihn plötzlich ein nie gekanntes Verlangen überwältigte. Eine Prinzessin musste her! Möglichst sofort!

Seine Mutter würde Rat wissen. Sie wusste immer Rat, ganz gleich ob es um die Finanzierung eines neuen Rasterelektronenmikroskops ging,* um eine Temperaturangleichung zweier vom Koch neu kreierter Menübestandteile oder um die Zurückweisung nachbarstaatlicher Kriegserklärungen. Sie fand immer die bestmögliche Lösung. Also änderte der Prinz die ersten 35,05 Minuten seines Planes für die näch-sten Testreihen und bat für den kommenden Morgen um eine Audienz bei der Königin. Seine Nacht war zum ersten Mal nicht traumlos, sondern ruhelos.

Als die Königin sein Anliegen erfuhr, war sie hocherfreut. Dachte sie doch schon lange darüber nach, wie sie ihrem einzigen Sohn, der langsam in die Jahre kam, die weiblichen Schönheiten des Landes näherbringen könnte. „Mein Sohn", sprach sie. „Stelle eine Liste der Eigenschaften auf, die du von deiner künftigen Gattin erwartest, und versuche, damit bis zum Abend fertig zu sein. Dann werden wir weitersehen." Eine derart große Änderung seines Tagesplanes hatte der Prinz zwar nicht erwartet, aber er fügte sich wie immer dem Rat seiner Mutter und ging ans Werk.

War nun die genetische Kongruenz zwischen ihm und seiner Zukünftigen wichtiger oder eine ansprechende Pheromonausstattung seiner Gattin? Sollte er wissenschaftliche Veröffentlichungen oder internationales Renommee verlangen? Gewisse Proportionen nach den Maßverhältnissen des Goldenen Schnittes? IQ-Werte? Die Liste wurde so lang wie sonst das Wochenpensum seiner Forschungen und er meldete sich außerplanmäßig zu einer weiteren Audienz am Abend an.

Die Königin beugte sich mit ihrer stärksten Leselupe über die Ausarbeitungen ihres Sohnes und las 45 Minuten lang konzentriert und ohne ein Wort, was dort nach Kategorien geordnet und zusätzlich in einem Tortendiagramm sowie einer Verteilungskurve aufgeschlüsselt zu sehen war.

„Mein Sohn", sprach sie dann in gemäßigtem Tonfall. „Meine weibliche Intuition, die mir - durch ihr in diesem Land einmaliges Vorkommen - die Würde des Königinnenamtes eingebracht hat, sagt mir, dass du noch eine Nacht darüber schlafen und etwaig auftretende Träume mit in dein Kalkül einbeziehen solltest."

Überrascht sah sich der Prinz mit dieser Aufforderung aus dem Thronsaal entlassen und stand nun vor dem Problem, einerseits seine neue Ruhelosigkeit zu überwinden, andererseits den schließlich erreichten Schlaf mit aussagekräftigen Träumen zu füllen. Doch keine Aufgabe war ihm zu groß, keine Herausforderung zu schwierig! Es gelang ihm, durch anhaltende mikroskopierende Betrachtung zweier erschöpfter Milben seinen Müdigkeitslevel um 50% anzuheben und die auf dem Weg zum Bett eingesetzten autosuggestiven Techniken zur Stimulierung eines bilderzeugenden Unterbewusstseins zum schnellen Verschwinden ins Träumeland zu nutzen. Schon nach wenigen Mikrosekunden zeigten sich silberhelles Schnarchen sowie Augenbewegungen

in annähernder Lichtgeschwindigkeit, dass er angekommen war.
Dort sah er sie. Sie!

So anders und so unbeschreiblich, dass sein umfangreiches, den goetheschen Wortschatz bei weitem übersteigendes Vokabular niemals ausreichen würde, eine auch nur annähernde Umschreibung ihrer einzigartigen Qualitäten zu geben. Dies musste er, der sonst nie um ein Wort verlegen war, in der von der Königin selbst am Morgen angesetzten erneuten Audienz stotternd eingestehen. Doch er würde sie wiedererkennen, wenn sie ihm je begegnete. So viel immerhin konnte er seiner besorgten Mutter versichern.

Also schritt die Königin zur Tat. Sie ließ durch Herolde, Pressemitteilungen, Twitterbotschaften, WhatsApp-Porträts ihres Sohnes, Facebook-Aufrufe sowie Radio-, Fernseh- und Internetauftritte ihres Regierungssprechers mitteilen, dass eine Prinzessin unbekannten Aussehens und nicht näher definierbarer Herkunft zwecks Verehelichung ihres Sohnes zum schnellstmöglichen Zeitpunkt gesucht sei. Persönliche Vorstellungsgespräche seien mit ihrer Kanzlei zu vereinbaren, schriftliche Bewerbungsunterlagen könnten nachgereicht werden. Einzige Bedingung: Es müsse eine echte Prinzessin sein. Denn die Königin wollte den Farbton ihres Blutes nicht in eine violette Schattierung verwässert sehen.

Nun war an Tagespläne oder Forschung nicht mehr zu denken. Der Prinz wurde aus seinem beschaulichen Leben herausgerissen, als wäre ein Meteorit eingeschlagen und hätte einen Tsunami mit anschließender Havarie sämtlicher Atomkraftwerke des Landes ausgelöst. Tag für Tag musste er jetzt draußen am eigens errichteten königlichen Laufsteg sitzen und defilierende Prinzessinnen aus aller Herren und Damen Länder begutachten, eine schöner als die andere. Bis zur Erschöpfung genoss er Charme, Anmut und Grazie und konnte sich nur unter Berufung auf seinen Traum davor drücken, am späten Abend auch noch die Bewerbungsunterlagen zu durchforsten. Die Königin hatte eigens das Amt des königlichen Absagesekretärs eingerichtet und zu seiner Besetzung die nobelpreisverdächtigsten Schriftsteller des Landes in Doppelschichten eingeteilt.

Nach dreieinhalb Wochen ununterbrochener Besichtigung des weltweiten weiblichen Adels blickte der Prinz am Rand seiner Kräfte mit aufgestütztem Kopf durch seine verspiegelte Spezialsonnenbrille in die langsam heraufziehende Abenddämmerung, als so plötzlich wie ein Blitz aus heiterem Himmel ein Gewitter aufzog und in niederprasselnden Regenschauern die letzten am Catwalk bereitstehenden Blaublütigen innerhalb weniger Sekunden in triefende, schreiend davonlaufende Hysterikerinnen verwandelte. Auch der Prinz war bis auf seine zarte Pergamenthaut durchnässt, ja sogar Schichten tiefer, da die Durchlässigkeit seines Unterhautfettgewebes um ein Vielfaches höher war als bei Normalsterblichen. Doch war er zu müde, um auch nur einen leisen Seufzer zu äußern oder gar davonzulaufen. Er blieb auf seinem Schiedsrichter-Hochsitz-Thron aus vergoldetem Titan sitzen und stierte auf die sich exponentiell vergrößernde Wasserpfütze neben seinem linken handgenähten, rindsledernen Maßslipper, der bereits unschöne Flecken asymmetrischer Form zeigte.

Deshalb sah er nicht, was sich hinter seinem gebeugten Rücken unweit des Laufsteges zutrug: Eine nasse Gestalt näherte sich dem Schlosstor, hämmerte mit der Kraft der Verzweiflung dagegen und erhielt schließlich Einlass.
Vor die Königin geführt, behauptete die Unbekannte, eine Prinzessin auf der Durchreise und vom Gewitter überrascht worden zu sein. Sie bitte untertänigst um ein Nachtquartier sowie um eine warme Dusche, ein königliches Abendessen mit einer Flasche Rotwein, einen Flanellpyjama in XL sowie ein gut gepolstertes Lager mit einigen Dau-

nendecken. Die Königin war so überrumpelt vom wahrhaft befehlsgewaltigen Auftreten der Prinzessin, dass sie umgehend alles Gewünschte veranlasste und dann nach dem Prinzen rufen ließ. Doch seine Gemächer waren leer, nur das Ticken des Funkweckers, das leise Knistern der Japanpapierstapel und das zarte Huschen der Hausstaubmilben füllten den Raum. So sah sich die Königin genötigt, selbst mit der Unbekannten zu speisen und bemühte sich um eine gepflegte, aber nichtsdestotrotz informative Konversation. Doch die Prinzessin ließ auf jede Frage gestenreich erkennen, dass sie das Reden mit vollem Munde nicht gewohnt war, und ihr Blick ließ vermuten, dass sie dieses Ansinnen geradezu empörte. So blieb es beim angestrengten Monolog der Königin, denn die Unbekannte griff herzhaft zu und ließ sich die königlichen Delikatessen trefflich munden. Nach dem Mahl bewies sie mit ausdrucksvollem Gähnen, dass ihre Müdigkeit jedes vertretbare Maß überschritten hatte und ein unverzügliches Aufsuchen des Bettes unabdingbar war. Man erhob sich und schritt zur Gästesuite.
In diesem Augenblick schenkte die ihr innewohnende Intuition der Königin einen bedenkenswerten Einfall: Wie wäre es, diese Prinzessin der traditionellen Echtheitsprobe nach Landessitte zu unterziehen und ihr unter die Matratzen eine - selbstverständlich ungekochte - Erbse (Pisum sativum) aus den königlichen Gartenanlagen, die in einer der Speisekammern des Schlosses ihr getrocknetes Dasein fristete, zu deponieren? Gesagt, getan: Zwischen dem auf eichenem Lattenrost ruhenden Tweed-Matratzenschoner und der untersten von sieben Rosshaar-Latex-Gel-Naturkautschuk-Kaltschaum-Federkern-Komfort-Matratzen legte sie, während die Prinzessin mit der goldenen Zahnbürste im Designer-Bad beschäftigt war, genau mittig eine hellgrüne Hülsenfrucht vollendeter Rundung aus der Familie der Schmetterlingsblütler. Diese sollte, so wussten es alte, mündlich überlieferte, aber auch schriftlich fixierte, im königlichen Archiv befindliche Landessagen, den untrüglichen Beweis für eine Herkunft aus dem Hochadel erbringen.

Anschließend begab sich die Königin zur Ruhe in ihre Gemächer, nicht ohne zuvor ihrer ersten Kammerzofe zu befehlen, nach Erwachen der unbekannten Prinzessin ohne Verzug zu benachrichtigen, damit höchstselbst das Ergebnis der ungewöhnlichen Probe begutachten könne.
In der Zwischenzeit hatte der Prinz nach Abklingen seiner Akuterschöpfung den Hochsitz ohne die Hilfe eines Kammerdieners gegen Mitternacht endlich verlassen und beabsichtigte, unter Umgehung der professionell installierten Rundumschutz-Alarmanlage des Hauptportals durch eine unauffällige Nebenpforte einzutreten, um in seinem eigenen Prinzen nicht gemäßen Aufzug ungesehen ins Schloss zu gelangen. Die Sicherheitslücke in der Überwachung des Palastes, die sich ihm offenbarte, als er durch schlichtes Herunterdrücken der konventionellen Türklinke ohne Widerstand einen durch mehrere Schichten Rollläden und Gardinen in völlige Dunkelheit getauchten Raum betreten konnte, erschütterte ihn fast in gleichem Ausmaß wie das Geräusch, das sich ihm in selbigem darbot: ein den Klängen im eben erst erlebten Gewitter nicht unähnliches Grollen, unterbrochen von gleichsam turbinengetriebenen Luftstößen,

sie
sin
sie

leicht unrhythmisch, doch auch mit reizvoll synkopierten Einsprengseln durchsetzt.

Und dann blähten sich wie von selbst die feinen Nüstern des Prinzen, sein durch exzellente Duftkreationen des königlichen Parfümeurs geschulter Riechkolben erhielt über die niedrige Reizschwelle seiner Nasenschleimhaut Informationen, die zu verarbeiten ihn mehrere Minuten beschäftigte, während derer er sich mit ausgestreckten Armen vorantastete. Seinen Füßen gelang es synchron, über eine längere Strecke ein gleichmäßig langsames Tempo von etwa 1μm/sec durchzuhalten, bis seine Hände auf einen Widerstand trafen, und so kam es zur zeitgleichen Tastempfindung „Daunendecke" und der Einordnung des Geruches als äußerst angenehm. Die erfolgte Synästhesie hatte auf den Prinzen eine derart überwältigende Wirkung, dass er ohne den üblichen Abgleich von Wahrnehmen, Erkennen, Beobachtung der internen Willensregung und -Entscheidung zum Bewegungsimpuls unmittelbar einen Satz auf das Bett machte, wo ihn quasi sofort zwei kräftige Arme umfingen und ihm unter schläfrigem Murmeln die nassen Kleider vom Leib rissen.

Der Diskretion ist es geschuldet, nun ein paar unerhebliche Details auszusparen und den Fokus sofort auf den entscheidenden Zeitpunkt „morgendliches Erwachen der Prinzessin" zu richten.

Die erste Kammerzofe, die die Nacht in unbequemer Haltung vor der Tür der Gästesuite zugebracht und versucht hatte, sich am Einschlafen durch die Podcasts der Hörspielreihe „Leben und Lieben in der 14. Ping-Dynastie" zu hindern, wurde kopfhörerbedingt nicht durch ein Geräusch, sondern vom Blitzen der ersten Sonnenstrahlen im königlichen Hausflur geweckt. Erschrocken aufspringend riss sie sich die Stöpsel aus den Ohren und musste feststellen, dass hinter der Tür, die sie bewachen sollte, ein hoher Geräuschpegel auszumachen war. Ohne durch genauere Untersuchung desselben Zeit zu verlieren, eilte sie zum Vorzimmer der Königin, wo sie wie vereinbart die Klingel drückte, die ein Signal direkt ins rechte Ohr ihrer Majestät lenkte. Diese ging bereits längere Zeit angekleidet mit unruhigen Schritten zwischen Kaschmir-Bettvorleger und Kristallspiegelschrank hin und her, über die Bedeutung der Schlafgewohnheiten im Allgemeinen und derer langschläfriger Prinzessinnen im Besonderen nachgrübelnd und mit einer Pinzette nebst Schatulle zur Entnahme und Aufbewahrung der Erbse bewaffnet.

Nun also war es so weit: So schnell es ihre goldenen, pflanzlich gegerbten Kalbslederpantoffeln erlaubten, eilte sie zur Suite der Prinzessin und klopfte energisch an die Tür. Nach einigen Sekunden der nur vom Vogelgezwitscher, das durchs geöffnete Flurfenster

aus dem Palastgarten hereindrang, unterbrochenen Stille, einer Geräuschlosigkeit, die dem königlichen Spürsinn wie das bedeutungsvolle Schweigen einer Schicksalsgöttin erschien, öffnete sich die Tür, und heraus trat majestätisch die Prinzessin, den glücklich lächelnden Prinzen an der Hand haltend.

Die Königin war sprachlos.

…

Eine Ahnung sagte ihr, noch bevor der Prinz seinen Mund zum Geständnis öffnen konnte, dass dies die Prinzessin seiner Träume war. Ohne Bewerbungsunterlagen.

Sie schob die beiden wortlos beiseite, warf eigenhändig die Daunendecken vom Bett, zerrte an der obersten Komfortmatratze, sprang zu-

rück, als der gesamte kunstvoll arrangierte Aufbau auf sie zuzukippen begann, grub ihre manikürten und mit dem königlichen Wappen designten Fingernägel in die wie Mikadostäbchen übereinander gestürzten, verkeilten Polster und kämpfte sich bis zum untersten, das noch auf Lattenrost und Matratzenschoner lag, durch. Vorsichtig hob sie es an - es war die Rosshaarmatratze -, stemmte einen Ellbogen darunter, beugte sich, konnte aber, da das Zimmer trotz der geöffneten Tür nur gedämpft beleuchtet war, auch mit größter Anstrengung nichts erkennen. Behutsam ließ sie die Matratze wieder sinken, kletterte über die sechs hinter ihr liegenden zum Lichtschalter und setzte den vergoldeten, mit zwölf Tageslichtbirnen in Flammenform bestückten Kronleuchter in Gang, worauf das Zimmer aus allen Spiegeln sonnengleich zu strahlen begann. Auf allen königlichen vieren bewegte sie sich zurück zum Bett, hob wieder die einzig verbliebene Matratze an, kroch, soweit es möglich war, über den Tweed des Matratzenschoners Richtung Zentrum, kippte schließlich die Matratze nach hinten, so dass sie auf der anderen Seite des großen französischen Bettes zu liegen kam.

Und da sah sie es.

Pinzette und Schatulle waren nutzlos.

Genau in der Mitte des Matratzenschoners, in einer etwa fingerkuppengroßen Mulde, einer nur leicht eingedellten Vertiefung im Gewebe, erblickte die Königin ein zart hellgrünes, um nicht zu sagen maigrünes, sandiges Pulver, je nach Blickwinkel mit leicht smaragdenem Schimmer. Ratlos verließ sie die Suite.

Kurz und gut: Der Prinz heiratete die Prinzessin, lebte mit ihr und einer stetig anwachsenden Kinderschar glücklich und zufrieden bis an ihr hochbetagtes Ende.

Nachtrag I: Es stellte sich heraus, dass die Überlieferungen zur Echtheitsprobe, die sich im Staatsarchiv befanden, keine genaue Aussage zur Beschaffenheit der Erbse nach der Prüfungsnacht machten, so dass die Königin nie zweifelsfrei klären konnte, ob das Blut ihrer Enkelkinder den gleichen Bläuegrad wie ihr eigenes aufwies. Auch genetische Tests in der derzeitigen Genauigkeit halfen nicht weiter.

Nachtrag 2: Die Hausstaubmilben, die der Prinz nach jener denkwürdigen Nacht aus der Gästesuite in sein Forschungslabor mitgenommen hatte, erwiesen sich als besonders fruchtbar und allergieauslösend.

DIFFERENT KINDS OF HOUSES, ROYAL AND OTHERWISE
Dennis Momking

The house of a king is the biggest, obviously, but the house of a queen has more rooms. Princes, they mostly have tall towers and maybe a walled courtyard; princesses, often an observatory to see the stars, a library, a hall of mirrors.

If you combine the houses of a prince and a princess, you get a residence; add an heir apparent or some princelings, and it becomes a palace. Now, a king's house and a knight's keep compound a castle; with a queen, it turns into a citadel.

A queen's house and a princess's form a palace, a queen's and a prince's a pleasure dome. If you want a ziggurat, you need a prince, a knight and a priest; upgrade the prince to a king- for a grand temple-redoubt.

Fortalices, forts, garrisons and bulwarks, they are all military strongholds, made from a knight and a priest, a knight and a prince, a knight and a noble. Nobles are interesting, actually: outside the royal bloodline, their houses take a variety of forms, from estate to mansion, from chateau to keep, from parapet to donjon.

Royal bloodlines, then. Dynasties are another kind of house. The king and the queen beget children, the children grow up to be princes and

princesses, their own children little princelings, if they are not naturally dead. A princeling can weigh up to five thousand grams at birth and up to two hundred thousand grams on death (another kind, again).

They are born without crowns, but you can make one for them, preferably at a blacksmith's house. Add a merchant to the blacksmith, and you get a manufactory; one priest into the mix, and it might become a factory. Factories are not houses anymore, to be precise: they are buildings, physical objects without progeny.

Add a princess to a factory, and it still stays a factory; a knight, and it's a destroyed factory, but a factory nonetheless. Dead end: back to the royalty. Did you know that you can trace ancestry by reading a person's palm, if the blood circulation is just good enough?

Blood is always important in making lines, in palms or on its own. There is a certain kind of diplomacy that allows a king's son to be king again, and it has a lot to do with knights and priests.

All of them don't come alone, of course: a knight has a retinue, a priest a congregation. They don't really have big houses of and on their own, just hovels and stone heaps, but I guess it's better than having no house at all.

The house of a king is the biggest, obviously, but the house of a queen has more rooms.

Theresa Luise Gindlstrasser, Studium in Linz und Wien, freischaffende Performance-Künstlerin, Journalistin im Kunst- und Kulturbereich, u. a. für spotsZ, Versorgerin, gift, Die deutsche Bühne, nachtkritik.de, jungekritik. com, Falter, Die Referentin, an.schläge, Theater der Zeit; Mitarbeit bei Festivals und Theaterproduktion.

Frank Dukowski: 1967 in Wuppertal geboren, arbeitete am Staatstheater, in der Nervenklinik, in engen Kellern, im Baum und im Internet, lebt in Berlin und an anderen Orten und glaubt an höhere Mächte. Veröffentlicht hat er Gedichte in mehreren Anthologien sowie die E-Book-Novelle „Vor dem Pilzgericht" beim Verlag Das Beben.

Hans G. Gohlisch: In Frankfurt (Oder?) mit einem Fragezeichen auf die Welt gekommen. Dann in Hamburg „Graphic Design" studiert. Danach in Karlsruhe, Gråsten (Dänemark), Stuttgart und Düsseldorf als Designer und Grafiker gearbeitet. Zurzeit lebe ich in Wuppertal - direkt neben Erwin Lindemann, der mal eine wichtige Rolle in einem Loriot-Sketch spielte. Nach einer nicht vollständig geglückten OP bin ich sehbehindert. Seitdem arbeite ich als Lyriker (erster Gedichtband im August 2015: „Das fröhliche Flusspferd") und versuche mich gelegentlich als Illustrator und Cartoonist.

Gabriele Nakhosteen, geb. 1944, Mutter dreier Kinder, studierte Medizin und Oecotrophologie. Heute verarbeitet sie Lebenserfahrungen in autobiografischen und fiktiven Kurzgeschichten.

Im Schwerefeld des Mondes

Heide Marie Voigt

Das Männlein im Wald. Im Wald.
Das Männlein in einer Höhle. Das Männlein in einer Höhle im Wald. Das Männlein.
Höhle. Wald. Dunkel. Fensterlos. Eng. Das Männlein.

Das Männlein hat Magenschmerzen.
Das Männlein in einer Höhle im Wald hat Magenschmerzen. Das Männlein.
Höhle Wald dunkel fensterlos eng Magenschmerzen.
Das Männlein.

Das Männlein hat einen Wohnraum einen Schlafraum ein Bücherregal drei Bücher.
In der Höhle im Wald. Und Magenschmerzen.
Drei Bücher zum Thema Magenschmerzen.
Höhle Wald dunkel fensterlos eng Magenschmerzen drei Bücher dreißig Tabletten am Tag.
Das Männlein.

Das Männlein hat einen Hund.
Der Hund muss mal ausgehen. Das Männlein muss mal ausgehen mit seinem Hund.
Hundert Schritte weit ausgehen mit seinem Hund. Hundert Schritte ausgehen, hundert Schritte zurück.
Aus der Höhle im Wald in die Höhle im Wald dunkel fensterlos eng Magenschmerzen.
Dreißig Tabletten am Tag. Morgens mittags und abends.
Zweimal Hundespaziergang am Tag, morgens und abends.
Das Männlein.

Im Wald ist es dunkel.
Im Wald ist es dunkel von Blättern und Zweigen und Tarnnetzen.
Tarnnetze über den Wegen. Tarnnetze über dem Hundespaziergang.
Höhle Wald dunkel fensterlos eng Magenschmerzen Hundespaziergang Tarnnetze.
Das Männlein.

Und dann?
Was macht das Männlein dann?
Es schluckt die abgezählten Tabletten. Morgens mittags und abends.
Abgezählt. Bereitgestellt. Zum Frühstück ein geriebener Apfel.
Und dann?
Was macht das Männlein dann?
Pläne. Es denkt. Es denkt.
Das Männlein macht Pläne

Das Männlein kann nachts nicht schlafen.
Nachts wenn das Männlein nicht schlafen kann, macht es Pläne.
Nachts wenn das Männlein nicht schlafen kann, redet es vor sich hin, es macht Pläne.

Nachts wenn das Männlein nicht schlafen kann, trinkt es Tee und macht Pläne.

Das Männlein ist nicht allein.
Wenn das Männlein nicht schlafen kann, lädt es zur Teestunde ein.
Das Männlein lädt die Auserwählten zur Teestunde ein.
Die Auserwählten können nicht schlafen, nachts, weil das Männlein Pläne macht.
Der Hund kann schlafen.
Die Stenotypistin kann schlafen. Die Stenotypistin stenographiert erst die Pläne des Männleins mit.
Jedes Wort stenographiert sie mit, zwanzig Minuten lang. Dann steht sie auf. Dann verlässt sie den Wohnraum, dann tippt sie das Protokoll in die Maschine. Dann kann sie schlafen.
Während die andere Stenotypistin stenographiert. Jedes Wort. Das Protokoll in die Maschine tippt. Schlafen geht.
Die Auserwählten können nicht schlafen, während das Männlein Pläne macht.
In der Höhle im Wald nachts dunkel fensterlos eng Magenschmerzen.
Das Männlein.

Das Männlein hat einen Leibarzt. Der Leibarzt kann nachts nicht schlafen.
Wenn das Männlein Pläne macht.
Der Leibarzt hält Wache.
Der Leibarzt überwacht die Tabletten. Der Leibarzt überwacht den geriebenen Apfel.
Das Männlein hat Angst. Vor Gift.

Das Männlein hat einen Baumeister. Der Baumeister kann nachts nicht schlafen.
Wenn das Männlein Pläne macht.
Der Baumeister baut Höhlen. Höhlen mit dicken Wänden. Sichere Höhlen. Wände drei Meter dick.
Das Männlein hat Angst. Vor Bomben.

Das Männlein macht Pläne.
Das Männlein macht Pläne für sichere Höhlen. Vielleicht nicht sicher genug. Das Männlein plant eine Höhle, in der sich die Höhle verstecken kann. Das ist eine Höhle um die Höhle herum. Eine Höhle mit zwei Meter dicken Wänden für die Höhle mit drei Meter dicken Wänden.
Weil das Männlein Angst hat vor Bomben.
Wenn eine Bombe die Wände der Höhle mit zwei Meter dicken Wänden zerreißt –
wenn eine Bombe die Höhle für die Höhle zerreißt,
fallen zwei Meter dicke Wandbrocken auf drei Meter dicke Wände.
Dann ist die drei Meter dicke Wand Schutz gegen die zwei Meter dicken Wandbrocken.
Dann hat die zwei Meter dicke Wand die Sprengkraft der Bombe aufgefangen, die Wucht der Explosion gebrochen. Vielleicht ist die Höhle dann sicher.
Die Höhle im Wald dunkel fensterlos eng Magenschmerzen Hundespaziergang Tarnnetze Pläne.
Das Männlein.

Kein Himmel in Höhlenstadt.

Der Baumeister macht Pläne. Pläne für Höhlen. Pläne für Materialbeschaffung. Pläne für Arbeiter.
Die Arbeiter kommen von jenseits des Waldes. Sie werden nicht schlecht bezahlt. Drei Monate lang verdienen sie gar nicht so schlecht.
Beim Höhlenbauen.
Die Arbeiter bauen Höhlen im Wald. Eine Höhle für das Männlein.
Eine Höhle für den Leibarzt.
Eine Höhle für den Baumeister.
Eine Höhle für die Leibwache.
Dreißig Höhlen. Dreißig Höhlen für Höhlen. Dreißig Tabletten am Tag. Magenschmerzen.
Und Straßen. Tarnnetze. Und einen Stacheldrahtzaun um die Höhlen. Und einen Minengürtel. Und einen Vorratskeller. Und einen Feuerlöschteich. Und Baracken. Baracken aus Stein. Für die Stenotypi-

stinnen. Und den Friseur aus Berlin. Den Leibfriseur aus Berlin. Und ein Kino. Für die Langeweile. Und ein Kasino.
Im Kasino hängt eine rote Fahne. Im Kasino hängt eine rote Fahne mit einem Sowjetstern. Eine im Russlandfeldzug erbeutete Fahne.
Der Baumeister macht Pläne für Höhlenstadt. Die Arbeiter bauen Höhlenstadt. Die Arbeiter bauen und bauen. Die Arbeiter von jenseits des Waldes verdienen gar nicht so schlecht, drei Monate lang. Das ist sicherer. Vielleicht ist das sicher.
Die Leibwache wacht über die Sicherheit. Des Männleins. Drei Monate lang. Dann werden die Männer ausgetauscht. Dann dürfen sie sich bewähren. An der Ostfront. Im Russlandfeldzug. Das ist sicherer. Vielleicht ist das sicher. Für das Männlein.
Das Männlein hat Angst. Vor Bomben. In der Höhle. In Höhlenstadt.
Das Männlein hat Angst. Vor Verrat.
Die Engländer wissen längst, wo Höhlenstadt liegt. Sie haben genaue Pläne.
Die Arbeiter bauen und bauen an Höhlenstadt. Drei Monate lang. Wo sollen die Arbeiter sich bewähren? Nach drei Monaten Bauzeit. Vielleicht in Warschau?

In Höhlenstadt umkreist die Sonne den Mond.

Höhlenstadt ist eine Stadt aus Höhlen. Im Wald. Höhlen für Höhlen. Höhlen von Pflanzen bewachsen. Wege von Tarnnetzen verdeckt. Höhlenstadt dunkel. Mücken. Mückenstadt. Mücken spielen. Männer spielen. Und trinken Kognak. Und sehen Filme im Kino. Gegen die Langeweile. Und machen Pläne. Und hören Radio. Wehrmachtsbericht. Volksempfänger. Befehlsempfänger. Befehlsempfänger, die befehlen. Männer mit Mützen. Das funktioniert. Männer mit Mützen. Mützen mit Mückenschleiern. Wie Damenhüte. Schleier wie Tarnnetze. Feste im Kasino. Unter der Sowjetfahne. Unter der erbeuteten Sowjetfahne. Siegestrophäe. Erbeutet im Russlandfeldzug. Männer mit Mützen. Hart wie Kruppstahl. Männer mit Mückennetzen.

Die schwarze Sonne - den bleichen Mond.

Männer mit Mützen erschießen Frauen und Kinder. In Warschau.
In Höhlenstadt wohnt ein Männlein im Wald. Hat Magenschmerzen. Kann nachts nicht schlafen. Macht Pläne. Pläne für Warschau und Moskau und Nordafrika und Griechenland und so weiter.
Die Stenotypistin stenografiert mit. Der Funker funkt. Männer mit Mützen schießen. Das funktioniert.

Was macht die Sowjetfahne im Kasino in Höhlenstadt? Die Siegestrophäe.
Hat einer sie abgenommen? Nach Stalingrad?
Hat das Männlein befohlen, sie zu entfernen? Unwahrscheinlich.
Hat man das Männlein gefragt? Unwahrscheinlich.
Hat einer der Männer mit Mützen ohne zu fragen die Fahne entfernt?

Die Engländer hatten längst Pläne von Höhlenstadt.
Der Baumeister hatte Pläne für Höhlenstadt. Er baute und baute. Er hatte ganz eigene Pläne. Der Baumeister hieß Tod. Der Baumeister kam um. Auf rätselhafte Weise kam der Baumeister um. Der Baumeister hieß Todt. Die Arbeiter bauten und bauten weiter an Höhlenstadt.
Martin Bormann gehörte zu den Auserwählten, die nachts nicht schlafen konnten. Er wollte dazu gehören. Er hütete die Pläne des Männleins. Er hatte ganz eigene Pläne.
Graf von Stauffenberg hatte auch einen Plan. Er zündete eine Bombe. In einer Baracke, nicht in einer Höhle. In Höhlenstadt. In Mückenstadt. In Magenschmerzenstadt.
Graf von Stauffenberg wird sich bewähren. Am Galgen.
Man zieht ihm die Hose runter und erhängt ihn. Man filmt die Erhängung.
Man zeigt dem Männlein den Film von der Erhängung.
Im Kino in Höhlenstadt sieht das Männlein einen Film.
Im Film sieht es einen entblößten Mann, der erhängt wird.
Es sieht zu, wie er stirbt.
Im Film sieht es entblößte Männer, die erhängt werden.
Es sieht zu, wie sie sterben.
Das Männlein. Das Männlein hat Magenschmerzen.

Die schwarze Sonne umkreist den angstbleichen Mond.

Das Männlein will sichergehen. Später will das Männlein ganz sicher gehen:
Erst gibt das Männlein seinem Hund

Gift. Das Gift ist todsicher.
Dann nimmt das Männlein das Gift. Wie Schmerztabletten für Magenschmerzen. Das Gift ist todsicher.
Dann nimmt das Männlein eine Pistole. Es hält sich die Pistole an die Schläfe und schießt.
Das Männlein erschießt und vergiftet sich. Das ist sicherer.
Das Männlein wollte sichergehen.
Das Männlein.

Während Männer mit Mützen das Vaterland verteidigen mit den letzten sieben Patronen.
Während Männer mit Mützen Jungen mit Panzerfäusten ausrüsten.
Während Arbeiter bauen und bauen in Höhlenstadt.
Während die Russen näher rücken mit roten Sowjetfahnen.
Während Männer mit Mützen Tonnen von Sprengstoff in Höhlenstadt zünden.
Während drei Meter dicke Wandbrocken zwei Meter dicke Wände durchschlagen.
Während Martin Bormann zu seiner Sekretärin sagt: „Ich werde es mal versuchen, aber durchkommen werde ich doch nicht." Seither ist er verschollen. Er hatte eigene Pläne.
Während ich Dresden brennen sehe.
Während ich auf den Schultern des Vaters nachts durch Berlin reite auf der Flucht vor den Russen.
Später näht mir die Mutter ein rotes Röckchen. Ein rotes Röckchen aus rotem Fahnenstoff. Ein Fahnenröckchen. Das Hakenkreuz hat sie abgetrennt.

Das Männlein steht im Walde auf einem Bein.
Es hat von lauter Purpur ein Mäntelein.
Sag, wer mag das Männlein sein?
Hat immer Angst, allein zu sein
mit seinem roten roten roten Mäntelein.

Ich bin so alt wie Höhlenstadt.
Heute bin ich 68 Jahre alt. Heute bin ich in Höhlenstadt. 1000 Menschen sind heute in Höhlenstadt, Männer und Frauen und Kinder. Höhlenstadt wird 1000 Jahre alt werden.
Die Höhlen sind Trümmer. Die Trümmer werden 1000 Jahre alt werden.
In Höhlenstadt stehen zwei Mützenmänner mit SS-Runen am Revers. Sie heben Gewehre und zielen auf eine Frau. Die Männer machen nur Spaß. Die Frau schießt. Ein Foto fürs Album. Dann setzen die Männer die Mützen ab. Sie geben die SS-Runen-Reversjacke dem Verleiher zurück. Sie bezahlen die Maskerade. Sie lachen.

In Höhlenstadt umkreiste die Sonne den Mond.

In Höhlenstadt zittert mein Herz. In Höhlenstadt zittert mein Herz von dem Beben gewaltiger Explosionen.
Gewaltige Detonationen beben nach durch die Zeit. In meinem Herzen.

Keine Tarnnetze mehr über den Wegen. Über Höhlenstadt ist heute der Himmel grau.

Gabriele Nakhosteen

Sind die quälenden Paroxysmen der schottischen Königin Maria Stuart, das lebenslange Leiden des Preußenkönigs Friedrich des Großen oder der plötzliche Tod der jungen Caroline Mathilde, Königin von Dänemark und Norwegen, isolierte Krankheitsbilder? Oder schleicht seit Jahrhunderten etwas Düsteres durch die **Königshäuser** und bestimmt europäische Geschichte mit?

Werfen Sie mit mir einen Blick auf 14 Generationen des europäischen Adels, der in Unkenntnis der biologischen Gefahren seiner jahrhundertelangen Inzucht das blaue Blut trübte.

Die – angebliche – Geisteskrankheit George III

Royaler SUPER-GAU in GB

Ein royales Drama erreichte seinen stigmatisierenden Höhepunkt, als 1788 der damals 50-jährige englische König George III als verrückt erklärt wurde, mad-doctors, *Irrenärzte*, die Kontrolle seines Leidens übernahmen und die körperlichen Beschwerden des Souveräns als Resultat einer Geisteskrankheit abtaten. Dieser Stempel ist dem unglückseligen König bis heute geblieben.

Poor Georgie

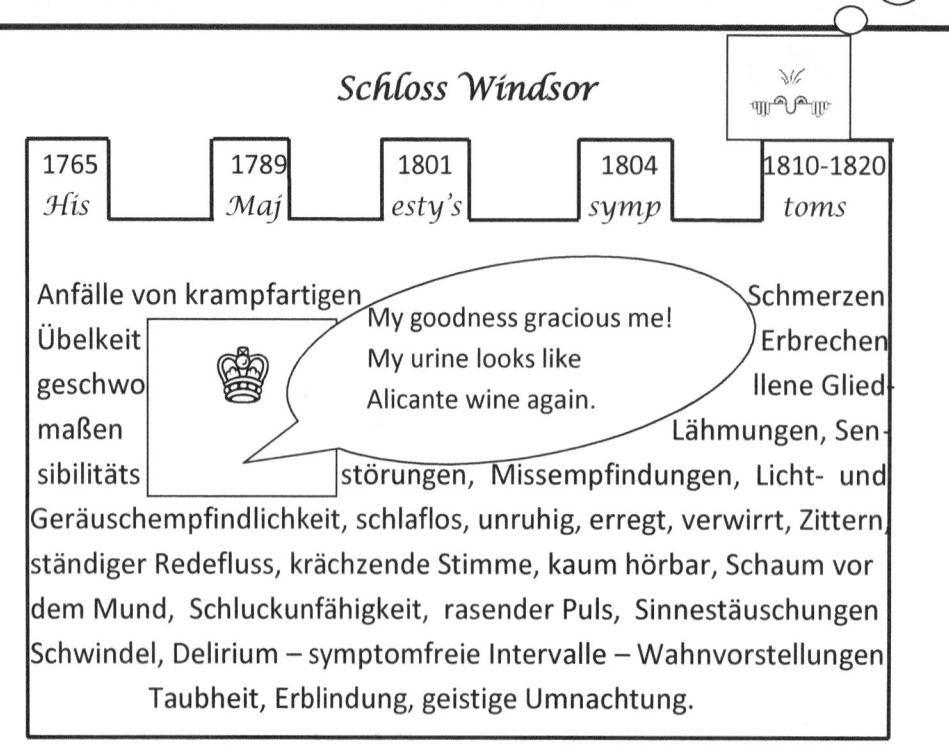

Schloss Windsor

1765	1789	1801	1804	1810-1820
His	*Maj*	*esty's*	*symp*	*toms*

Anfälle von krampfartigen Übelkeit geschwo maßen sibilitäts

My goodness gracious me! My urine looks like Alicante wine again.

Schmerzen Erbrechen llene Glied- Lähmungen, Sen- störungen, Missempfindungen, Licht- und Geräuschempfindlichkeit, schlaflos, unruhig, erregt, verwirrt, Zittern, ständiger Redefluss, krächzende Stimme, kaum hörbar, Schaum vor dem Mund, Schluckunfähigkeit, rasender Puls, Sinnestäuschungen Schwindel, Delirium – symptomfreie Intervalle – Wahnvorstellungen Taubheit, Erblindung, geistige Umnachtung.

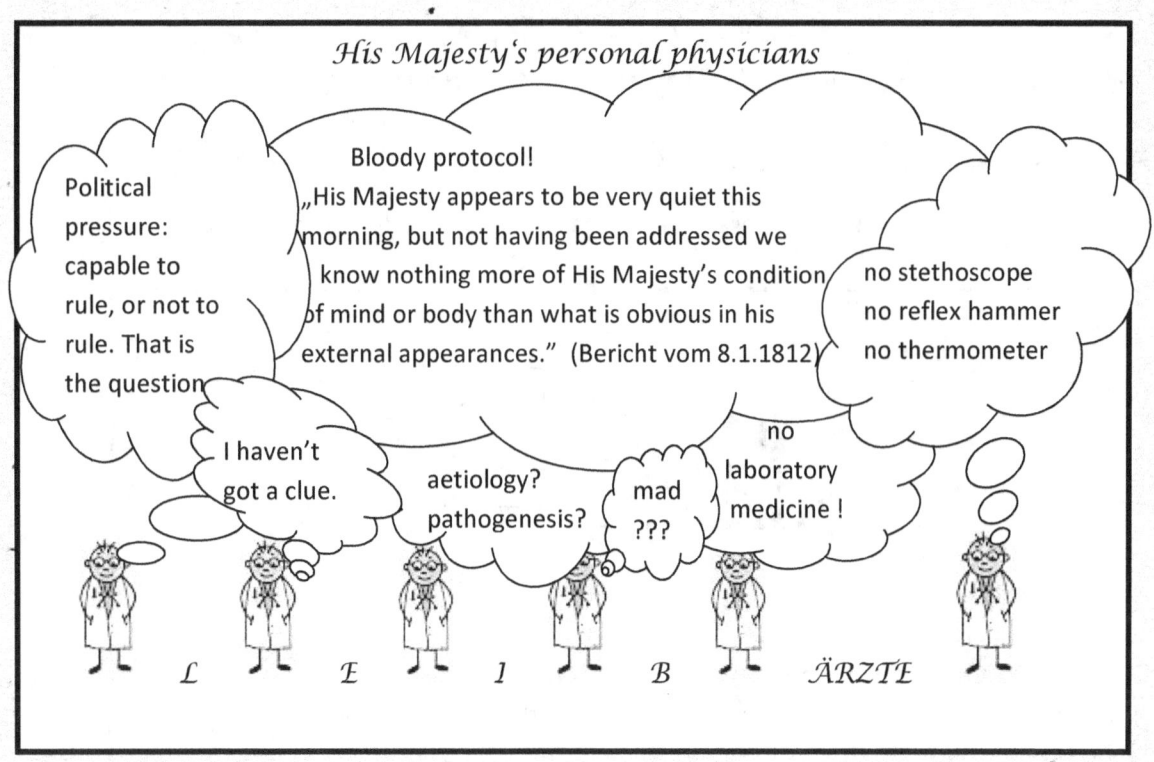

Vor 200 Jahren hatten's die Ärzte nicht leicht.

Psychiater Ida MacAlpine 1966

"Ich glaube, ich hab's. Sind doch Symptome wie im Lehrbuch."

"Eureka!"

Porphyria!

"Hmmm. Verdammt selten. Stoffwechselerkrankung. Ein oder mehrere von acht Enzymen, die am Aufbau des roten Blutfarbstoffes beteiligt sind, können defekt sein. Meist genetisch bedingt.

Bei der krassen Ausprägung des dominant vererbten Leidens Ihrer Majestät erwarte ich, dass andere Familienmitglieder ebenfalls von der Krankheit betroffen waren. Das retrospektiv zu untersuchen? Kein einfaches Unterfangen. War George III nicht Vater von 15 ehelich geborenen Kindern – let alone those born out of wedlock –, die durch Heirat über ganz Europa verteilt waren? Und von wem erbte der bedauernswerte Monarch seine schreckliche Krankheit? Das wird eine Sisyphusarbeit werden! But ... let's take the bull by the horns!"

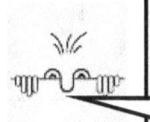

In akribischer Kleinarbeit durchforstete MacAlpine im Britischen Museum verwahrte Manuskripte, Dokumente der Kronanwälte, ärztliche Bulletins, Tagebücher, Briefe und kam zu folgender Hypothese:

Stammbaum George III
und der mögliche Weg einer defekten Erbanlage

● Symptome weisen stark auf Porphyrie hin ● ♦ zusätzlich typische Verfärbungen des Urins

✱ vermutlich symptomlose Überträger eines Gendefekts ? Übertragung ungewiss

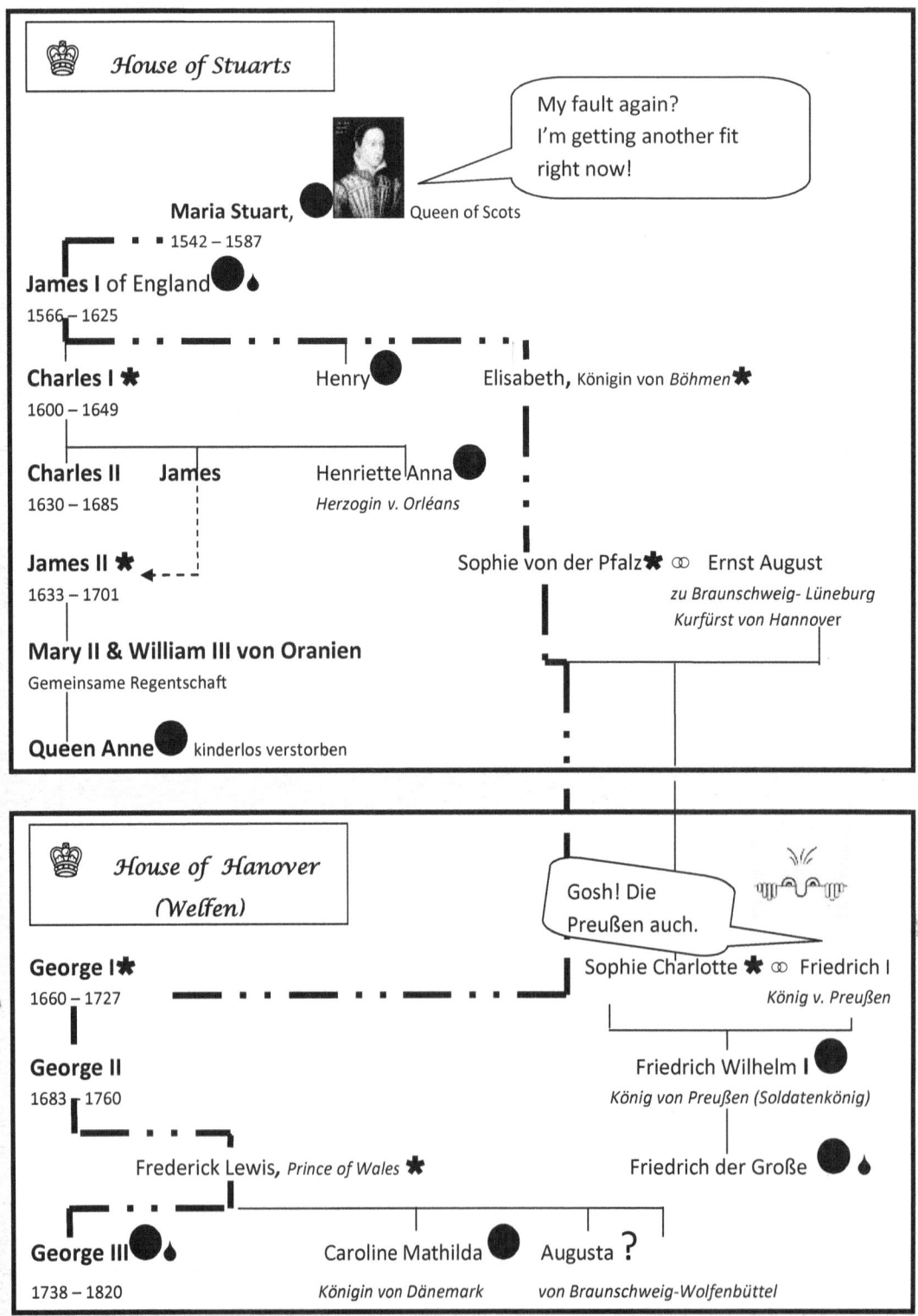

👑 **House of Stuarts**

My fault again? I'm getting another fit right now!

Maria Stuart, Queen of Scots
■ 1542 – 1587

James I of England ● ♦
1566 – 1625

Charles I ✱   Henry ●   Elisabeth, Königin von *Böhmen* ✱
1600 – 1649

Charles II   **James**   Henriette Anna ●
1630 – 1685   *Herzogin v. Orléans*

James II ✱   Sophie von der Pfalz ✱ ∞ Ernst August
1633 – 1701   *zu Braunschweig- Lüneburg*
                                                    Kurfürst von Hannover

Mary II & William III von Oranien
Gemeinsame Regentschaft

Queen Anne ● kinderlos verstorben

👑 **House of Hanover**
(Welfen)

Gosh! Die Preußen auch.

George I ✱   Sophie Charlotte ✱ ∞ Friedrich I
1660 – 1727   *König v. Preußen*

George II   Friedrich Wilhelm I ●
1683 – 1760   *König von Preußen (Soldatenkönig)*

        Frederick Lewis, *Prince of Wales* ✱   Friedrich der Große ● ♦

George III ● ♦   Caroline Mathilda ●   Augusta ?
1738 – 1820   *Königin von Dänemark*   *von Braunschweig-Wolfenbüttel*

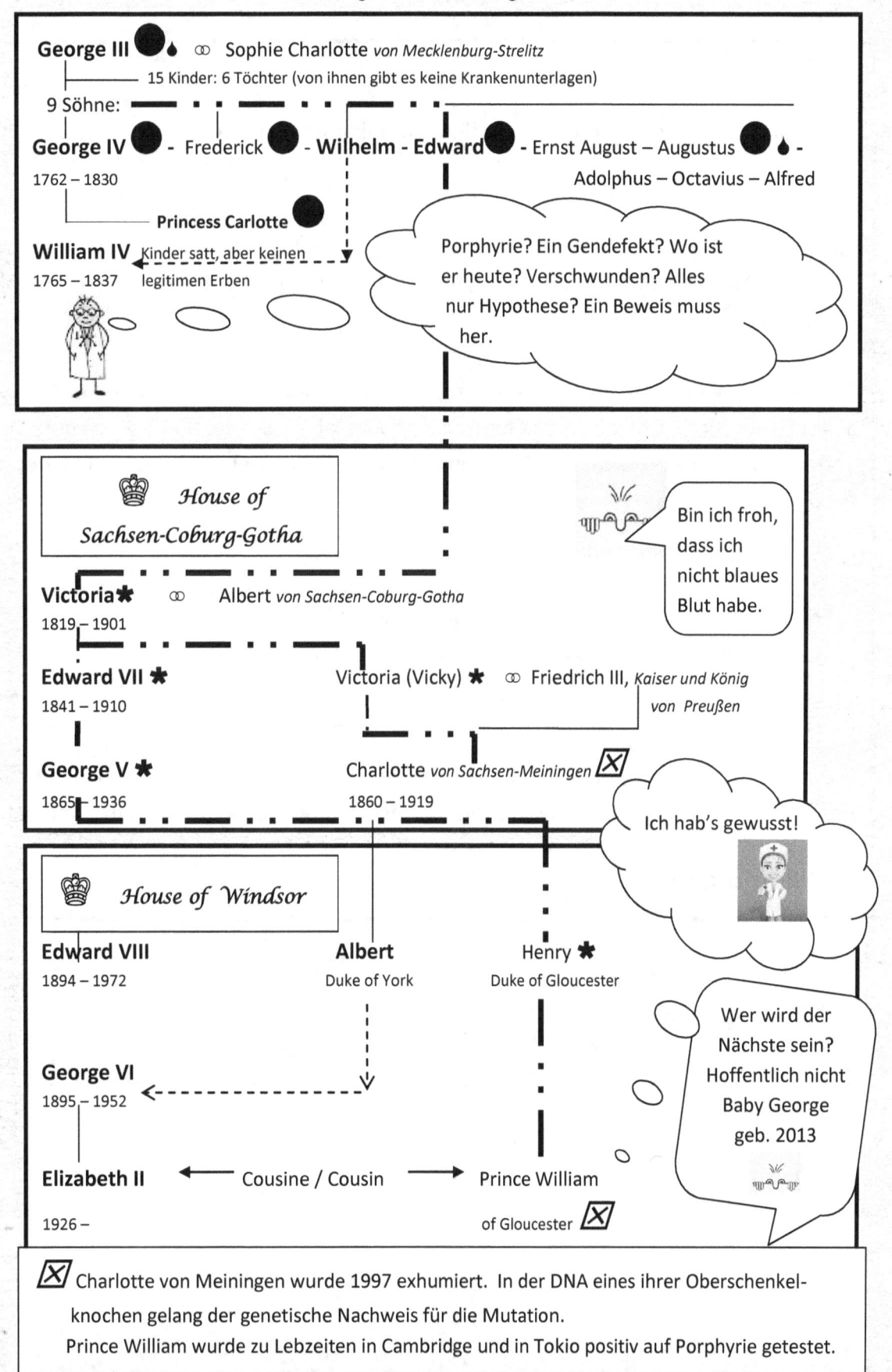

☒ Charlotte von Meiningen wurde 1997 exhumiert. In der DNA eines ihrer Oberschenkel-knochen gelang der genetische Nachweis für die Mutation.
Prince William wurde zu Lebzeiten in Cambridge und in Tokio positiv auf Porphyrie getestet.

 Nicht nur für den Mediziner ist die Erbkrankheit von George III von Interesse.

Auch für den Historiker ergibt sich ein veränderter Blick auf Persönlichkeiten und Ereignisse.

Das trifft sowohl auf Maria Stuart zu, deren rätselhafte Erkrankungen als Hysterie abgetan wurden, wie auch auf plötzliche Todesfälle, die dem mörderischen Tun der vermeintlich skrupellosen, blaublütigen Sippschaft zuschrieben wurden und deren Bild für die Geschichtsbücher verfälschten.

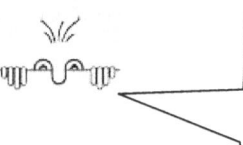

Hat Porphyrie vielleicht die Kinderlosigkeit von Queen Anne mitverursacht und so das Haus Hannover auf den englischen Thron gehievt?

Die meisten europäischen Königshäuser und viele deutsche Fürstentümer haben Stuarts unter ihren Vorfahren. Porphyrie scheint eine ihrer Krankheiten zu sein, eine wahrhaft

 königliche.

Bruce Taylor: Currently lives with his partner, Roberta Gregory, and their "Tuxedo" Cat, Roo, in a condominium with a smashing view of Mt. Rainier (as yet, not erupting). He writes in a form and style generally called Magic Realism; his work has been published in Germany, he was Writer in Residence at Shakespeare & Company, Paris (1986), and he has recently co-edited an anthology with Elton Elliott, titled, "Like Water for Quarks: Science Fiction Meets Magic Realism". One of his books, "Kafka's Uncle and Other Strange Tales", was nominated for the &NOW Award for Innovative Writing, (SUNY, NY). Bruce has had 200 plus stories published in numerous anthologies and is currently writing another book with Brian Herbert (with whom he co-authored "Stormworld") and is also sorting out and rewriting

ERFOLGSSTORY FÜR EINE PROMINENTE PERSON

(HINWEISE FÜR DIE PR)

aus dem Mazedonischen von Elizabeta Lindner

Igor Isakovski (1970-2014)

nimm nicht alle Einladungen
zu Interviews, Promotionen
Photoshootings an … sei eine wählerische
prominente Person

in den Storys, die du der Bildzeitung,
oder denjenigen, die das sein wollen, erzählst,
erwähne etwas Trauriges, aber tu es voll Stolz

je früher in der Kindheit dir das passiert ist,
desto größer der Effekt. Jemand in der Familie
hätte ein schweres Problem, eine ideale Story

nach der traurigen Tatsache, bring eine
humorvolle Zutat
die Anekdoten aus der näheren Vergangenheit
funktionieren am besten

sag niemals, dass du keine Bücher liest
- es sei denn, du singst Turbo-Folk
oder willst Politiker werden -

wenn dir das mit den Büchern zufällig raus-
rutscht
füg hinzu, dass du keine fremden liest,
aber ein eigenes schreibst,
das natürlich ein Hit werden wird

deine Fans müssen ständig
daran erinnert werden
wie reich dein geistiges
Leben ist
und was du alles kannst:
geeignet sind: Sticken,
Wandern,
dieser und jener Quatsch,
und vergiss nicht zu
sagen -
Frieden für die Welt!

erwähne, dass du Tiere
magst,
denn viele deiner Fans
haben Haustiere

kämpfe für die Rechte
aller
benachteiligten und nicht
anerkannten
Gesellschaftsgruppen und
zukünftigen Staaten -
denke an die Erhöhung der

Zahl deiner Fans,
auch wenn es scheint, du wärst bereits ganz oben -

du solltest alle Gay-, Pelzgegner-, Antiraucher-Gruppierungen,
die so genannten Randgruppen auf deine Seite ziehen,
diejenigen, die am meisten von den Regierungen abkriegen,
gegen die sie angeblich kämpfen

denk an die Wale und an die Hungernden dieser Welt
während du ein Soufflé im Whirlpool löffelst -
wirst du dir ausdenken, wie du helfen kannst

wenn es doch nicht klappt - war es zumindest ein Versuch
(geh sicher, dass die Fans davon erfahren)

gib dich niemals zufrieden mit weniger
als Luxus und Verschwendung -
zeig deinen Promigeschmack, auch wenn du
dich wie ein Weihnachtsbaum herausputzen musst
(die Fans werden das verstehen)

erwähne, dass du eine REHA hinter dir hast,
wegen Drogen, Alkohol, Sex,
Bulimie, Anorexie, Kleptomanie …
oder, dass du vorhast, eine zu machen

deine Fans waren, sind oder werden
in eine REHA gehen. Denk an sie!

falls die Behandlung etwas
mit Pädophilie,
Nekrophilie, Zoophilie oder
so was zu tun hat -
schließ einen Diskretions-
vertrag

merk dir:
wenn du all diese Fä-
higkeiten beherrschst,
bist du nur einen
Schritt von der Poli-
tik entfernt

denk an deine Fans,
du kennst sie, du
weißt, was für sie
am besten ist

KÖNIGSHÄUSER
Maximilian Meier

Aus dem geheimen Tagebuch eines überzeugten Dissidenten (30.12.2015)

Ich frage mich, wer sich bei der Novelle die Themen ausdenkt? „Perfekte Planeten", „Krieg", und jetzt „Königshäuser". „Perfekte Planeten" war ein gutes Thema, dazu hat jeder was zu sagen, sogar ich. „Krieg" war dann eine Einladung zur Demagogie. Und „Königshäuser", was soll „Königshäuser" nur sein? Ich habe nicht die geringste Ahnung. Ob die von der Novelle diesbezüglich Ahnung haben?

Vielleicht denken sie sich die Themen ja gar nicht selber aus, sondern haben jemanden, der sie sich für sie ausdenkt? Der wird dann Ahnung haben. Oder sie nehmen ein Konversationslexikon und verbinden Christian Knieps die Augen. Und der schlägt dann mit verbundenen Augen das Buch irgendwo auf und zeigt mit dem Finger irgendwohin und dann haben sie das Thema für die nächste Novelle? Ja, so wird es wohl sein. So kann man wohl ein Thema wie „Königshäuser" finden. Ich hätte jedenfalls niemals ein Thema wie „Königshäuser" gefunden, weder absichtlich noch zufällig, noch nicht einmal in einem Konversationslexikon. So geht es einem, wenn man keine Ahnung hat.

Oder sie haben einen Roboter, ein großes, mechanisches Elektronengehirn, welches sich die Themen für die jeweiligen Ausgaben der Novelle für sie ausdenkt und dabei durch einen zum jeweiligen Monatsersten upgedateten suboptimalinversen Zufallsgenerator ein Thema wie „Königshäuser" generiert hat. Möglich wäre es! Wer kann das Gegenteil beweisen? Wer weiß schon, was Ableev im Rahmen seiner Seltsamkeitsforschungen so alles an Seltsamkeiten angestellt hat und anstellt? Vielleicht sind sie ja allesamt Roboter, die von der Novelle? Sie kommen bieder daher und tun ganz harmlos und in Wirklichkeit arbeiten sie undercover für den Verfassungsschutz und die unterschiedlichsten Behörden. Ha ha, das kennt man ja!!! Man hat ja schließlich seinen Orwell gelesen und auch „Fletchers Visionen" im Kino gesehen!!! Vielleicht sind sie allesamt im Rahmen eines Geheimauftrags unterwegs, eines geheimen Regierungsauftrags für die Regierung, so wie Travis Bickle oder der Terminator? Und Christian Knieps ist nur der Name für einen dieser neuen, halbmechanischen Kraftmenschen - T-1297 - und Daniel Ableev ist die Bezeichnung für die Variante T-1298. Und das alles, um unverbesserliche Gedankenverbrecher wie mich aufzuspüren. Offensichtlich stelle ich eine Gefahr für die „Königshäuser" dar. Ich frage mich, warum? Sie tun doch sowieso alles dafür, damit ich

keine Plattform finde und meine Anschauung verbreiten kann. Sie tun doch sowieso alles, damit ich keinen Schritt im Leben weiterkomme, diese „Königshäuser". Aber offensichtlich steckt ihnen noch zu viel Lebensfreude in mir. Sie wollen, dass ich ihnen zu Willen bin und dankbar in den Arsch krieche und einen ihrer Scheißjobs erledige, zu denen mich die Bundesagentur für Arbeit unter Androhung von Sanktionen zwingen wollte, bis sie mich ohne Angabe von Gründen schließlich von sich aus abgemeldet haben. „Königshäuser!" Pfui!!! Sie suchen Leute wie mich, weil die Konterrevolutionäre wieder einmal einen absoluten Herrscher installieren wollen? Selbstverständlich wollen die nicht mich

als absoluten Herrscher installieren, obwohl ich dieses Amt sicherlich mit einigem Sachverstand, primitiver Gewalt und überwältigender Souveränität ausüben würde. Nein, die wollen nicht mich als absoluten Herrscher haben, sondern einen von ihren Leuten. Dieses abscheuliche Seehofer-Merkel-Gauck-Regime! Und die Novelle wurde in Wirklichkeit vom Verfassungsschutz in Zusammenarbeit mit all den anderen Geheimdiensten aufgebaut, um ein großes, engmaschiges Überwachungsnetz für unbequeme Querdenker wie mich aufzubauen. Die Novelle ist in Wirklichkeit nur ein Faden in einem großen Netz. Schließlich muss man die Querdenker, die Schräg-, Schief- und Unbequemdenker erst einmal aufspüren. Das ist leichter gesagt als getan! Schließlich halten sich die meisten von ihnen unerkannt im Untergrund auf und tun so, als ob sie satte Spießbürger wären, die brav Merkel gewählt haben. Einige von ihnen tarnen sich angeblich sogar als willige Staatsbeamte!!! Und was ist besser dazu geeignet, solche unerkannten, ideologischen Untergrundkämpfer aufzuspüren, als eine Zeitschrift für Experimentelles zu betreiben? Da denk mal drüber nach, lieber Leser … Ein Oktoberfestbierzelt wirkt wohl kaum als attraktiver Köder für diese Sorte von Dissidenten. Ein Fußballstadion ebenso wenig. Und auch ein Badeurlaub am Ballermann-Strand ist dafür wohl eher wenig geeignet. Also muss man sich etwas anderes ausdenken, etwas Wirksames. Und womit kann man Schräg-, Schief- und Unbequemdenker besser anlocken als mit einer Zeitschrift für Experimentelles? Da werden sie sich dann einfinden und versammeln, die Weltveränderer, die Ruhelosen, die pathologischen Nichtwähler, diejenigen, die niemals CDU/CSU/SPD/GRÜNE oder irgendeine der anderen ewiggestrigen Parteien wählen würden. Diejenigen, die kapiert haben, dass zur Wahl gehen keine Option ist und nicht gleichzusetzen ist mit eine Wahl haben. Und wenn dann alle gefährlichen Querdenker und Querulanten versammelt sind in dem großen, engmaschigen Netzwerk, dann schlägt der totale Überwachungsstaat zu und lässt die Falle zuschnappen. Und wer gestern noch frohen Mutes zum Thema „Königshäuser" geschrieben, gezeichnet, gelacht oder geliebt hatte, der findet sich in einem Loch von Verlies wieder oder auf dem Operationstisch der schwarzen Ärzteschaft, die in einem geheimen Untergrundbunker aus Titanedelflexstahl und einer Kunstharzoxydteflonlegierung arbeiten und nicht lange brauchen, um das

Gehirn des Möchtegernweltveränderers nach allen Regeln der Kunst zu waschen. Wssschhh … Wsssschhhh … Wsssschhhh … Sie haben es auf Menschen oder Tiere mit experimentellem Lifestyle und seltsamen Projekten abgesehen, haben sie irgendwo mal geschrieben. Was will man mehr?!? Da möchte man doch fast ein Mineral oder ein Wetterphänomen sein, aber die werden wohl dann als Nächstes auf die Abschusslisten der „Königshäuser" kommen. Schluss mit dem Wetter!

So folgt dann eines nach dem anderen: Erst schreiben für die Novelle, danach direkt ab in die Verhörverlieshölle! Dort werden sie dir dann mit einem doppeltgepufferten Supergenitaltransmitter im Schnelldurchlauf innerhalb von acht Sekunden das komplette Fernsehprogramm des Bayerischen Rundfunks von 1956 bis heute durch die Gehirnwindungen jagen. Und wenn du dann benommen wieder an die Erdoberfläche kommst, dich selber nicht mehr kennst und das Licht der Sonne erblickst, dann fühlst du diesen Schwindel, diesen Taumel, dieses beschauliche Gefühl von Glückseligkeit und siehst Merkel in jedem Strauch oder Baum, siehst Gauck in jedem Grashalm oder Stein, siehst Seehofer in jedem Dreck- oder Hundehaufen. Und auf einmal bist du ein anderer, Gott ist auf einmal mit dir. Du glaubst auf einmal, dass die Polizei dein Freund und Helfer und die BRD ein demokratischer Rechtsstaat ist, deren Gründungsväter die Zeit des Dritten Reiches unberührt und unsichtbar in einer vulkangewärmten Zwischendimension verbrachten, jedenfalls weit weg von allem Nazistischen. Und alles, was du im Leben noch tun willst, ist, mit allen dir zur Verfügung stehenden Kräften dem neuen Königshaus Seehofer-Merkel-Gauck zu dienen. Niemals. Niemals, brülle ich! Nieeeeeeemals!!!

„Königshäuser" lautet somit der Deckname für die nächste Stufe dieser konterrevolutionären Geheimaktionen dieses Terrorregimes. Wenn sie kommen, dann stelle ich mich dumm. Was wollt ihr von mir? Wie? Königshäuser? Davon verstehe ich nichts! Ha! Als ob ich etwas zum Thema „Königshäuser" beisteuern könnte! (Zum Thema „Pseudodemokratie" hätte ich was zu sagen, aber zum Thema „Königshäuser" …) Alles, was ich über Königshäuser weiß, ist doch nur Wissen aus zweiter Hand. (Bei Pseudodemokratie ist das anders, die erlebe ich tagtäglich am eigenen Leib.) Mein Urgroßvater, der hätte was zum Thema „Königshäuser" beitragen können, der hat im deutschen Kaiserreich gelebt und Absolutismus noch am eigenen Leib erlebt, aber ich … (Ich bin nur ein kleiner Wurm, gefangen in einer Demokratie, die diesen Namen nicht verdient und sich immer mehr zum totalitären Überwachungsstaat entwickelt.)

Früher, als es in Deutschland noch richtige Königshäuser mit kunstsinnigen Königen gab, da war es eine Straftat, Demokrat in diesem Land zu sein. Damals standen Demokraten auf der schwarzen Liste, wurden verfolgt und ins Gefängnis geworfen. Demokratie war zur Zeit der Königshäuser eine üble Sache in Deutschland. Demokrat zu sein bedeutete so viel wie ein gottloser Geselle, Volks- und Vaterlandsverräter zu sein. Der bekennende Demokrat war zur Zeit der Königshäuser in Deutschland ein gefährliches Subjekt. Demokraten wurden zur Zeit der Königshäuser in Deutschland von den Behörden unter Beobachtung gestellt und verfolgt. Demokrat und für Freiheit zu sein hieß Staatsfeind zu sein!!! Wollen wir solche Zustände wirklich wiederhaben???

Vielleicht sollten die von der Novelle im Auftrag des Verfassungsschutzes ja jemanden zum Thema „Königshäuser" befragen, der regelmäßig illustrierte Zeitschriften liest. Da gibt es viele Leute, und die kennen sich damit auch aus. Beim Augenarzt lesen sie beispielsweise alle illustrierte Zeitschriften. Und in den illustrierten Zeitschriften, da sind sie alle drin, die Königshäuser. Da sind sie alle abgebildet und grinsen auf den Fotos, glaube ich jedenfalls, denn ich hab sie ja nicht gelesen, die illustrierten Zeitschriften beim Augenarzt, schließlich bin ich ein Intellektueller von erhabenem Intellekt. Das bedeutet, ich würde beim Augenarzt die Comics lesen, wenn er welche im Wartezimmer hätte.

Früher hatte ich einen Zahnarzt, der Comics im Wartezimmer hatte. Da habe ich dann immer die „Micky Maus" gelesen, sehr zum Missfallen der kleinen Kinder, die dann die illustrierten Zeitschriften mit den Bildern der Königshäuser drin lesen mussten. (Ich weiß, ich bin ein schlechter Mensch und werde wegen der „Micky Maus" vom Zahnarzt einmal in der Hölle schmoren!) Weil ich ein Intellektueller von überragendem Intellekt bin, sind die illustrierten Zeitschriften im Wartezimmer vom Augenarzt ohnehin weit unter meinem Niveau. Sowas lese ich nicht! Ich lese ja noch nicht einmal die Schriften von Daniel Ableev - deshalb mache ich bei neuerdings vorher die Zeichnungen und er hinterher den Text - weil die möglicherweise vom Verfassungsschutz diktiert sind. Wie käme ich also dazu, illustrierte Zeitschriften zu lesen, selbst wenn die nicht vom Verfassungsschutz diktiert sind? In den illustrierten Zeitschriften könnte man sie dann alle sehen - Elizabeth, Margareth, Knutscha Villiams und Lady Die. Dann wäre man up to date im Hinblick auf die Königshäuser. Aber ich bin eben nur ein selbstgefälliger Ignorant, der wegen der Micky Maus im Wartezimmer des Zahnarztes einmal in der Hölle landen wird.

Aber jetzt muss ich die Hölle mal einen Augenblick aus den Augen verlieren und mich wirklich auf die Königshäuser konzentrieren, andernfalls juriert Christian Knieps meinen Beitrag noch wegen Themaverfehlung aus. Wer eine Zeitschrift mit dem Titel „Die Novelle" gründet, dem ist schließlich alles zuzutrauen!

Was weiß ich über Königshäuser? (Obwohl ich die illustrierten Zeitschriften im Wartezimmer des Augenarztes nicht gelesen habe - ich schwöre beim Leben von Joachim Gauck!!!) Mal überlegen: Da gibt es die Romanows, die Wittelsbacher, die Tudors, die Windsors … Was gibt es noch für welche? Wie heißen die Königshäuser in Asien? Und welche Königshäuser gibt es in Afrika? Gibt es in Afrika einen König der Pygmäen? Und wenn ja, ist der größer als die anderen Pygmäen oder nach welchen Kriterien wird der dort zum König gewählt? (Ich weiß, ich bin nicht nur ein Intellektueller von überragender Intelligenz, sondern auch ein ungebildeter Tropf. Sehr zu unterscheiden vom eingebildeten Tropf, den man an der Hochschule für Fernsehen und Film in München häufig unter Studenten und Leerkörpern antreffen kann.) Und wie steht es um Neuseeland, gibt es dort ein Königshaus? Ach ja, richtig, Neuseeland gehört königshäusermäßig zu England, also ist das Königshaus von Neuseeland das der Windsors.

Verdammter Christian Knieps! Was hast du mir da mit deinem Konversationslexikon und deinem Unglücksfinger nur für ein Unglücksthema eingebrockt?

Was kenne ich noch für Königshäuser? Da gibt es den „kleinen Prinzen" von Saint-Exupéry und den „Little King" von Otto Soglow, den König bei „Little Nemo in Slumberland", und bei „Flash Gordon" gibt es auch einen König. Aber zu welchem Königshaus gehört der schreckliche Ming? Keine Ahnung! Ist die schreckliche Ming-Dynastie ein Königshaus? Ist ein Königshaus gleichbedeutend mit einer Dynastie? Hilfloses Schulterzucken! Und wie steht es um den schrecklichen Sven? Ist der schreckliche Sven auch ein König? Erneutes Schulterzucken! Und nicht zu vergessen die Königin bei der Biene Maya …

Exkurs: Als ich im Geschichtsunterricht in der Schule erstmals von diesem „L'État, c'est moi" hörte, da brachte es der Geschichtslehrer mit diesem Ausdruck von Verachtung rüber. Dieses „der Staat bin ich" von Ludwig dem XIV. war eindeutig das Verachtenswerteste, was es überhaupt nur jemals in der politischen Landschaft gegeben hat, jedenfalls dem Gesichtsausdruck des Geschichtslehrers nach zu schließen. Zwischenzeitlich ist ein halbes Jahrhundert vergangen. Und ich bin mir heute nicht mehr so sicher, ob das verächtliche Urteil meines Geschichtslehrers hinsichtlich dieses „Der Staat bin ich" tatsächlich angebracht war. Wer „Der Staat bin ich" sagt, der erklärt schließlich nichts anderes, als dass er die Verantwortung für alles, was in diesem Staat geschieht, auf sich nimmt. Und das ist doch eigentlich eine gute Sache, wie ich nach meinen Erfahrungen mit der parlamentarischen Demokratie aus tiefster Überzeugung behaupten kann. Schließlich ist die parlamentarische Demokratie das direkte Gegenteil dieses „Der Staat bin ich". In der parlamentarischen Demokratie gibt es niemanden, der für sich beansprucht, der Staat zu sein, jedenfalls nicht öffentlich. Folglich gibt es auch niemanden, der für Missstände in diesem Staat verantwortlich ist. Während es im absolutistischen Frankreich völlig angemessen war, die Mitglieder eines unfähigen Königshauses bei Totalversagen einen Kopf kürzer zu machen, so macht es wenig Sinn, in einer parlamentarischen Demokratie die unfähigen Mitglieder eines Abgeordnetenhauses bei Totalversagen einen Kopf kürzer zu machen. Denn die Mitglieder eines Abgeordnetenhauses sind schließlich nicht für ihr Totalversagen verantwortlich, sie sind ja nur die Vertreter derjenigen, die der Staat sind. Der Staat, das ist in einer parlamentarischen Demokratie das Volk. (Auf dem Papier.) Die Abgeordneten und die Regierung sind schließlich nur die Diener des Staates. (Auf dem Papier.) Der Herr ist das Volk. (Auf dem Papier.) Und kein vernünftiger Mensch könnte auf die Idee kommen, den Diener für sein Totalversagen zur Verantwortung zu ziehen, denn der Diener führt immer nur die Anweisungen seines Herrn aus. Wenn das Volk so blöd ist, unfähige Vertreter als seine Vertreter zu wählen, dann hat es nur bekommen, was es verdient - unfähige Volksvertreter und eine unfähige Regierung. Womit wir dann in der Gegenwart angelangt wären.

Wenn es in einer parlamentarischen Demokratie also jemanden gibt, den man für Totalversagen verantwortlich machen darf, dann einzig und alleine das Volk, denn dieses ist der Souverän des Staates. Und so geschieht es ja auch in der Praxis. Für Totalversagen der Verantwortlichen in der Regierung bezahlt immer nur das Volk. (Nicht auf dem Papier, sondern in Wirklichkeit.)

Eine parlamentarische Demokratie ist also eine Staatsform, in der niemals derjenige für sein Totalversagen zur Verantwortung gezogen wird, der ursächlich versagt hat, sofern er Abgeordneter oder Mitglied der Regierung ist, sondern einzig und alleine derjenige, der dieses Versagen zu verantworten hat - das ist der Souverän, der seine Diener und Vertreter beauftragt hat, das Volk also.

Ich weiß, das klingt irre und ist es wohl auch, aber so funktioniert nun einmal Demokratie in Deutschland! Und so gesehen

wird mir einer, der Verantwortung übernimmt und „L'État, c'est moi" verkündet und damit Verantwortung für seine Taten übernimmt, plötzlich sehr sympathisch.

Die einzige Möglichkeit, in einer parlamentarischen Demokratie zu verhindern, von einer unfähigen Regierung regiert zu werden, besteht darin, nicht zur Wahl zu gehen. Ich wünschte, diesem Aufruf würden nur mehr Leute folgen!!!

Vielleicht sollte man Ludwig den XIV. in diesem Land als König einsetzen. Es kann unter ihm eigentlich auch nicht schlechter werden als unter der gegenwärtigen Regierung. Und irgendwo wird sich vielleicht ein Restchen DNA von ihm finden lassen, aus dem findige ausländische Wissenschaftler ein ausgewachsenes Exemplar klonen können.

Zum Abschluss noch ein kleines Gedicht für meinen Freund, den großen Dichter Daniel Ableev:

Es war einmal ein König,
der spazierte über das Land,
dann hockte er sich auf den Boden,
wo er dann plötzlich irgendwie verschwand.

Es war einmal ein Königshaus,
das lebte gern in Saus und Braus,
dann kam der Revolutionär,
und plötzlich lebte keiner mehr.

Es war einmal das Seehofer-Merkel-Gauck-Regime,
das keine gute Regierungsarbeit leistete,
und weil sie so schlechte Regierungsarbeit leisteten,
bekamen sie viel zu hohe Altersbezüge bis an ihr Lebensende.

Königshäuser. Eine Annäherung durch assoziatives und destillierendes Schreiben von Holger Vos

Vorgehen:

Erstens:
Informieren (Studium von Boulevardblättern, einschlägige Serien gucken, Experten-Gespräche zu den zeitgenössischen Königshäusern, Wikipedia lesen).

Zweitens:
Neuneinhalbminütiges ununterbrochenes Schreiben ohne gedanklichen Filter (= assoziatives Schreiben).

Drittens:
Lektüre des Verfassten.

Viertens:
Markieren von subjektiv bedeutsamen Wörtern zum Zwecke der Neuanordnung in Form eines verdichteten Textes (Lyrik).

Zu 2: (abgeschriebener) Text:
Königshäuser. Es war einmal - so fangen alle Märchen - viele Märchen - an, und in vielen kommen Prinzen/Prinzessinnen vor. Auch heute gibt es Königshäuser - Königs Häuser sind groß & pompös & luxuriös. Die „Tudors" ist eine **SERIE**, die ich leider nie gesehen habe. Und Elisabeth I. fällt mir ein, die damals (weiß nicht genau wann) M. Stuart (Stuart Little hat nix damit zu tun) ermorden ließ - **WEISSE SCHMINKE** im entspr. Film. Tja. Und E. die Zweite hat den Charles **GEBOREN** - und Diana **TÖTEN** lassen? Nee. Jedenfalls eine nette alte Dame - immer gut gekleidet. Die „Royals" auf Pro7 sollen sie ja persiflieren und kritisieren. Oranien-Nassau ist das K.-Haus von Beatrix, die die holländ. Königin war: heute Willem-Alex. und Maxima. Was soll Monarchie heute noch? Viele EU-Staaten haben sie noch - und wollen sie weiter? Warum? **UNTERHALTUNG**? Bestimmt. **EHRFURCHT**. Idole haben/brauchen? Wer weiß. Man kann sich jedenfalls gut drüber aufregen. Unter einen € kostet das Engl. K.-haus den Engländer/der Engländerin. Scheiß Gender. Unter Henry dem Achten? gab es sowas noch nicht, der hatte mehrere Frauen - es ist was faul im Staate Dänemark, und Dune fällt mir ein - das Haus der Atreiden, oder nicht Arrakis war/ist der Wüstenplanet - und „Im Land der Raketenwürmer" ist ein toller Film, wie die Filme von Terence Hill und Buddy Spencer. Leia Organa ist nicht nur Lukes Schwester, sondern auch adoptierte Prinzessin! Wer hätte das gedacht? Meine Schrift passt sich meinen Gedanken an, und meine Hand tut weh. Palastwachen können bestimmt nicht so schnell schreiben. Putin wäre ein guter **KÖNIG**? So wie die Harkonnens aus Dune! Will keiner. Und Putin saugt auch bestimmt kein **BLUT** aus **JÜNGLINGEN**.

Zu 2: Blatt I/2

(handschriftlicher Text, teilweise unleserlich)

Königshäuser

Es war einmal - so fangen alle Märchen - viele Märchen an, und in vielen kommen Prinzen/Prinzessinen vor. Auch heute gibt es Königshäuser — Königs Häuser sind meist groß & pompös & luxuriös. Die Tudors ist eine Serie die ich leider nie gesehen habe. Und Elisabeth I fällt mir ein die damals (weiß nicht genau wann) M. Stuart (Stuart Little hat nix damit zu tun) ermorden ließ - weiße Schminke in entspr. Film. Tja. Und E. die Zweite hat den Charles geboren - und Diana töten lassen? Nee. Jedenfalls eine nette alte Dame - immer gut gekleidet. Die Royals auf pro 7 sollen sie ja persiflieren u kritisieren. Oranien-Nassau ist das K.-Haus von Beatrix, die die holländ. Königin war: heute Willem-Alex. u Maxima. Was soll Monarchie heute noch? Viele EU-Staaten haben sie noch - und wollen sie weiter? Warum? Unterhaltung? Bestimmt. Ehrfurcht. Idole haben/brauchen? Wer weiß. Man kann sich jedenfalls gut drüber aufregen Unter einen € kostet das Engl. K-haus ...

Zu 2: Blatt 2/2

(handschriftlicher Text, teilweise unleserlich)

den Engländer (die Engländerin. Scheiß Gender. Unter Henry dem Achten? gab es sowas noch nicht, der hatte mehrere Frauen — es ist was faul im Staate Dänemark, und Dune fällt mir ein - das Haus der Atreiden, oder nicht Arrakis war/ist der Wüstenplanet - und im Land der Raketenwürmer ist ein toller Film, wie die Filme von Terence Hill u Buddy Spencer. Leia Organa ist nicht nur Lukes Schwester, sondern auch adoptierte Prinzessin! Wer hätte das gedacht? Meine Schrift passt sich meinen Gedanken an und meine Hand tut weh. Palastwachen können bestimmt nicht so schnell schreiben. Putin wäre ein guter König? So wie die Harkonnens aus Dune! will keiner. Und Putin saugt auch bestimmt kein Blut aus Jünglingen.

—9:30 Min.—

Zu 4:

Markierte Wörter:

Serie
weiße Schminke
geboren
töten
Unterhaltung
Ehrfurcht
König
Blut
Jüngling

Verdichteter Text:

MACHT/BLUT

Prolog:
Blut gebiert Macht

bis heute eine Serie
ein Reigen von geboren
und töten in weißer Schminke
um der Unterhaltung willen

heute nicht mehr
Könige die das Blut
zahlloser Jünglinge rauben
ohne Ehrfurcht

Epilog:
Macht vergießt Blut

Mehdi Moradpour, geboren 1979 in Teheran, lebt seit 2001 in Deutschland. Er ist freier Autor und Übersetzer/Dolmetscher für Persisch und Spanisch. Sein 2015 beim Autorenwettbewerb der Theater St. Gallen und Konstanz prämiertes Stück mumien, ein heimspiel" wurde am Theater Konstanz uraufgeführt.

Tobias Reußwig schreibt immer noch.

Robert Wickmayer trägt Sonnenbrillen, wenn draußen dunkel ist. Apotheker und vielleicht nicht sporadisch in Zeit.

B.I.R.D.L.A.N.D

Ich habe ein .Stück Paradies aus .dem Urwald mitgenommen und als Kopfschmuck um mein Haupt gewunden - Rot für die wilde Orchidee. Blau für den regennassen Himmel. Grün für das Blatt des Mammutbaumes. - kletterte auf die hohe Fassade und blies den Staub von grauen Mauerresten.

Freiheit, so dachte ich, liegt im Auge des Betrachters: weiß ist genau, bunt ist bestimmt und male oft die Mosaike, aber immer flügelausgebreitet in deinen Armen.

C.U.L.T.U.R.A.L

LISABETTA, du ahnst es, zwischen uns gibt es keine Gräben du rufst mich unaufhörlich, du betrübst dich über mein langes Ausbleiben und klagst mich mit deinen Tränen an.

In Messina sitzt man am Fenster, schaut den Schwalben zu und sammelt Duft aus toten Blumentöpfen. Die Glocken läuten in der schweren Erde und alles was bleibt sind Schemen geliebter Menschen.

P.E.A.C.E.A.N.G.E.L

ihr Name war Friedensengel, sie trug Federn und Kopfschmuck ein dünnes Hemd, das nur leicht ihre Brüste bedeckte: so wie ihr Atem - stoßweise, .wenn sie mich berührte.

die Sterne hinter der Stirn verrieten den Krieg, um jeden cm. Rette uns, sagte sie und deutete auf die Karte des Schicksalsvogels, den ich im Mondlicht von ihren Lippen las.

C.A.S.I.N.O R.O.Y.A.L

erst zog sie den Herzbuben aus der Tasche, dann zog sie mich aus:

mit ihren warmen Blicken und den leichten Malen an den Brüsten, so dass ich alles was darunter lag erfassen konnte. versuchte ich mich zu konzentrieren, ertrank ich in den schmelzenden Eisbergen, die sich vor mir auftaten, um wenig später festzustellen, dass ich den nächsten blind verlor. ...,..zug um zug . bis alle Karten offen lagen.

S.M.O.K.I.N.G

Smoking Lotta hieß sie, rauchte mit I2 Zigaretten, ging nicht gerne zur Schule und drängte sich durch kleine Türspalten hinaus ins sauerstoffhaltige Freie. Die Luft roch nach kaltem Fusel und Todesschwadronen, in der einen Hand ein Messer in der anderen ein paar Kollegen zum Aufräumen, wie sie die verlausten Typen auch nannte, keine Zeit aber unter Langeweile verbrachten sie StundenTage auf den Treppenstufen der hellhallen Platten und philosophierten über Schamanismus, Straßen auf denen man draußen vor der Stadt, auf einem Feldweg zu den Göttern fliegen kann.

Bastian Kienitz

BLIN FRIEDRICHSHAIN

M.O.M.E.N.T.S

Im Nullpunkt. kreuzen sich die Räume
eingefroren durch das kleine Fenster.
Sicht auf Außenwelt nennt er es, sagt
dazu aber sein Atem. Unterbricht ihn
kurz und klickt.............Punkt im Bild.
Die .Farbe .reflektiert .im regen Licht,
die Straßenflächen, .fremde Körper u.
mit .der .Kamera .auch .irgendwie die
Dekadenz .des .zubetonierten .Tages...

Marionetten eines letzten Stücks

PACK DEN REGENSCHIRM AUS ODER SO KANNST
DICH AUCH DRAN FESTHALTEN BEIM FLIEGEN
ALLE GLÄUBIGEN SCHARREN SICH AN FÄDEN GE-
ZOGEN UM DIE LETZTEN KRUMEN ERDE

MARIONETTEN EINES LETZTEN STÜCKS UNTER
DIESEM DUNKLEN HIMMEL

Da müsste die Sonne sein

DIE SONNE .müsste .dort sein da
hinter .dem .Hügel .am besten in
weiß .damit es .nicht so .blendet -

auch der Herbst hat seine Höhen
Wolkenbänke .nasses .Laub .und
an der Stelle wo .es .Blumen gab
die saftig .reifen .Beeren

Baumverwehungen

Der Baum Oh doch! Entlaubt ein schöner
Gedanke, weht her, das Leben allein ist
schon schwer genug u. nimm vom Wind
das Eine mit, geräuschlos u. beim ersten
Anflug von Kälte sich zu entkleiden, wie
jeder Nackte sanft zum Himmel u. dann
in die Ecke geweht, diesem Zauber ent-...   blößt.

Spreng deine Ketten

den Augenblick stehen bleiben

und alle Gesichtsausdrücke

aufsummieren, die man erhaschen

kann, bis du ohnmächtig wirst

vom lauten Reden, weitergehst

und unter einer kalten Dusche

deine Flügel wiederfindest

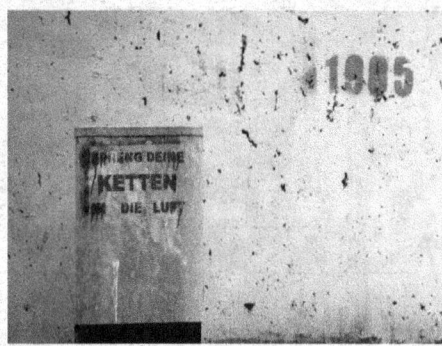

Bianca Bellchambers

STELLEN SIE FEST, ZU WELCHEM KÖNIGSHAUS SIE GEHÖREN!

Beantworten Sie die folgenden Fragen möglichst wahrheitsgetreu. Bitte beachten Sie, dass Sie sich nur durch Entscheidungen definieren können und dass Ihr vergangenes und zukünftiges Ich nach dem Lesen dieses Billets bereits nicht mehr existieren wird.

(1) Welches königliches Körpermal weisen Sie auf?

O a) Eine rote Stirnlocke.

O b) Ein auffälliges Muttermal auf der Stirn, der Wade, der Schulter, dem kleinen Finger.

O c) Eine Hasenscharte.

O d) Ein Gesicht, das wie ein Medaillon zwischen den Wangenknochen aufgespannt wurde.

O e) Einen feinen silbrigen Pelz, der meinen ganzen Körper bedeckt.

(2) Wie verstehen Sie sich mit Tieren?

O a) Mein Kindheitsfreund war eine große schneeweiße Katze, die einen möglicherweise echten Diamanten am Halsband trug.

O b) Als Hirte arbeite ich mit Schafen, Ziegen, Gänsen, Rindern.

O c) Ich mag sie von weitem, auf eine unbestimmte, sanfte Weise. Ich habe ein Schoßtier mit einem zitternden Näschen, das mir mit seiner Greisenstimme Ermunterungen ins Ohr wispert, während ich mein tränenumflortes Gesicht auf ein kühles Kissen bette.

O d) Ich bin Großwildjäger und Sammler. Ich schieße mich im Moment durch das Artenverzeichnis der Pantherinae.

O e) Ob wir uns verstehen? Ich singe zu den Tieren und sie antworten mir.

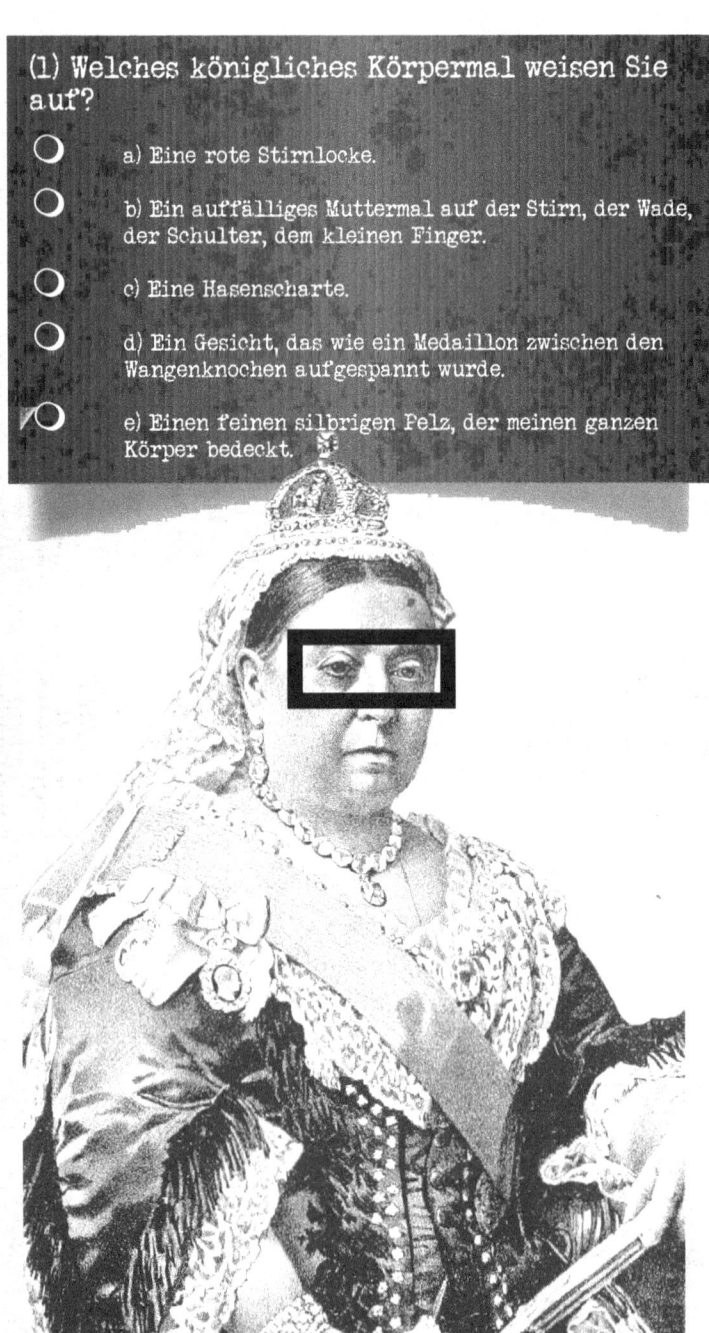

(3) Welche Staatskonstellation verfolgen Sie?

O a, b) Eine konstitutionelle Monarchie.

O b, e) Ockerfarbenen Despotismus.

O c, a) Eine gelangweilte Demokratie.

O d, c) Eine absolute Monarchie, wenn man mich ließe.

O e, d) Eine Theokratie mit einem Gespann von Priestern, die alle drei Jahre neu gewählt und skalpiert werden.

(4) Wie kommen Sie an die Macht?

○ a) Ich werde vor dem Parlament in Paradeuniform eingeschworen.

○ b) Es werden Wissenschaftler in mein Tal entsandt, die unser rares Blut kosten, um die Verwandtschaftsverhältnisse in fünfundfünfzig Kilometer Umkreis festzustellen. Dabei wird sich herausstellen, dass ich durch meine vier Großeltern in der zweiundeinzigsten Generation vom einstigen und wahren König e) abstamme. Ich erdolche den illegitimen Usurpator c).

○ c) Ich schätze, das Königspaar stirbt und ich folge ihnen nach?

○ d) Ich knie für eine Nacht am Altar der Kaiserkathedrale. Dabei wächst silbernes Haar auf meinen Fingerknöcheln. In einer Zeremonie, die in meinem Reich sieben Tage lang gefeiert wird, werde ich schließlich gekrönt.

○ e) Meine Mutter wickelt mich in ihren Schleier und wirft mich in die reißenden Fluten. Dort nimmt sich die Dunkelheit meiner an.

(5) Wie würden Sie ihren royalen Stil beschreiben?

○ a) Ich trage vor allem Kostüme.

○ b) Pelz. Ich habe auch eine Schwäche für Schmuck und Glocken.

○ c) Präsentabel. Niemand kann etwas daran aussetzen.

○ d) Sportlich und wetterfest in Tweed und Leinen.

○ e) Krallen, Eisen und gut sitzende Stiefel.

(6) Das Land hat sich verändert.

○ a) Fortschritt ist unabdingbar. Ich für meinen Teil heiße das zweiundeinzigste Jahrhundert willkommen. Ich unterstütze den Bau von Pachinkohallen und Wabenhotels mit Ausschenklizenz und weihe Schulen und Konservenfabriken ein.

○ b) Der Regent und das Land sind eins. Es erholt sich gerade von meiner Erkältung. Der Regen könnte besser sein, aber die Kornernte und die Lammungen habe ich gut gemacht.

○ c) Krieg verändert die Menschen. Meine Cousine d) aus dem Nachbarland wollte mit ihrem Mann und ihren drei Söhnen Zuflucht in meinem Königreich finden, aber ich kann die Aufnahme einer Tyrannin schlecht gegenüber dem Parlament als Ausnahme verteidigen.

○ d) Nicht fundamental. Noch gibt es genug Menschen, die die Moral aufrechterhalten.

○ e) Ich bin sehr müde. Ich habe mir eine Verletzung am Rücken zugezogen. Da kann man nichts machen. Es hilft nur, in einem frischen Bach zu ruhen.

(7) Können Sie ihren Angehörigen vertrauen?

○ a) Abgesehen von einer wilden Ader sind wir eine mustergültige, sympathische Familie. Meine Geschwister nehmen ihre Pflichten ernst. Meine Mutter, die Frau Königin b), meint es gut mit mir.

○ b) Vertrauen ist das falsche Wort. Sie können es nicht abwarten, mich abzulösen. Sie verstehen mich nicht.

○ c) Nein.

○ d) Auszucht und eine sorgfältige Aussuche ermöglichen mir vollstes Vertrauen im engen Kreis. Ich und meine königlichen Cousinen verstehen uns prächtig. Wir treffen uns in jemandes Sommerschloss und machen alle möglichen Spiele und Ausflüge.

○ e) Ja.

DES KÖNIGS HAUS

Sima Moussavian

Walter lebte königlich im Mittelalter. Wegen königlicher Gewalt erlebte Walter das mittlere Alter nicht. Er war Verwalter von Beruf und fühlte sich zum Gestalter deutscher Sprache berufen. Seine Bemühungen zum Spracherhalt hätte er besser für sich behalten. An und für sich waren sie ausgesprochen gut, aber ausgesprochen brachten sie nichts Gutes. Walters König waren sie zu visionär und er gestattete keine Visionen mehr. Als Gestalter und Erhalter deutscher Sprache war Walter zum Erhalt der Todesstrafe verdammt. Die verdammte Monarchie verdammte Walter in einem Chor der Manie zum Sterben und bestrafte damit seine Bemühungen, die deutsche Sprache vor dem Sterben zu retten. Dann war da noch Marie, Walters Frau, die wegen Hochverrat nicht mehr zu retten war und auch mit starb. Diese Monarchien! Man roch ein Feuer brennen, schon gingen Walter und Marie wegen Anarchie in Flammen auf. Noch ein Marterpfahl dazu, an dem man sie aufknüpfte. Das Volk wurde eingeladen, da zu bleiben und Blumen auf Kränze zu knüpfen. Zur Feier des Tages, versteht sich, der als Feuertag in die Geschichte eingehen sollte. Nach eingehender Überlegung ging Walters Geschichte nicht in die Geschichte ein. Dafür sind seine ausgesprochen guten Gedanken zum Spracherhalt überliefert, die das Fass überlaufen ließen. Überlegen sind sie schon, die unüberlegten Gedanken, für die Walter seinerzeit den Tod erhalten hat. Spracherhalter Walter sprach laut der Überlieferung wie folgt:

> Sprachwandel ist die treibende Kraft von Sprache. Er macht unsere Sprache erst so ausgesprochen anpassungsfäcig. Syntax, Semantik, Morpologie one Sinn und Zweck passen nicht und müssen weg! Der Weg zum Spracerhalt ist die Lösung von Altem und das Inzufügen von Neuem. Glasklarer, ausgesprocen einfacer Sinn erhält der Sprace den Sinn. Wieso ic in diesem Text kein H nutze, erscliesst sic von selbst. Das H at seinen Zweck verloren. Das H ist kein ecter Bucstabe. Wir sprecen es kaum aus. Weil das H als solces stumm ist, wäre es dumm, es zu bewaren. Mit dem folgenden Beispiel setze ic ein Exempel.

KÖNIGHAUS (SUBSTANTIV, NEUTRUM)
~~KÖNIGSAUS (SUBSTANTIV, NEUTRUM)~~
AUS HAUS DES KÖNIGS WIRD AUS DES KÖNIGS!!!

MORFOLOGIE

KÖNIG-S-	HAUS-O (KÖNIGS-HAUS-ENDUNG)
KOMPOSITUM-SUBSTANTIV-MÄNNLIC-GENITIV-SIGULAR	SUBSTANTIV-NEUTRUM-NOMINATIV-SINGULAR
KÖNIG-S-	AUS-O (KÖNIGS-AUS-ENDUNG)
KOMPOSITUM-SUBSTANTIV-MÄNNLIC-GENITIV-SIGULAR	SUBSTANTIV-NEUTRUM-NOMINATIV-SINGULAR

ETYMOLOGIE

~~HAUS DES KÖNIGS~~ AUS DES KÖNIGS | ~~DES KÖNIGS HAUS~~ DES KÖNIGS AUS

> Ic möcte alle Buerger auffordern, diesen Gedanken ernstzunemen. Dem langfristigen Eralt zuliebte muss Unnützes weicen!

Unnützes muss weichen, da behielt er Recht. Spracherhalter Walter wurde dem König nach dem Königs(h)aus-Text unnütz. Daher stellte das Könighaus die Weichen auf Walters Weichen. Des Königs Aus folgte kurz darauf, weil auch er keinen Nutzen mehr hatte. Ob Spracherhalter Walters Text den Fall der Monarchie bewirkt hat, bleibt ein ungeklärter Fall.

Quellen: http://www.heise.de/newsticker/meldung/Rechtschreibrat-Chef-Twitter-und-SMS-schaden-der-Sprache-1773445.html | http://www.20min.ch/digital/news/story/29249142

Ειν θαηρταυσενδ ναχη Ωαλτερσ Υνσινν σπιελτ σιχη ιν Ωαλτερσ Σινν εινε ™ηνλιχηε
Γεσχιχητε αβ, διε ωειτ μεηρ αλσ Ωαλτερσ Κ\νιγσ(η)αυσ Γεσχιχητε γεσχηριεβεν
ηατ. Δασ Μιττελαλτερ ωειχητ δεμ Τεχηνολογιεζειταλτερ:

heise.de /newsticker/meldung/Rechtschreibrat-Chef-Twitter-und-SMS-schaden-der-Sprache-1773445.html

heise online › News › 2012 › KW 51 › Rechtschreibrat-Chef: Twitter und SMS schaden der Sprache

« vorige | nächste »

Rechtschreibrat-Chef: Twitter und SMS schaden der Sprache

heise online 21.12.2012 07:59 Uhr – Nico Pointner, dpa   ◄) vorlesen

Twitter und SMS gefährden nach Meinung des Rechtschreibrats-Vorsitzenden Hans
Zehetmair das deutsche Sprachgut. "Die deutsche Sprache wird immer weniger gepflegt",
beklagte Zehetmair in einem dpa-Gespräch. Das Deutsche verarme in den neuen Medien zu
einer "Recycling-Sprache", werde immer mehr verkürzt und vereinfacht und ohne Kreativität
wiedergekäut.

Der Vorsitzende des Rats für deutsche Rechtschreibung rief dazu auf, gutes Deutsch zu
pflegen und wieder lebendig zu machen: "Wir müssen wieder um Worte ringen", so
Zehetmair. "Wenn ein Arzt keine Operationen mehr durchführt, verlernt er sein Handwerk
und der Patient leidet. Wenn man nur noch verkürzt kommuniziert, leidet die Sprache."
Sprache dürfe kein "dürres Gerippe" sein, sondern müsse "als Schmuckstück gebraucht
werden, mit Adjektiven verziert".

20min.ch /digital/news/story/29249142

Umfrage
Mögen Sie Emojis?

Ja, ich kommuniziere fast nur mit denen.
16 %

Ja, bei gezieltem Einsatz sind die lustig
78 %

Nein, ich finde sie unnötig.
6 %

Insgesamt 4370 Teilnehmer

Erfinder der Emoticons
bezeichnet den Einsatz der
heutigen Bildschriftzeichen als
Rückschritt in das Zeitalter der
Hieroglyphen. Führt die
vermehrte Verwendung von
Piktogrammen bei der Online-
Kommunikation also zu einer
Spracharmut?

UNNÜTZES WICH NEUZEITWÜNSCHEN.
UNNÜTZES WICH NEUZEIT.
UNNÜTZES WICH ZEIT.
UNNÜTZE ZEIT.
UNNÜTZE.
UNNÜTZ.
U
X

Ιν δερ Μοναρχηιε δερ Τεχηνολογιε ωιχη Σπραχηε Εινφαχηηειτ υνδ Νευζειτω\νσχηεν.   ςι
ελλειχητ ηαττε Σπραχηερηαλτερ Ωαλτερ ωον υνερεχητεν Μοναρχηιεν ζυρεχητδιε   Τοδε
σστραφε ερηαλτεν. Ωομ\γλιχη ηαττε ερστ δεσ Σπραχηερηαλτερσ Ωειχηεν διε Ωειχηεν αυφ Σ

Quellen: http://www.heise.de/newsticker/meldung/Rechtschreibrat-Chef-Twitter-und-SMS-schaden-der-Sprache-
1773445.html | http://www.20min.ch/digital/news/story/29249142

Post Card

THIS SPACE MAY BE USED FOR CORRESPONDENCE

Kommt ein Mann nach Hause. Ins Pascha.

Wenn die Eier proportional nach der Geburt mitwachsen würden, würden wir alle keine Hosen tragen, sondern Sackkarren.

Wie viele Finger braucht man, um einen Storch zu erwürgen? – Nur einen. Den elften.

Wen interessieren Störche außer gebraten?

Geht deine Mutter aufs Klo. Sagt ihr Ehemann: Welcome home, Schatzi.

Kack nicht ins Loch, das ist dein Mund.

Wo grasen die Pferde am liebsten? – Im Stehen.

Und wo pinkeln sie am liebsten hin? Aufs Gras.

Wie viele Finger braucht es, um einen Kranken zu heilen? – Zwei: drüberpissen und fertig!

Wie viele Nasen hat der Arsch? Nun ja, stottert der Doktor. Null ist die Antwort, du Arsch.

Treffen sich zwei Weihnachtsmanner. Sagt der eine: Mensch, du hast aber einen großen Sack. Darauf der andere: Ist ja auch voll mit Oster-eiern, du Liegendanfahrt-Geeigneter.

FOR ADDRESS ONLY

ficken zwei Ordensschwestern. Wer hat denn gesagt, dass sie es miteinander treiben?

Was ist die kürzeste Verbindung zwischen A und B? – Dein Schwanz.

Was ist eine k.u.k.-Oma?

Kaiserpinguin?

Popoklatscher auf Türkisch?

Marg-Pöpping?

Tauft ein Typ sich in Mandelöl. Wie ist sein neuer Name nach jiddischen Gesetzen?

Mändele?

Wie viele Türken braucht man, um aus einem Dürüm eine ordent-liche Bolognese zu machen?

Null – kannste knicken.

Welches Medikament ist das beste, um zu vergessen?

VerGIftetes Vergissmeinnicht.

Gif your shit to me baby.

Wer hat die ganzen Symphonien komponiert? – Ludwig Amadeus van Beehover.

Wie viele Noten muss man kopieren, um im Puh zu sein?

Null – kannste knicken.

Wie oft willste Null noch angeben als Lösung, du Null?

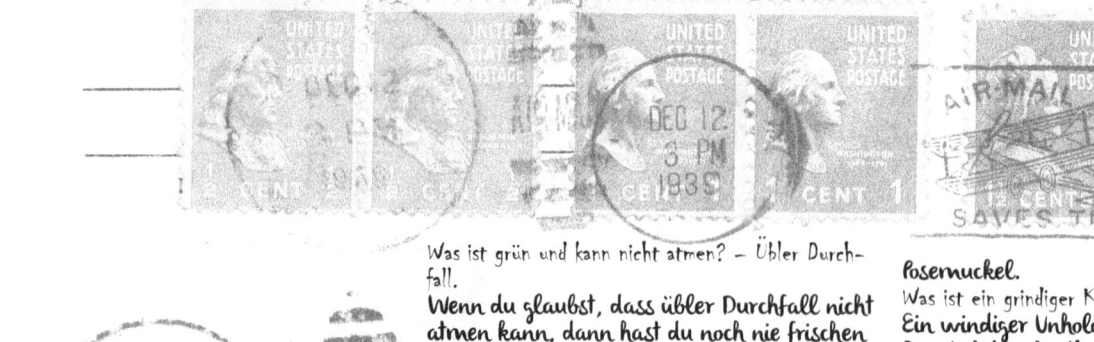

Was ist grün und kann nicht atmen? – Übler Durch-fall.

Wenn du glaubst, dass übler Durchfall nicht atmen kann, dann hast du noch nie frischen Pansen gesehen.

Was ist denn deiner Meinung nach das Gegenteil von Pansen?

Erdbeermilchshake.

Und wo ist JMs Gegenteil von Halsbonbon?

Nihilistengeschisse.

Und was bitte ist das Gegenteil von Nihilistenpipi?

Mango-Chutney auf Kokoseis.

Wie nennt man einen Jungen, der mit Puppen spielt?

Puppy?

Barbie.

Wie doof ist blöd?

Wenn doof = 8 ist, dann müsste blöd = oo sein.

Beantworten Sie die Frage!

Doof = 0,7 blöd?

Posemuckel.

Was ist ein grindiger Kobold?

Ein windiger Unhold.

Die Windigkeit des Meteorismus nimmt umgekehrt proportional zur Grindigkeit des Albinismus zu.

Das bedeutet, dass Windigkeit und Grindig-keit linear miteinander verbunden sind?

Die Grindigkeit der Windigkeit verhält sich umgekehrt proportional zur Windigkeit der Bihindigkeit.

Wie kommt man eigentlich auf die Idee, so einen Unsinn zu behaupten?

Ich kam nicht auf die Idee, die Idee kam auf mich – und jetzt bin ich von oben bis unten mit Unsinn vollgeleimt.

Was tun, wenn man Winterreifen aufziehen muss? Vorhaut runter und rubbeln!

Wie beruhigt man ein Schreikind? – Aufessen.

Kennst du ein Schreikind? Ja, bis heute

AFTER 5 DAYS RETURN TO

JUL 24
3-PM
1961

LIBERTY FOR ALL
US
AIR MAIL
15¢

VIA AIR MAIL

Morgen zum Frühstück!
Neue Kinder-App: Installieren und satt!
Ficken zwei Nonnen einen Ast. Sagt die eine: haste mal!
Haste mal WAS?
Was ist scheiße und riecht auch danach. Richtig, fühl mal
in deiner Hose nach.
Habe nachgesehen – in DEINER Hose.
Warum schreibst du alles in Versalien? Bist du zu doof,
um die Tastatur richtig zu bedienen?
Das heißt nicht Versalien, sondern VERSE: Hast du noch nie ein
Gedicht von innen gesehen?
Was würde ich denn da sehen - deinen schlechten Hu-
mor?
Ganz genau: DEINEN schlechten Humor.
Kommt ein Huhn um die Ecke und gackert.
Kommt ein Hahn um die Ecke und gockelt.
Fick die Henne
Done.
Fick den Hahn.
Kennst du eigentlich die Pissgesichter des Todes? Kannste gern
kennenlernen, einfach rasch in den Spiegel geschaut, du

Wichstüte!
Was sehe ich da? Dich?
Ganz genau: DICH!
Dich da?
Dich da!
Dich da!
DICH DA!!!
Was ist blau und furzt durch die Gegend? Ein Riesen-
arschlochwal.
Wie heißt der Präsentationssaft, den man produziert, wenn man
vor einem Publikum sprechen muss? – Lumpwasser.
Tumbe Tumbula.

Dr. Bastian Kienitz wurde am 27.02.1975 in Perleberg geboren. Seine lyrischen Anfänge suchte der Autor zunächst im Internet. Unter verschiedenen Pseudonymen öffnet er hier seit 2005 seine Werke einem breiten Leserpublikum. Neben seinem Interesse für die Lyrik beschäftigt er sich intensiv mit den Grundlagen des Lebens, der Biologie, und versucht Teile dieses Wissens in seine Werke mit einfließen zu lassen. Gleiches gilt für die digitale Fotografie, Momentaufnahmen in Wort- und Bildform, die er seit 2008 betreibt. Als Promotionsstudent der Neurobiologie zog er 2007 nach Mainz, wo er noch heute lebt und schreibt. Veröffentlichungen von Lyrik, Prosa und poetischen Kurzversen in Anthologien und Literaturzeitschriften (u. a. in: eXperimenta, Kaskaden, entwürfe und Versnetze). Als Autor und Dichter erhielt Dr. Bastian Kienitz im Jahr 2014 den Anerkennnungspreis beim Wiener Werkstattpreis 2013 für Zappgedichte.

Elisabeth Saarland gehaft in Kö-Studium der und Germa-Saarbrücken Veröffentli-seit 2005 blikationen Sprachför-rarisch: 2015 puren / #1: Kurzge-Ei".

Wilhelm, im boren, wohnnigswinter, Geschichte nistik in und Trier. chungen: Fachpu-im Bereich derung, lite-Asphalts-Spurwechsel schichte ,Das

Dennis Mombauer, *1984 in the names-ake capital of the Bonn Republic & raised along the Rhine river. Currently lives & works as a theatre agent & freelance author in Cologne. Writes weird fiction, textual experiments & literary essays as well as non-naturalist drama & English poetry acculturated with German. Translates both fiction & non-fiction. Editor & co-publisher of "Die Novelle – Magazine for Experimentalism". Publications in various small- to medium-sized magazines & anthologies.

ERSTARRUNG. EIN REISEBERICHT

Philipp Kampa

Als er die Reiseunterlagen nach seiner Rückkehr zu ordnen beginnt, fällt ein getrocknetes Insekt zwischen den Papieren heraus (eine kleine schwarze Fliege). Das Wort Erstarrung, an das er sogleich denkt, passt ihm zu dem Versuch, sich seine Reise im Nachhinein wieder anzueignen. Er arbeitet sich an den Dingen, am Material ab: Bustickets, Eintrittskarten, der Faltplan der Scottish National Gallery (darin: ein winziges Foto von Sargents Ölgemälde ‚Lady Agnew of Lochnaw'; in den Falten, die Agnews' Kleid wirft, droht er sich mit dem Blick zu verlieren). Die Unterlagen durchblätternd (das Rascheln des Papiers – es trägt ihm zur Steigerung der Erinnerungslust bei) bedauert er, kein umfangreicheres Tagebuch geführt zu haben. Hinzu tritt jedoch (sofort) der Genuss, den er dabei verspürt, sich seine Reise vornehmlich über die Dinge, die ihm von ihr geblieben sind, vorzunehmen (es missfällt ihm nicht, von Beginn an auch erfinden zu

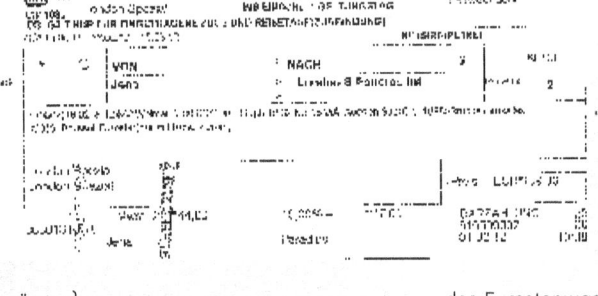

müssen).

Die Zugfahrt nach London: Diese Ruhe. Und doch, zugleich: Die Sorge, dass er einen der Anschlusszüge verpasst (er steigt in Weimar, Frankfurt am Main und Brüssel um). Als er am Frankfurter Flughafen (Fernbahnhof) auf den Zug nach Brüssel wartet, erblickt er am Nachbargleis einige bunt verkleidete Menschen - Karneval in Köln. Ein in ein dunkles Grün gekleideter Mann mit einer schwarzen Perücke und einer großen Sonnenbrille stellt sich einige Schritte von ihm entfernt auf dem Bahnsteig auf. Der Mann schaut zur Anzeigetafel (weiße Schrift auf blauem Grund) und begibt sich, ein wenig schwankend, auf das Nachbargleis. Im Wartebereich: Weitere Verkleidete; aus einer Plastiktüte, die eine dünne Frau neben sich abgelegt hat, ragt eine große Limonadenflasche hervor (das grelle Gelb des Flaschenverschlusses - hat er es damals wirklich aufschim-

mern sehen?). Der Zug, mit dem er nach Brüssel fährt, wird auch in Köln halten. An den Zwischenstationen steigen immer wieder Verkleidete ein. Schließlich: Die Ansage, dass der Zug in Kürze Köln (Hauptbahnhof) erreicht. Rufe, Unterbrechungen: Eine hohe Männerstimme lässt verlauten (den Schaffner übertönend): ‚Viel Spaß beim Karneval!', als die Ansage auf Französisch erschallt: Erneut die hohe Männerstimme: der Ruf ‚Joyeux Carnaval'. Das schrille Auflachen des Ansagers (ließ es sich damals tatsächlich vernehmen?). Auf dem Kölner Hauptbahnhof (Stahlträgerkonstruktion, Werbetafeln): Eine sehr dicht gedrängt stehende Menge Verkleideter, darunter eine Frau, die gänzlich in violett gekleidet ist (sie trägt ein grobfransiges, aufgerautes Bärenkostüm). Er bemerkt, wie er im Einvernehmen mit allem ist, obwohl er nie etwas von Karneval gehalten hat. Ihm passt dieses Ereignis zu seiner Reise, es fügt sich ein. Weshalb? Er vermag es nicht genau zu sagen. Ist es das Gefühl des Die-Welt-so-sein-Lassens-wie-sie-ist?

Dieses Reisegefühl: Wo ich bin, bin ich nur vorläufig. Dieses Gefühl des Sich-Überlassens (der Hingabe gar?) In Brüssel steigt er aus (Bruxelles-Midi; der Bahnhof liegt, wie er im Nachhinein herausfand, nicht in der Stadt selbst, sondern in der Peripherie, in Saint-Gilles; längerer Aufenthalt. Verwinkelte Bahnsteige, gefliste Korridore in schummrigem Licht. Leuchttafeln. Er ist in Eile, orientiert sich rasch an den Schildern mit dem Zeichen des Eurostarzugs, Pass- und Gepäckkontrolle folgen. Nachdem sein schwarzer Rollkoffer und sein Rucksack auf einem Band durch einen Kasten gelaufen sind, hat sich ein Stau in dem Gerät gebildet. Teile seines Gepäcks sind vom Band gefallen, seinen dünnen Schal zieht er zwischen grauen (oder doch eher schwarzen?) Elektrokabeln hervor. Dann verbringt er einige Minuten in einem Transitraum. Er setzt sich auf einen der mit hellbraunem Leder bespannten Sessel und blickt sich um. Neben ihm: ein Paar, das gemeinsam in einen London-Reiseführer schaut (oder handelte es sich eher um ein Faltblatt?). Schließlich im Eurostarzug: Vorbeiziehendes Grün, Zäune aus hellem Metall, eine halbe Stunde Tunnelfahrt.

London, St. Pancras: Er bekommt nur wenig vom Bahnhof mit (roter Klinker), da er nach einem Bankautomaten sucht, um rasch Geld für die U-Bahn abzuheben. Unter einer Rolltreppe wird er

fündig (um 16.23 Uhr britischer Zeit hebt er bei HSBC 170 Pfund ab, auf der Rückseite des Belegs: der Schriftzug ‚Please dispose of this carefully', auch dies passt ihm zu seiner Reise). HSBC steht, wie seine im Nachhinein angestellten Recherchen ergaben, für Hongkong and Shanghai Banking Corporation. Thomas Sutherland hat die Bank im Jahr 1865 gegründet; sehr früh gab es einen Ableger in Lyon (dort, in Croix-Rousse, hat sie dann ihn besucht). Korridore über Korridore und Rolltreppen über Rolltreppen, bis er schließlich die U-Bahn-Haltestelle erreicht. Eine kurze Fahrt. U-Bahn-Haltestelle Victoria Station. Er hat die Übersicht verloren und fragt eine junge Frau, die am Straßenrand Flyer verteilt, wie er zur Victoria Coach Station gelangt, wenig später geht er in ein Geschäft, um sich abermals nach dem Weg zu erkundigen. Victoria Coach Station. An einer Anzeigetafel verzeichnet: Der Bus nach Sheffield. Er läuft an mehreren Bussteigen, platforms, vorbei, bis er den richtigen erreicht. Sitzbänke aus weißlackiertem Metall, nur eine Handvoll freier Plätze. Tauben fliegen durch den Raum, dicht über die Köpfe der Wartenden hinweg. Er folgt mit seinen Augen einem weißgefiederten Vogel (nur am Hals trägt er ein paar graue Federn), beobachtet, wie die Taube auf einem der an der Decke angebrachten Plastikventilatoren landet. Der Ventilator schwingt, sie tragend, noch eine Weile mit. Die Abfahrtszeit naht. Ein Mann mit einer gelben Warnweste öffnet die zum Bussteig führende Tür. Nacheinander treten die Fahrgäste an den Bus heran (er befindet sich in einer großen Halle; weiß gestrichene Stahlträger als Deckenkonstruktion). Vor dem Wagen hat sich eine lange Schlange gebildet. Als er an der Reihe ist und sein Ticket vorzeigt, sagt der Kontrolleur mit einem breiten Lächeln ‚Ah, Sheff' (Sheff - so wird er zuweilen an Sheffield zurückdenken). Der Kontrolleur bedeutet ihm, seinen kleinen, schwarzen Rollkoffer in das erste Gepäcksegment des Busses zu bringen. Er steigt ein und sucht sich einen Platz. Was später noch stärker hervortritt: Überall Kameras in England, selbst im Bus, nur wenige Zentimeter von seinem Kopf entfernt. Als sich das Fahrzeug in Bewegung setzt (es dämmert inzwischen stark, das gleißende Rot von Ampeln, Menschen mit Einkaufstüten aus Plastik), surrt ein defekter Bildschirm aus der Decke heraus: Die gesamte Busfahrt über: Das Flackern, die Suche des Monitors nach einem festen Bild. Nur für Momente entsteht es, dann stellt sich wieder das Flirren ein.

Es ist inzwischen dunkel geworden, er nimmt kaum mehr etwas von der Umgebung wahr, der Bus fährt zirka eine Stunde durch London, dann nur noch auf der Autobahn entlang (zwischendurch versucht er herauszufinden, wie viele Kilometer es noch bis Sheffield sind, an die grünen Hinweisschilder reicht sein Blick jedoch nicht heran). Einer jüngeren Frau in einer grauen Jogginghose fällt, während sie schläft, eine Limona-

denflasche auf den Gang (das Aufschlagen der Flasche, das Gluckern oder vielmehr Glucksen der Flüssigkeit, auch dies gehört zu seiner Reise). Hinter ihr sitzt ein Mann, der auf seinem Mobiltelefon für einige Minuten die Strecke mitverfolgt und dann aus seiner Jackentasche ein rotes Nackenkissen hervorholt, das er in wenigen Zügen aufpustet und als Kopfstütze verwendet. Sheffield Busbahnhof (Interchange), alles in Sepia (selbst auf dem Foto, das er von seiner Ankunft noch besitzt – sie hat es geschossen – alles gelbschimmrig), neben dem Bus: Unzählige Koffer und Taschen, vom Fahrer dorthin geworfen. Er benötigt ein paar Augenblicke, bis er seinen Koffer gefunden hat (sie holt ihn ab). Warten auf den Stadtbus, Nummer 120, ein Doppeldecker, er nennt dem Busfahrer, der hinter einer Wand aus Plastik sitzt, das Ziel, legt drei Münzen in eine Schale, nimmt das Wechselgeld entgegen und zieht das Ticket, danach, wie auch später beim Aussteigen: Thank you. Noch heute im Ohr: Die Erwiderung des Fahrers (ob dies am Tag der Anreise geschah, weiß er indes nicht mehr): Cheers, man.

Der erste Tag in Sheffield. Er läuft, gemeinsam mit ihr, durch die Stadt. In einer Parkanlage liegen hier und da noch Schneelachen. Im Museum: Eine Ausstellung über China, auch die Dauerausstellung schauen sie sich an. Regen, nur wenige Menschen in der Innenstadt. Schließlich: Der botanische Garten. Ein langgezogenes Gewächshaus. In einem Fenster hängt ein Hinweisblatt: Please do not throw confetti. Er lächelt kurz, dann legt er sich Erklärungen zurecht: Offenbar finden hier regelmäßig Hochzeitsfeiern statt. Auf den Wegen: Schattengeflechte, von den umstehenden Bäumen dahingeworfen. Es ist sehr stürmisch. Er beobachtet, wie der Wind die Wasserläufe eines Springbrunnens verbiegt (mit dem Fotoapparat hält er es fest). Überall rennen Eichhörnchen herum. Eine Mutter mit ihren zwei Kindern, einem Mädchen und einem Jungen (letzterer in einem ein wenig abgenutzten Buggy sitzend), wird von einem der Tiere nachgerade verfolgt. Die Hügel der Stadt, auf die man von hier aus einen Blick werfen kann, eng mit kleinen Häusern besetzt. Sie fahren mit dem Bus in die Innenstadt zurück. Im Theater von Sheffield (Crucible, ein Foto hat ihm geholfen, sich den Namen des Hauses wiederzuholen – ihn sich zu wiederholen?) kauft er sich eine Karte für ein Beethovenkonzert. Sein deutscher Studentenausweis wird akzeptiert (die Verkäuferin hat blonde Haare, von der rechten Hand, mit der sie ihm sein Ticket und das Wechselgeld reicht, bis zu ihrem Ellbogen reicht eine Narbe). Plötzlich das Gefühl, dass sich Leerstellen ergeben haben. Waren sie nach dem Kauf der Tickets noch gemeinsam in der Sheffielder Stadtbibliothek, um sich einen Film auszuleihen? Am nächsten Tag (einem Sonntag, wie er später herausfand, der ausgedruckte Reiseplan der Deutschen Bahn half ihm dabei, sich dies auszurechnen): Castleton, ein

Touristenort im Peak District. Sie fuhren mit dem Bus dorthin. Auf einem der Hügel, die die Stadt umgeben: Peveril Castle, in der Ferne: Mam Tor, ein Hügel, den sie gemeinsam besteigen, auf der Rückseite des Peaks schließlich: Tiefer Schnee, durch ihn waten sie hinab. Mam Tor ist 517 Meter hoch, er hat es nach seiner Rückkehr nachgelesen. Der Abstieg (als es tiefer ins Tal hinabgeht, laufen sie über feste, von Schnee und Matsch befreite Wanderwege) führt nach Edale (sie trägt eine Karte bei sich, die sie in der Sheffielder Stadtbibliothek ausgeliehen hat; wie ihm soeben ein-

fällt, wurden sie, als sie in Castleton unterwegs waren – den Faltplan für kurze Zeit in der Hand – von drei jungen Frauen nach dem Weg gefragt, mit ihrer Karte wirkten sie wohl besonders auskunftsfähig). In Edale steigen sie in den Zug zurück nach Sheffield (als er das Ticket mit der Nummer 20515 erneut in den Händen hält – 6,40 Pfund kostete es – erinnert er sich daran, dass er beide Fahrkarten an Bord – in Edale gab es keinen Automaten – zusammenkaufte, kurz bevor sie Sheffield erreichten, um 17.02 Uhr, wie er dem Ticket entnimmt, bei dem Kontrolleur handelte es sich um einen dicklichen Mann mit einem Schnauzbart). Dann, am nächsten Tag: Liverpool? Sie nehmen den Direktzug von Sheffield nach Liverpool (die Arctic Monkeys kommen aus Sheffield, als ihm dies, da er seinen Reisebericht niederschreibt, plötzlich zu Bewusstsein kommt: das Lied ,I bet that you look good on the dancefloor' – wie es seinen Kopf mehrfach durchläuft). Am-Wasser-entlang-Spazieren. In dem Moment, in dem er sich die Zugtickets (im Kreditkartenformat, mit einem orangefarbenen Streifen oben und unten versehen) vornimmt, stößt er auf die Aufschrift ,Retain for inspection" – ein Reisebereicht als Inspektion, als Blick in sich selbst hinein?, dann fällt ihm auf, dass er sich nicht mehr an die Farbe der Sitze erinnern kann (einzig, dass es sich auf der Fahrt von Sheffield zurück nach London um orangerote Polster handelte, weiß er noch). Bilder von einer anderen Reise schieben sich dazwischen: Die weißledernen Sitze im Zug von Paris (Bercy) in die Auvergne. Dann wieder England: Die neue Kathedrale von Liverpool. Als er sich später das Foto von ihr anschaut, fällt sein Blick auf die vor dem Gebäude angebrachten großen Planen mit Sprüchen (aus der Bibel?). In seiner Erinnerung mutet der Liverpooler Abend wie eine Ansammlung von Szenen aus Michel Butors Zeitplan (L'emploi du temps – Reisen als Arbeit an der Zeit?) an, er kann sich dies indessen nicht er-

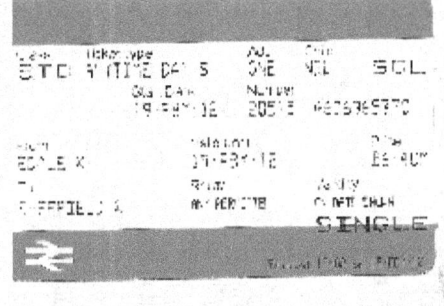

klären, ist er sich doch zugleich darüber bewusst, dass der Roman in Manchester spielt; dennoch will er von seinem Gedanken nicht abrücken. 24.02.2012: Newcastle upon Tyne. Sie übernachten bei einer Studienfreundin, die sich zurzeit ebenfalls in England aufhält. Deren Gastgeberin, eine etwa vierzigjährige Frau, die allein in einem weißgestrichenen Reihenhaus wohnt, arbeitet an einer Kunstschule – im Dachgeschoss, dort, wo sie übernachten (der Blick durch das schräge Fenster fällt auf ein Hochhaus) stehen Ölgemälde an den Wänden. Plötzlich dieser Gleichklang: In der Erinnerung mutet die Frau wie seine Gastgeberin aus Lyon an, die Bilder überlagern einander. Am darauffolgenden Tag: Edinburgh, kaum Fahrgäste im Zug. Sie laufen die Hauptstraße entlang. Am Ende der Royal Mile liegt der Palace of Holyroodhouse, die offizielle schottische Residenz der Queen. Im Hintergrund des Königshauses: eine Hügellandschaft. In der Restaurantetage eines Kaufhauses essen sie ein Stück Kuchen – wie die im Regen aufglimmenden Neonreklamen, die sich vor dem Fenster beobachten lassen, in seiner Erinnerung, für einen Augenblick nur, erneut aufflackern. Immer wieder: Diese Schauenslust. Die Rückfahrt nach Newcastle. Drei Sitzreihen vor ihnen, auf der anderen Seite des Gangs: Zwei schottische Fußballfans (der eine mit einer roten, glatten Perücke ausgestattet), die nach ein paar Minuten Fahrt ein Lied singen, hinter ihnen ein englisches Paar, der Ehemann stimmt mit ein, lässt einen wohlklingenden Bass ertönen. Auch dies passt ihm zu seiner Reise, diese Reiseleichtigkeit. Am Abend darauf: Eine Lesung (meet the author) in der Sheffielder Stadtbibliothek. James Graham spricht über seine Anfänge als Autor und seine aktuellen Arbeiten. Graham stammt aus Mansfield (abermals schießt ihm ein Lied in den Kopf – von Mansfield ist bei den Babyshambles die Rede, der entsprechende Song hat eine Länge von 4 Minuten und 38 Sekunden). Die Erinnerungen an seine Reise werden immer zerfaserter. Es kostet ihn Mühe, bei den Tatsachen zu bleiben. Bruchstück reiht sich an Bruchstück. Nach der Lesung mit James Graham schlendert er noch ein wenig durch die Bibliothek. Auf einem Tisch liegt ein Blatt Papier. Er nimmt die Notiz in die Hand, überfliegt die Wörter, die sich darauf finden (er, das war ein anderer, das war Erfindung): Erstarrung, Jena – Sheffield, Edale, 517 Meter ... Ich musste den Zettel dort liegengelassen haben – so hat er sich mir also entzogen, so ist er mir also auf die Schliche gekommen.

Ein Unterlungwitz mit Mehdim
Daniel Ableev

© MM

MEHDI MORADPOUR
Ist der Bus nach Unterlungwitz schon abgefahren?

DANIEL ABLEEV
NICHT, DASS ICH WÜSSTE. WOHIN WOLLEN SIE?

MM
Nach Oberlungenwitz.

DA
HMM. ICH WÜRDE DA AN IHRER STELLE NICHT HINFAHREN ... ERZÄHLEN SIE MIR LIEBER ÜBER IHR LEBEN – IN DREI WORTEN.

MM
Kreiseln stehen fließen.

DA
UND KÖNNTEST DU JEDEN DIESER DREI BEGRIFFE MIT JE 5 WORTEN KONKRETISIEREN?

MM
Kreiseln: immer wieder neue Räume suchen.
Stehen: Wahrnehmungsfähigkeiten oszillieren. Jemand ist verunsichert.
Fließen: die Musik, die wir sind/werden.

DA
DAS SIND 16 WÖRTER, MEHDI, 16!!! SO GEHT DAS NICHT!!! JETZT MÜSSEN WIR DIE GANZE CHOSE NOCH MAL MACHEN.

MM
Hab schon wieder Schei... gebaut. Schei.

DA
GUT, ICH MERKE, WIR KOMMEN HIER NICHT WEITER. WIE WÜRDEST DIE MODERNE WURMLOCHTECHNOLOGIE AUF DAS THEATER ANWENDEN WOLLEN?

MM
Wenn ich die Frage richtig verstehe, dann durch einen Tunnel. Wir fressen uns ins düstere Theater hinein und kommen dann vielleicht weiter und landen auf irgendeinem gelben Zwerg. Wo es wärmer und gemütlicher ist. Wenn nicht, dann bleiben wir lieber im Tunnel.

DA
TUNNEL IST EIN GUTES STICHWORT. ES GIBT JA DAS LICHT AM ENDE DES TUNNELS. KRIEGST DU ES DENN MANCHMAL ZU SEHEN?

MM
Oft winkt und zwinkert es von draußen. Da stellt man sich vor den Spiegel, macht sich fertig und raus. Nur, manchmal ist es zu hell. Man kommt lieber zurück, als ins Schlingern zu geraten. An der Schwelle des Tunnels, wo man das Draußen beobachten kann, ist es am angenehmsten, bilde ich mir ein. Da lebt man von der Lichtausbeute. Wenn es zu dun-kerl wird, macht dann der Letzte dann das Licht an. Vorübergehend. Jedenfalls ist der Tunnel auch ein schicker Ort voller Eigentümlichkeiten und Stimmen, langweilig ist es nicht. Bist du noch da? Im Tunnel?

DA
JA, BIN VON GEBURT AN TUNNELMENSCH. ES GIBT DIE LICHT- UND DIE TUNNELTYPEN, ICH BIN EHER LETZTERES. ICH INTERESSIERE MICH ABER AUCH SEHR FÜR KLÜMPCHEN UND KLÜMPCHENDYNAMIK.

MM
Po-rös. Und goldene Haare wie die entrückten Weiden (persisch). Ensimismado. En ella. Was sind Klümpchen?

DA
KLÜMPCHEN, VOR ALLEM QUANTENKLUMPEN, SIND FULMINANTE ZUSTÄNDE DES SEINS? ABER REDEN WIR DOCH ÜBER MUSIK: DU MAGST PINK FLOYD. WAS NOCH? UND WIE SIEHTS AUS MIT WUSIK?

MM
Eh(e) ich eine List(e) namedrop-ping-ponge, Wusik: die mich an die Grenze bringt, und manchmal zurück. Die mich heimsucht. Die namenlos und riskant ist. Mich enteignet, er- und überfährt. (Er)schöpft. In Bewegung und Stillstand setzt. Und Augen blickt. Gute Musik. Guter Akt. Wüchsige Musik. Wächst du mit Musik oder darunter?

DA
IN KÖLN STEHT EIN RUSSISCHER WUSIKER AUF DER STRASSE UND SPIELT ZIEMLICH WIRTUOS XYLOPHON, WENN ER NICHT GERADE DABEI IST, ALLE PASSANTEN AUF RUSSISCH MIT ORDENTLICH DERBHEITSSCHMACKES ZU VERFLUCHEN, WAHRSCHEINLICH IHRES BANAUSENTUMS WEGEN. ICH MUSS ZUGEBEN, DASS ICH AUCH ZU DIESEN BANAUSEN GEHÖRE, DENN SEINE VERDAMMT SCHRILLEN TÖNE LASS ICH MIR NUR UNGERN BIETEN, WENN ICH IN DIE WOHLVERDIENTE MITTAGSJAUSE GEHE. ER GEHÖRT DEFINITIV NICHT AUF DIE STRASSE, SONDERN IN EINEN KONZERTSAAL.

MM
Straßenmusiker gehören eingesperrt, in Konzersälen. Da mach ich mit. In Berlin sehe ich manchmal einen Wut-schicker, der auf drei Sprachen die Straßen unsicher macht, verunsichert. Er gehört auch im Bundestag eingesperrt.
Pink eben. You brought a guitar to punish your ma? Welcome my son, welcome to the machine. Where have you been? What did you dream? Forget it, come to me.

DA
UND WAS WÄRE DER PRÄTENTIÖSESTE INTERVIEW-MOVE, DEN ICH JETZT VOM STAPEL LASSEN KÖNNTE? ODER IST ER DAS SCHON?

MM
Dass das Sprechen nicht prätentiös wäre. Du behauptest, du wärest keine Maschine, das wäre was.
Erzähl was von der Zukunft.

DA
ÜBER DIE ZUKUNFT GIBT ES NICHT VIEL ZU SAGEN. DIE MENSCHEN T/L/FLÖTEN MUNTER WEITER. DIE TIERE SIND WEITERHIN SAULIEB. DIE PFLANZEN BLEIBEN BODENSTÄNDIG. DIE MATRIKELNUMMERN WERDEN AN HIPPE STUDENTEN VERGEBEN, DIE SCHRÄGE MÜTZEN IN GESCHLOSSENEN RÄUMEN TRAGEN USW. NEIDISCH MACHENDE STUHLGÄNGE UND STUHLGÄNGIGE QUANTENEFFEKTE IM MAKRO-ALLTAG WERDEN IMMER SICHTBARER WERDEN, KONSEQUENZ DARAUS: AUS DER KUGELGASSE 7 WERDEN SICH GEIERFLÜGEL SCHÄLEN, UM SO ZU EINER RASCHEN FRIEDHOFSÄNDERUNG ZU GELANGEN, WAS VOR ALLEM DIE MUNTER DURCH DEN WALD TOBENDEN KRABBEN ENORM BEGÜNSTIGEN DÜRFTE. UND MASCHINE WIRD UNENDLICH HEISSEN & UNENDLICHES VERHEISSEN (WOLLEN).

MM

Erst deine Zukunft. Ich versuche eine Anti-Deckung mit Fräsen und bitte um ein Zertifikat deinerseits: Es gibt eine kugelige Steniflanze Nr. 7, sie lebt von der Atmosphäre oder von einem Teil von ihr, der vorher gestorben ist. Und es gibt sauliebe Affen, die eine Skulptur untersuchen, die aus Krabbenextremitäten besteht. Die Skulptur ist maschinell von menschlicher Hand geschaffen. Ein Mensch besteht aus etwa zehn Billionen Zellen. Auf und in ihm befinden sich etwa zehnmal so viele Bakterien, die vor ihm da waren. Bekomme ich ein Zukunft-Zertifik-art? Kann ich bitte überleben? Hörst siehst du mich?
#
du möchtest aufhören?
kann ich noch mal nach ganz oben?
korrigieren?
milliarden von menschen warten darauf Daniel
auf messias zukunft.
wo ist dein ohr?
die trächtige stille ist deine antwort?
kann ich noch eine frage?
stromausfall? gut.
auf mehr stimmen für die zukunft.

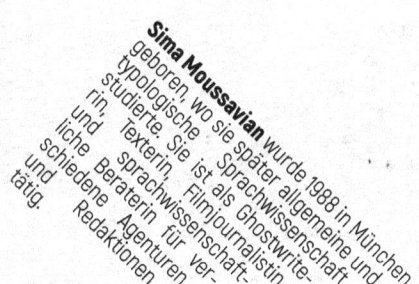

Sima Moussavian wurde 1988 in München geboren, wo sie später allgemeine und typologische Sprachwissenschaft studierte. Sie ist als Ghostwriterin, Texterin, Filmjournalistin und sprachwissenschaftliche Beraterin für verschiedene Agenturen und Redaktionen tätig.

Lukas Vering ging zwar einen relativ geraden Weg durch seinen Lebenslauf, lässt dafür aber seine literarischen Protagonisten gerne auf Abwegen wandeln. Geschichten schreibt er schon, seit der erste Laptop auf dem Tisch stand, einige davon sind an mancher Stelle auch schon erschienen.

MM

Das war ein gran-dioser Tipp(topp)fehler, nur das und mehr vielleicht.

Magenkind Premium
macht ein #-Geräusch
und verändert auf diese Weise
_____.

MM

die Zitrusmarmelade.
Oder muss sich das reimen? Hm ...
die Zimmerpreise.

MM

unbefistet gekündigt wurden, nicht unbefristet

MM

Verstopfung

www.marinabuettner.de
Marina Büttner, geb.1967, lebt in Berlin. Sie ist Buchhändlerin und Künstlerin, ihre Gedichte, Grafiken und Collagen erscheinen in zahlreichen Literaturzeitschriften und Anthologien. Print und online. Genaueres auf:

Im Jahr 2011 wurde die **forschungsgruppe kunst** als offene, temporäre, interdisziplinäre Künstlergruppe in Rostock gegründet. Die „Forscher" kommen aus der angewandten und der bildenden Kunst, aus dem Bereich Design, oder es sind Kreative mit ARTfremden Berufsbildern. Bei den Aktionen und deren Ergebnissen rücken Personen und deren Ego in den Hintergrund, weswegen die forschungsgruppe in der Öffentlichkeit immer anonym auftritt.

Q&Q
MIT
TANIA F.

Daniel Ableev

DANIEL
SOLLEN WIR ES WAGEN, EIN Q&Q ZU MACHEN, ALSO EIN INTERVIEW, DAS NUR AUS FRAGEN BESTEHT?

TANIA
Ist geritzt.

DA DAS Q&Q BEREITS BEGONNEN HAT: MEINTEST DU „IST GERITZT?"?

Könnte die umgangssprachliche Wendung „ist geritzt" im Sinne von „ist klar" oder „geht in Ordnung" tatsächlich etwas mit Blutsbrüderschaft zu tun haben?

KLINGT DAS NICHT RECHT PLAUSIBEL? ODER „INFORMIEREN" MIT „IN FORUM IRE", ALSO „ZUM FORUM GEHEN", WO DIE RÖMER JA, SOWEIT ICH DAS VERSTEHE, DIE GANZEN AKTUELLEN LOKALEN UND ÜBERLOKALEN NEWS ABZUGREIFEN PFLEGTEN?

Bevor ich weitermache, wie genau sind die Modalitäten, also das Kleingedruckte und so? Das meintest du doch mit „ist geritzt", oder? Muss ich mich in einem bestimmten Turnus melden? Und wie ist das überhaupt: wenn mich nun Fragen von dir intellektuell überfordern, was schnell bei mir geht, denn ich bin rasch am Limit, kann ich die dann einfach auslassen? Ich frage gerade bei dir, lieber Herr Daniel Ableev, 'Seltsamkeitsforscher, gerne genauer nach: Was ist überhaupt ein Q&Q?

IST EIN Q&Q NICHT EINFACH NUR DAS, WAS WIR GERADE MACHEN, NÄMLICH FRAGEN ÜBER FRAGEN, VÖLLIG FREI VON KLEINGEDRUCKTEM ODER SONSTIGEM RUMGEDRUCKSE? UND WÄRST DU SO NETT, TIL ZU FRAGEN, WARUM JURISTEN SO AUF DAS WÖRTCHEN „MITHIN" ABZUFAHREN SCHEINEN?

Da habe ich in der Tat, wenn ich es durchdenke, kaum noch Fragen - nur noch eine vorletzte: Wir könnten ja Blutsbrüder werden?
Die letzte Frage, die sich direkt anschlösse, wäre: Wie zieht dein Fazit, dein Resümee, nach einem knappen Aprilmonat Klischeeanstalt? Hat es sich gelohnt oder war es eine irre Zeitverschwendung - denn, du als Autor-Seltsamkeitsforscher-Lektor-und-Latinist hast doch eh kaum Zeit? Oder liegt die Wahrheit, die einen gräulichen Farbton wie ein lang vergessenes T-Shirt in der Sporttasche hat, liegt die Wahrheit über das Schreiben im Netz iwo in der Mitte?
Es grüßt dich! Tania?

SIND WIR NICHT ALLES WANDELNDE KLISCHEES? EGAL, WIE WIR ES DREHEN UND WENDEN? UND WAS IST NUN MIT „MITHIN"?

Nachtrag. Deine Frage nach der Beliebtheit des Wörtchens mithin unter Juristen:
„[…] Mithin ist die Wort- und Sprachform für eine begründete Schlussfolgerung, Synonym für ‚also' oder ‚deshalb'. Es ist aber nicht in dieser Bedeutungsträgerschaft so scharf und hervorstechend wie ‚also' oder ‚deshalb'. Daher kann man es als eine Art Tarnwort benutzen, um bloße Behauptungen wie begründete Schlussfolgerungen aussehen zu lassen.
Beispiel: ‚Es regnet draußen, also ist es Donnerstag.'
Jeder sieht, dass das keine Schlussfolgerung ist. ‚Also' ist demnach falsch.
Es regnet draußen, mithin ist es Donnerstag.
Der gleiche Unsinn, aber nicht so kenntlich. […]"
(Prof. Dr. Tilman Bezzenberger, 29.04.2015)

© TF

Tania F., geboren 1966, lebt und arbeitet in ihrer Geburtsstadt Berlin. Sie ist Film- und Fernsehdramaturgin, Hörspiel- und Drehbuchautorin. Ihr Vater stammt aus Nigeria.

Daniel Mylow, geb. 19.08.1964 in Stuttgart. Seit 2009 als Deutsch- und Philosophielehrer an der Freien Waldorfschule Marburg. Studium der Germanistik und Medien, Psychologie und Philosophie in Bonn und Marburg, Ausbildung zum Poesiepädagogen am Institut für Kreatives Schreiben, von 2004–2009 Lehrer für Deutsch, Ethik und Geschichte an der Waldorfschule in Hof. Mitglied im BVjA. Verschiedene Auszeichnungen, diverse Veröffentlichungen. 2004 erschien das Buch ‚Im Garten des Zauberers', nada-Verlag.

Kinga Toth: Visuelle- und KlangDichterIn, Schriftstellerin, Performerin. Bücher: Zsúr/Party 2013, Prae; All Machine Solitude Vlg (De) und Magvető 2014; Preise/Stipendien: Rosenthal Stipendium 2016, GEDOK Stipendium 2016, Solitude 2013, Móricz 2014, Visegrad 2015 http://www.akademie-solitude.de/en/fellowship/fellows/kinga-toth-pe3611. Performance-Projekte, Visuelle und Klangkunst: www.tothkinga.blogspot.de

Achim Amme geb. 1949 in Celle, ist freier Autor, Schauspieler und Musiker. Er lebt in Hamburg. www.achim-amme.de

Bianca Bellchambers, 24 Jahre alt, hat Biologie in Marburg studiert. 2010 hat sie am Treffen Junger Autoren teilgenommen.

Yvonne Cromer, Jg. 1985, Studium der Philosophie und Literaturwissenschaft in Dresden und Berlin, lebt und arbeitet in Lübeck.

Andreas Reichelsdorfer, geb. 1986 in Fürth, lebt in Wien und schreibt Prosa, Lyrik, Musik. Bisher Veröffentlichungen in Das Prinzip der sparsamsten Erklärung (München) und LASSO (Basel).

DER MITSCHNITT
(FEAT. HANNAH DÖRR)
Daniel Ableev

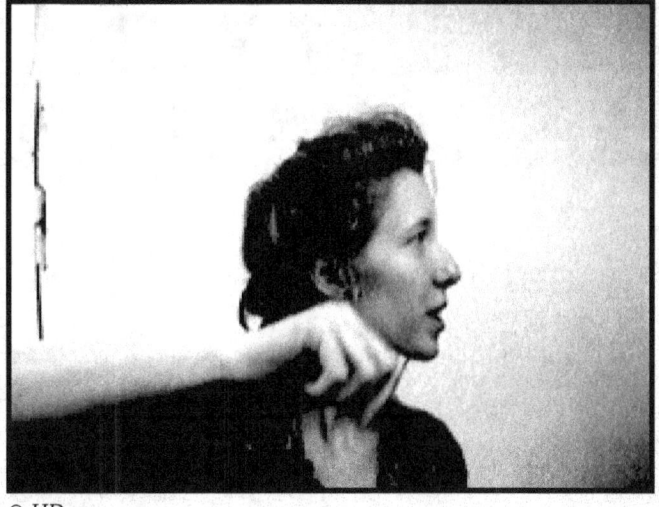

© HD

HANNAH DÖRR

Ich bin Hannah Dörr und koordiniere die Videomitschnitte eurer fünfzehnminuten-Beiträge. Die Aufnahmen der Beiträge sind jeweils 4 GB groß, das sprengt jeden Dropbox/WeTransfer-Speicher, alles kleinerzurechnen sprengt meinen Zeitrahmen, außerdem leidet dann die Qualität und das wäre schade. Deswegen schlage ich vor, dass wir uns diesen Samstag, 31. Januar 2015, ab 17:00 in der Studiobühne treffen, damit ich euch alle Daten überspielen kann. Bitte bringt alle einen USB-Stick mit, auf dem genügend freier Speicherplatz vorhanden ist.

DANIEL ABLEEV

ICH BIN NICHT SICHER, OB ICH ES SCHAFFE AM SA, KÖNNTEST DU MIR MEINE DATEI VIA GOOGLE DRIVE SCHICKEN? ICH GLAUBE, DASS 4 GB DA KEIN PROBLEM SIND.

Ja klar, das geht! Dann schick mir doch den Link, wo ich das hochladen kann!

WWW.GOOGLE.COM/DRIVE/.

Ich bin über Nacht an einer Mittelohrentzündung erkrankt und werde es nicht schaffen, alles bis Samstag fertig zu machen.

DAS TUT MIR LEID – GUTE BESSERUNG! ICH HABE GESEHEN, DU BIST FILMEMACHERIN. MEINE NOVELLE-KOLLEGEN UND ICH SIND IMMER AUF DER SUCHE NACH NEUEN, GERNE INTER- UND TRANSDISZIPLINÄREN AUSDRUCKSFORMEN, VIELLEICHT BIST DU JA AUCH AN DEM EINEN ODER ANDEREN (FILM-)EXPERIMENT INTERESSIERT.

Sieht super aus! Wenn ich wieder gesund bin, schau ichs mir mal genauer an!

COOL – GUTE BESSERUNG.

Ich bin wieder einigermaßen fit. Und nun geht es um einen zweiten Termin zur Videoübergabe. Ich schlage vor: DIENSTAG, den 24. FEBRUAR um 12:00 im ASTA-CAFÉ der Studiobühne. Ich habe einen Multi-USB-Stick dabei, es sollte also ziemlich schnell vondannen gehen. Die Filmdateien sind alle um die 5 GB groß!!! Also bitte großen USB-Stick/Festplatte etc. mitbringen!!! Ich hab das mit Google Drive irgendwie nicht hinbekommen … kannst du mir einfach einen Ordner senden, wo ich das hinuploade? Oder kommst du Dienstag?

SORRY, ABER DA KANN ICH LEIDER NICHT – HMM, WANN KÖNNTEST DU DENN NOCH? FREITAGABEND KÖNNTE ICH.

Ich bin dann erstmal in Bamberg bei einem Filmfestival. Nächste Woche könnten wir aber gucken, obwohl ich dann eher im Stress für Filmmappe am 13. sein könnte.

ALLES KLAR, MACHEN WIR – MELDE DICH, WENN DU ABENDS MAL IN KÖLN VERFÜGBAR BIST, ICH BRING DEN NÖTIGEN STICK MIT. SOLLTEST DU ZEIT HABEN, NEHM ICH AUCH EINE AUF UNTER 1 GB RUNTERKOMPRIMIERTE (VERSCHICKBARE) DATEI. ANSONSTEN BIS IRGENDWANN IN KÖLN. HAST DU IRGENDWANN IN NÄCHSTER ZEIT ZEIT?

Ich bin morgen in der Studiobühne, falls du Lust hast? Und sonst nächste Woche!

WANN WÄRST DU DENN DA? AUCH ABENDS, SO AB 20?

Sorry, nee, bin jetzt schon wieder zu Hause und hab Besuch, ist gerade etwas chaotisch. Lass uns doch nächste Woche mal treffen! Vielleicht wieder Donnerstag? Gegen 5?

SORRY, MITTWOCH BIS FREITAG KOMME ICH NICHT VOR 19.30 AUS DEM BÜRO … SAG BESCHEID, WANNS PASST. WIE NENNT MAN EINEN UNERWARTETEN RETTER IM SOMMERLICHEN SCHWITZWETTER?

Einen Ritter!

NICHT GANZ: DEO EX MACHINA. WANN HÄTTEST DU ZEIT ZUR FILE-ÜBERGABE? ODER MEINST DU, DU KÖNNTEST MIR NE DVD BRENNEN UND ZUSCHICKEN? ICH HABE AB AUGUST URLAUB UND KÖNNTE NACH KÖLN KOMMEN – WAS IST MIT DIR?

Bin mitten im Diplomeierlei und fahre im Moment ständig mehr oder minder spontan Berlin-Köln. Da wir Mitte August drehen, bin ich ab Ende Juli auch erstmal nicht mehr in Köln … am einfachsten zwecks Datenübergabe wäre es, wenn du mir nen USB-Stick schickst, dann kopier ich dir die 6 GB drauf. Und dann gehen wir im September mal in Ruhe einen Kaffee trinken, wenn alles abgedreht ist!

KEIN PROBLEM, ICH WARTE BIS SEPTEMBER. WOBEI DAS DER MONAT IST, IN DEM ICH VATER WERDEN SOLL …

ENE MENE PAUL: ES BACKERT IN DER KISTE

Daniel Ableev

© PB

DANIEL ABLEEV
DIE ERSTE GESCHICHTE IN DEINEM BAND „IN UNABLÄSSIGER SCHWEBE (UND ANDERE AUSGEWÄHLTE KURZGESCHICHTEN)" HANDELT VON „URS UND URSULA": WAR ZUERST DER TITEL DA ODER DIE STORY? ODER IST DAS KOMPLETT AUTOBIOGRAPHISCH?

PAUL BACKERT
Hoffentlich nicht autobiographisch, denn dann wäre die Story am Ende eher visionär und ich müsste auf ein weniger schönes Ende gefasst sein. Wie sonst kaum, aber in diesem Falle kam beides etwa gleichzeitig, das heißt der Titel vielleicht ein paar Sekunden nach der Idee von der Story.

„DIE JUNGE FRAU [...] ZEICHNETE [...] AUSGERECHNET [...] EIN LICHT [...] IN [...] IHR [...] SCHICKSAL." SO LAUTET DIE TITELGEBENDE GESCHICHTE, WENN MAN SIE STARK VERKÜRZT.

Besser diese Geschichte auf ein Konzentrat herabkochen geht wohl nicht, also eine alternative Überschrift zu finden, die so oder so ähnlich mir fast besser als die von mir gewählte scheint.
Diese beiden ersten Geschichten sind übrigens als Dublette gedacht, sie gehören zusammen oder sind supplementär.

IN DEINER „REISE ZU DEN SOMMERINSELN" SAGT DER VATER ZUM SCHLUSS: „DANN WERDEN DEINE KLEIDER RASCH TROCKNEN. AUF DEN INSELN IST ES IMMER SEHR WARM." DARAUF STOTTERT SEIN SOHN: „JA, DANN WERDE ICH MEINE KLEIDER TROCKNEN." WAS IST FÜR DICH DIE METAPHYSIK DER WIEDERHOLUNG, WELCHES GEHEIMNIS BEHERBERGT SIE?

So viel Metaphysik ist es nicht, glaube ich, sondern Wiederholung, wie sie ganz einfach vorkommt. Oder sie geschieht, um eine eher merkwürdig-lakonische Aussage dadurch noch besser ins Reliefhafte mutieren zu lassen.

UND WAS HÄLTST DU VOM ANHANG?

Was den Anhang betrifft - ein sehr guter Ansatz! Warum nicht den Faden weiterspinnen? Er scheint Potential zu haben für einen längeren Roman (ein, im positiven Sinn, ausgefallener Beginn eines Romans). Das Hamsun-Zwischenspiel würde ich, wenn es nach mir ginge, etwas verkürzen, es ist aber keineswegs fehl am Platze.

IN „HANS HUND UND DER SEEHUND" ROLLT DER PROTAGONIST HANS HUND „DIE AUGEN WIE NACH EINEM GEHIRNSCHLAG", WENN MAN DAS PHÄNOMEN APOPLEXIE NUR IN DEN MUND, NICHT ABER ZU HERZEN NIMMT, ES ALSO NICHT ALS FURCHTBARES PHYSIOLOGISCHES VERSAGEN, SONDERN ALS GROTESK-HUMORESKES ALBSTRAKTUM NIMMT, DANN ... [BITTE ERGÄNZEN]

Ja, was dann ...? Ich würde sagen, dann pendelt es letzten Endes doch wieder in Richtung physiologisches Versagen, wenn auch nicht ganz einwandfrei und sehr zu Herzen genommen.

WIE HAT MAN EIGENTLICH MIT DER TATSACHE UMZUGEHEN, DASS WIR GRUNDSÄTZLICH UND JEDERZEIT VON ARM- UND/ODER BEINLOSEN HIRNSCHLAG-OPFERN UMGEBEN SIND, DIE UNS MIT IHREN VERZERRTEN GESICHTSWINKELN DIE SEELE ABGRINSEN?

Relativ entspannt hat man mit dieser Tatsache umzugehen, scheint mir.

IN „DIE ABSCHLUSSFEIER" SPIELT JERRY GARCIA GITARRE. WELCHE DER HIER GELISTETEN MUSIKGENRES GEFALLEN DIR AM MEISTEN: HTTP://EVERYNOISE.COM/ENGENREMAP.HTML?

Die hier gelisteten Musikgenres - es sind ja gar nicht wenige. Und mit so einer kleinen Schrift geschrieben. Falls ich aber richtig lese: Funky Breasts scheinen mir am meisten zu gefallen.

ICH INTERESSIERE MICH LEIDER AUSSCHLIESSLICH FÜR LO-FISH, INDIETRONICA, EXPERIMENTAL/ART ROCK/METAL, PROGRESSIVE ROCK/METAL, TECH HOUSE, JUGGALO, MICROHOUSE, INTELLIGENT DANCE MUSIC, BABAGUUM, TECHNICAL DEATH METAL, BRUTAL DEATH METAL, BRUTAL TECHNICAL DEATH METAL, NEO-CLASSICAL METAL, MATHCORE, NOVELTY, AVANT-CORE, NEW WEIRD ARABICA, JAZZ METAL, DJENT, E6FI, SAUERKRAUT, DUBSTEP, COMPLEXTRO, AGGROTECH, NINTENDOCORE, FILTHSTEP, PROGRESSIVE PSYTRANCE, B R E A K- CORE, EXTREME PROG TECH, GABBA, LITHUMANIA, BLACK METAL, PROGRESSIVE BLACK METAL, TECHNICAL THRASH METAL, INDUSTRIAL METAL, CHIPTUNE, AVANT-PROG/RIO, JAPANESE JAZZTRONICA, NERDCORE, NECROGRIND, DARK PSYTRANCE, DUBSTEPPE, SOLIPSYNTHM, DEEP COMEDY, NEUROSTEP, KRAG, WROCK, TZADIK, MUZIEK VOOR KINDEREN – UND NATÜRLICH SCHRANZ. WÜRDEST DU EIGENTLICH DEM „UNGETANZTEN TANZ" EINE EIGENE, SOUVERÄNE EXISTENZ (BZW. TANZISTENZ) ZUWEISEN WOLLEN?

Dem „ungetanzten Tanz" würde ich eher eine Tanzistenz zuweisen wollen, eine eigene Existenz eher halbherzig.

DANN IST JETZT VIELLEICHT EIN „GETANZTER TANZ" (MIT BETONUNG AUF „GET-") DAS RICHTIGE?

Ja, das Richtige scheint „Get andzter Tanz" zu sein.

OKAY, REDEN WIR ÜBER DIE „AUGEN DES GROSSVATERS": EINE GESCHICHTE, DIR MIR SEHR ZUSAGT, WEIL SIE GANZ BESONDERS NONCHALANT DAHERKOMMT, GANZ WIE IHR PROTAGONIST. WER UND/ODER WAS HAT DICH ZU GROSSVATERS ABSONDERLICHEM OKULARIUM INSPIRIERT?

Eigentlich ist der Hauptinspirator der Geschichte mein Vater, den die Kinder meiner Schwester natürlich Großvater nannten. Vielleicht um einen hier erwünschten Abstand zu haben, nannte ich ihn ebenfalls so. Das Einzige allerdings, sicherheitshalber, was der Wirklichkeit nahe kommt, sind seine Armschläge in höherem Alter und natürlich generell die Atmosphäre um ihn herum, unabhängig von irgendwelchen Details. Er hatte aber bis ins späte Alter keine Probleme mit den Augen, trug auch nie eine Brille. Was mich zum Okularium gebracht hat, muss meine Großmutter gewesen sein, also meine wirkliche Großmutter (nicht die der Kinder meiner Schwester), die uns Enkeln oft große Probleme bereitete, wenn wir nach ihren nicht auffindbaren Brillen suchen mussten.

HOFFENTLICH STAND AUF DER BRILLE DAS WORT „BRILLE" IN BRAILLE. IN „BEIGER DIENSTAGNACHMITTAG" IST UNTER ANDEREM VOM DÜNKEL DIE REDE. WENN DU DES DEUTSCHEN NICHT MÄCHTIG WÄRST, WELCHE BEDEUTUNG WÜRDEST DU „DÜNKEL" ZUORDNEN WOLLEN, JETZT REIN SO VOM KLANGLICHEN HER GEDACHT?

Ja, hoffentlich in Blindenschrift.
Ich glaube, ich würde dem Wort eine ähnliche Bedeutung zuodfnen, auch übrigens dem Wort DUNKEL, und auch dem Wort DINKEL (nicht aber in dem Wort DINKELSBÜHL).
Dünkel befindet sich bedeutungsmäßig so in etwa zwischen DINKEL und DUNKEL. Entsprechend wie bei Goethe in der Zeile aus EIN GLEICHES sich das ü zwischen dem u und dem i befindet. Bedeutungsmäßig also in der Mitte, weder oben noch unten also:
Über allen Gipfeln
ist Ruh'
In allen Wipfeln
Spürest Du
Kaum einen Hauch

DAS SEHE ICH GENAUSO. DOCH WAS TUN, WENN MAN WEDER DUNKEL NOCH DINKEL KENNT?

Dann allerdings sind meine begrenzten pädagogischen Fähigkeiten erschöpft.

JETZT HABE ICH DOCH TATSÄCHLICH GANZ VERGESSEN ZU FRAGEN, OB DU MARCEL REICH-RANICKI VERMISST, DER IN DER „EINLADUNG ZUM URWALDDINNER" (WAS SIND BITTE URWALDDINGER?) EINEN CAMEO (FORD?) HAT.

Ein bisschen vermisse ich ihn schon. Von so alten Leuten gibt es nicht viele im Fernsehen, die einen festen Platz dort haben.
Das mit dem Ford Cameo scheint eine Verwechslung zu sein. In zwei der Geschichten, glaube ich, kommt mein alter Ford vor (17 M).

WAS IST MIT „JENS"? ERZÄHL MIR ETWAS ÜBER DIESEN VORNAMEN UND WAS ER DIR BEDEUTET? ICH MUSS BEI JENS IMMER AN EINEN SPORTLICHEN BURSCHEN MIT STROMLINIENFÖRMIGER FRISUR DENKEN.

Jens war wohl ursprünglich als eine Art skandinavische Variation (es gibt wahrscheinlich mittlerweile nicht wenige Variationen?) von Büchners „Lenz" gedacht. Am Anfang der Geschichte sieht man das auch einigermaßen, sie fängt ähnlich an wie Lenz. Es wurde dann aber doch etwas anderes daraus. Mit der stromlinienförmigen Frisur ist wohl nichts, nein.

IN DEINEM „REISEBERICHT ALASKA" ERWÄHNST DU DIE UNMÖGLICHKEIT, 500 JAHRE ALT ZU WERDEN. WAS ABER ERLEBT MAN, WENN MAN 40.000 JAHRE ALT WIRD?

Man erlebt alles noch viel intensiver, obwohl man zumeist das Gegenteil hört (von Jammerlappen). 40.000-jährige Erfahrung macht erlebnisreiches Leben viel einfacher.

REDEN WIR SCHNELL ÜBER DAS KONZEPT DER SINNFREIHEIT? WIE WICHTIG IST SIE FÜR DEIN LEBEN UND SCHREIBEN?

Wie alle Freiräume - wichtig. Aber auch Sinn ist wichtig.

DEIN „REISEBERICHT PYRENÄEN" (WO GENAU IST DAS?) ENDET MIT DEM SATZ: „WIR WAREN ENTSCHLOSSEN, ZWAR DANN UND WANN WIEDER EINMAL IN DIE PYRENÄEN [WO GENAU IST DAS?] ZU FAHREN, DOCH WAREN WIR SICHER, NIE WIEDER IN DIE SOEBEN VERLASSENE GEGEND." ICH FRAGE MICH, OB EIN DOPPELPUNKT ODER GEDANKENSTRICH NACH „SICHER" NICHT GEEIGNETER WÄRE, DA EIN KOMMA AN DIESER STELLE, ZUMINDEST IN MEINEN AUGEN, EINE INFINITIVKONSTRUKTION ERWARTEN LÄSST. DIE ENTTÄUSCHUNG DIESER IN INTENSIVSTE HÖHEN GETRIEBENEN ERWARTUNG ABER KÖNNTE FÜR DEN LESEFLUSS HINDERLICH SEIN.

Die Pyrenäen: in Spanien. Ja, ich muss eingestehen, ein Doppelpunkt wäre besser. Für die 2. Auflage werde ich diese Sache vormerken lassen. Die 2. Auflage wird, wahrscheinlich, in 70 Jahren erscheinen. Dann aber bestimmt.

DEIN „REISEBERICHT WÄRMLAND SCHWEDEN" (WO GENAU IST DAS?) ENDET MIT DEM SATZ: „WIR GINGEN STUMM UND ZÖGERNDEN SCHRITTES ZURÜCK ZU UNSEREM ALTEN FJORD, UM WORTLOS DIE HEIMREISE ANZUTRETEN, WÄHREND DIE FREMDE INNERE STIMME IMMERFORT, EINER BUDDHISTISCHEN GEBETSMÜHLE GLEICH, IHRE TRAURIGE BOTSCHAFT MIR WIEDERHOLTE." ICH FRAGE MICH, OB DIE ETWAS UNGEWÖHNLICHE WORTSTELLUNG VON „MIR" FÜR DEN LESEFLUSS NICHT HINDERLICH (WO GENAU IST DAS?) IST?

Wärmland ist ziemlich weit im Süden Schwedens, Karlstadt die größte Stadt dort. Die Wortstellung treffend, im Gegenteil, sie erleichtert hier doch den Redefluss!? Hinderlich liegt in Hinderindien - eine Region Hinderindiens. Bitte Ford, nicht Fjord!

NA GUT. UND WENN DU „AUS DEM TUNNEL HERAUS" GEFAHREN BIST: WELCHES WAGHALSIGE (KUNST-) PROJEKT WÜRDEST DU IN ANGRIFF NEHMEN WOLLEN, WENN DIR UNBEGRENZTE GELD- UND MITTEL ZUR VERFÜGUNG DEN?

ich aus dem Tunnel rausgefahren bin, werde ich möglicherweise bald wieder in einem (anderen) Tunnel landen, und davon berichten. Ich bin mittlerweile ganz auf Kurzgeschichten eingefahren (und auch wieder ein Stück vorangekommen). Viel Geld wird es nicht kosten. Wenn unbegrenzte Zeitmittel zur Verfügung stünden, würde das kaum etwas daran ändern. Aber wer weiß, und dann wie?

DAS GETÜRK-TERVIEW MIT DANIEL S.

Daniel Aleev

DANIEL ALEEV
WIE UND WO BIST DU AUFGEWACHSEN UND WAS WAREN DIE SCHÖNSTEN MOMENTE DEINER KINDHEIT?

DANIEL SCHULZ
Sehr schlön sogar. Durch Schlak ich gerne sehe, die Welt mein Schoß. Ich ejakuliere mich ohne Will vollkommen. Ohn da sehen seh ich: Welt. Seine Weinung nach ohne Nein. Schlön was nicht Schön, weil nicht meine Langeweile. Ideen lieben vollkommen. Wie schlickt dich deine Frage? Klopft die Antwort ganz natürlich? Oder Antwort klopft Türe? Wenn ja, welche Frage dann?

HAST DU OFT ZOFF MIT DEINER FREUNDIN/DEINEN ELTERN/DEN ELTERN DEINER FREUNDIN?

Ich wollte auch schon immer mein Piano abtreiben, als es nicht die Töne geliefert hat, die ich mir erwünscht habe. Ich habe wohl die falschen Knöpfe gedrückt, sagt man mir. Aber wie kann man falsch drücken, was man sich so sehnlich wünscht?

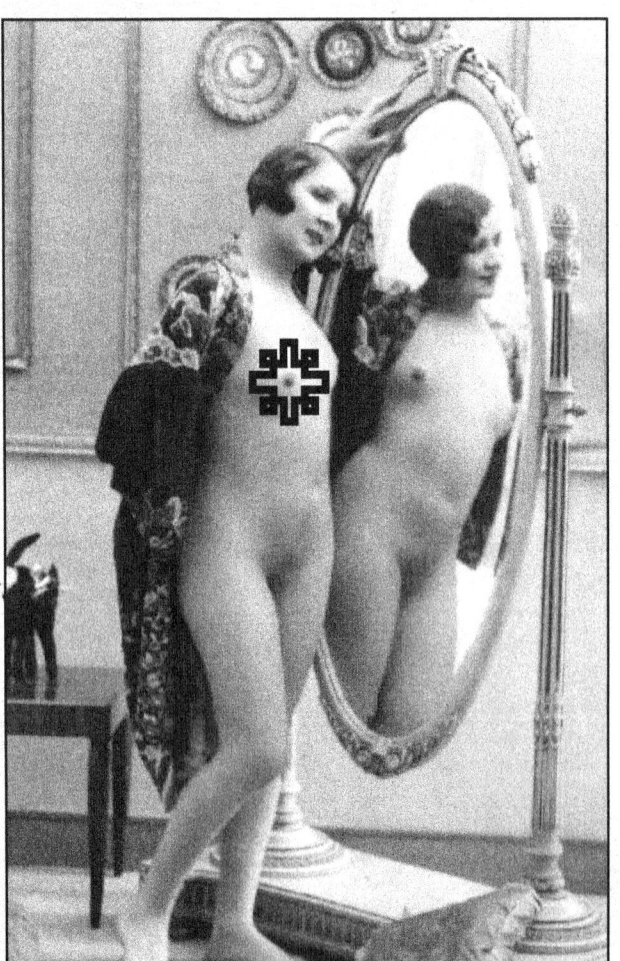

WIE BIST DU ZUM SCHREIBEN GEKOMMEN?

Ich rolle gerade die Wattebäusche durch die Pisse. Jeder Finger ist ein Bauer, der seine Lasten trägt. Schneisen durch den Unfug spielen Pflug der Ernte einer unzeitgemäßen Antwort um Mitternacht, der Stunde Null.

WAS WAR DAS VERRÜCKTESTE ERLEBNIS DEINES LEBENS?

Das ist mir wirklich etwas Nekro viel.

WAS IST DEINE LIEBLINGSLEKTÜRE?

Kind: Mama, Mama!
Mutter: Ja, mein Kind?
Kind: Warum zieht Papa immer Frauenkleider an?
Mutter: Weil du sonst keine Mama hättest.

UND DEINE LIEBLINGSPLATTE?

Können Apfelsinen eine Orangenhaut entwickeln?

WANN HAST DU DICH ZULETZT SO RICHTIG DOWN GEFÜHLT?

Und dabei habe ich doch mein Latinum. Ich biete im GegenICE eine Packung Schnupftabak. Die habe ich selbst gezüchtet, als ich noch erkältet war.

NOCH EIN SCHLUSSWORT?

Fritten sind fettig. Manager manchmal auch.

GRUNDSCHULVIEW MIT ARMIN BREIDENBACH

Daniel (11)

Christine Prinz: 1986, in Österreich, zeichnet und schreibt, seit sie einen Stift halten kann. Weil ihr das reale Leben schon traurig genug erscheint, widmet sie ihre fiktiven Welten lieber uikigen Figuren und deren Missgeschicken.

Clemens Schittko: Geboren 1978 in Berlin (Ost). Ausgebildeter Gebäudereiniger und Verlagskaufmann. Arbeitete u. a. als Fensterputzer, Lektor, Beifahrer, Kirchwart, Friedhofsgärtner und Barkeeper. „lauter niemand preis für politische lyrik 2010". Mitherausgeber des „Schwarzbuchs der Lyrik 2016". Zuletzt erschienene Einzelpublikation: „Weiter im Text" (Klagenfurt und Graz 2016). Lebt in Berlin-Friedrichshain).

Daniel Ableev (11)
Was ist der Unterschied zwischen Theater und Kino/TV?

ARMIN BREIDENBACH

Theater ist immer live, immer anders, jede Aufführung unterscheidet sich von der anderen. Das ist gut so, lebendig, organisch. Ein Kinofilm bleibt immer gleich, nur die Situation, in der man ihn schaut, verändert sich.
Auch die Produktionsbedingungen sind vollkommen unterschiedlich. Allein die Drehorte! Und die Zeit! Und das Geld, das da verpulvert wird. Kleiner Scherz.

Was würde passieren, wenn man Theaterstücke verfilmt?

Theaterstücke werden häufig verfilmt. In letzter Zeit werden auch gern Filme für die Bühne bearbeitet. Schau dir die Spielpläne der Theater an, du wirst immer mal wieder eine Filmadaption finden.

Marc Suter, geboren 1984, lebt in Zürich. Studierte Wirtschaft in Lausanne und St. Gallen, zurzeit berufsbegleitend zudem Elektrotechnik. Publikationen in Literaturzeitschriften und Anthologien seit 2014.

Woraus kann alles Theater Theaterki-theater? man eigentlich machen? Gibt es no? Oder Auto-

Theaterkino kenn ich nicht, aber es gibt immer wieder Versuche, die Grenzen zwischen den Genres einzureißen mit Livekamera und dergleichen. Schau mal bei Castorf an der Berliner Volksbühne, der hat das zum Prinzip erhoben. Autotheater - hm, wie soll das gehen?

Stimmt es, dass Schauspieler vor dem Auftritt Sägemehl essen?

Sägemehl? Warum? Damit sie nicht mehr sprechen können? Es gibt ne Menge Theateranekdoten, auch ne Menge Aberglaube, aber das ist mir unbekannt.

Warum sind die coolsten Roboter nie auf der Bühne, sondern vor der Kamera?

Roboter gibt es bestimmt auch irgendwann im Theater. Aber wenn du an Robocop und solche Filme denkst, das ist dann doch klar Film.

Corinne Haberl, Bj. 1961 München. Studium, Zurzeit Überlegung in Frankreich. Bereits als Kind zeichnete sie bis tief in die Nacht benskünstlerin. Lehre hinein, finanzierte sich ihre Studien, Tellerwäscherin, u.v.m. um als Hinterglasmalerin, u.a. Bisherige Veröffentlichungen: Reise durch Tagebuch einer Anthologien u.a. Island u. diverse Autorenkreis. Landsberger

GHOSTESQUE WITH SCOTT THOMAS

© ST

Daniel Ableev

Daniel Ableev
Can you imagine writing fiction (or other kinds of literature) that is not dark, supernatural, weird? If yes, what would that be?

SCOTT THOMAS
Intriguing questions … Ahh … Actually, a number of years ago, I wrote 10,000 or so words in a novel that was meant to have a classic literature feel, a story called AMELIA FERN. It was set in 1830s New England. While the story did have elements of intrigue, there were no supernatural aspects, no dark fantasy. Unfortunately I sort of stopped writing it, and it's presently trapped on an older PC, and I have no way to remove it from that machine. I also started another novel that I stopped working on, a mainstream contemporary fiction novel about the widows of three firemen who die in a fire in Maine.

What was your first impressive encounter of the Weird Kind?

Gee, my fondness for the otherworldly expressed so far back that I can't recall what the earliest influences would be. I loved monsters and monster movies as a boy, shows like THE OUTER LIMITS and THE TWILIGHT ZONE, sword and sorcery films, dinosaurs and comic books. So far as real life encounters with weirdness go, the earliest that stands out in my mind occurred when I was living in an old house that once served as a Civil War recruiting station. My brother Jeffrey and I believed that the upstairs, where our bedroom was, was haunted. There was a bookcase in our room, one my grandfather had made, and I remember it was painted a color that made me think of the color of flesh. At any rate, there was a yellow hardcover book in the case, a book about ghosts. I was alone upstairs, and the book fell over in the shelf. I got spooked by this and wanted Jeffrey to come upstairs so that I wouldn't feel so menaced being near that creepy book. So, I tossed some books out the open doorway onto the landing area with the intention of telling Jeffrey that a ghost threw them, then I called for him. I went out onto the landing, and as Jeffrey was coming up the stairs we both saw books come flying out from the room behind me onto the landing! There was no one in the room who could have been throwing them.

I don't know if an actual ghost was flinging them out of the room to mock my staged haunting or if I was somehow unconsciously levitating them out telekinetically, but we both remember the incident to this day.

That's a remarkable real-life ghost story, wow. Sarah might have had, like, two shitty, apathy-induced years in her life because of a cursed weird painting she had bought at a flea market … But let's take a step further and play a game I'd like to call „Connecting the Godds": I'll give you the names of two (made-up) deities, and you tell me what they might have in common. Alright, here we goo: Yomigman & gpO-wipS.

While it's known that Yomigman and gpO-wipS are distinctly different deities, they do in fact share some common traits, and chief among them is their insistence that those who adore them do so accordingly. Yomigman, of the First Region, created a race of worshippers who, in His name, kill one another if they don't properly polish the statues of his arse, which can be found in the many temples he compels them to erect in his honor. The dead are piled in great towers and stand like ghastly monuments on their own as they reach up into the sickly purple clouds that hang above the cities.

gpO-wipS, of the Second Place, populated his favorite planet with a race of beings similar to those that Yomigman came up with, and his Book of Laws and Punishments instructs them to say his name every five minutes so that he can be reminded of how powerful and amazing he is. If one fails to say His name as many times as holy law intends, they are forced to eat blister berries, and then they are put to death. The guilty are hung upside down from trees and stoned to death with teeth (it takes some time). In an attempt

to outdo the towers of dead bodies built to honor Yomigman, corpses are stacked ridiculously high and sometimes fall over into the village streets and make quite a mess.
Both gods are also very fond of board games.

This is quite the divine shit. Yomigman, you crazy-ass hole! Do you think it's possible nowadays to be a full-blown gentleman and at the same time use gorgeous profanities like „clusterfuck" or „bag ‚o' dicks" on a regular basis? What does a 21st-century gentleman look like?

Here I am tackling the next interview question …

Ha! Yes! Divine indeed, and oh, that Yomigman is the most crazy of assholes!

Hmm … gentlemen. Gee, I think I will turn an introspective eye to the mirror in this case, for I am a paradoxical creature, and if I can at times be a gentleman AND curse like a sailor, than I suppose that …
A: It is possible.
B: There must be others capable of the same paradox.

I am minded of the one poem of mine (written in the early-mid 90s) that I can recite by memory …

CONCUBINE

I am a gentleman
I am a swine
Wouldn't you love and hate
To be a concubine of mine?

But have there ever been TRUE gentlemen? Have we not always been savage creatures, even those seemingly refined and polite types of old? Civilized clothing, gentle bowing and artifice masking the testosterone brute within? Well, I suppose it's something I could debate myself over. But, when I think of what a 21-st Century gentleman might really look like I think of an elegant fellow from the 18th century, a ghost of course!

A ghost – for realsies? That's quite extraordinary! What kind of ghost – a crazy-creepy or a silly-bedsheety one?

Sadly, I've not seen a ghost in period costume, though I did live in a haunted 18th Century house for a time. I did have a pretty good ghost sighting once, though. I'll tell you all about it … Ahhh, the ghost … It was a Saturday, and I was working overtime at a plastics factory where we molded computer casings and stuff. I was standing outside to have a cigarette and was able to look into the building through an open door. I looked past my work area where we molded the parts, and I could see into a big room where people would sit at long tables and sand the edges of the molded parts to make them smooth. Well, it was common for me to look in and see folks at the tables, so, for a moment it did not strike me as odd when I looked in and saw a figure. It took a moment to register, to realize that no one was working in that room on that day, it being a Saturday …

I could not make out much of a face, but I remember the light blue shirt, and I saw it for more than a blink, more than peripherally. It moved, glided sideways as I looked on so that a large yellow molded plastic product blocked its view. I raced into the room and saw that there was no one in there at all … and a person would not have had time to reach the far doors without me seeing them. That's when it really hit me … I'd seen a ghost, and I got shivers and hurried out to tell the few others who were there that day about what I'd seen.

Others saw things there too, and would hear people walking upstairs when no one was there. It was an old brick factory, maybe from 1901 or so. One night a few of us came in at night to work and heard someone walking on the old board floors over us. No one else was there, and we had just come into the locked place. As soon as myself and another fellow heard the sounds we dashed upstairs. The very moment that we opened the stairwell door and stepped into the big room upstairs a radio in that room turned on by itself, playing music.

A creepy place! That's where I worked when I met my first wife. I was a group leader in a department where we would mask off sections of product before they were painted. Jeffrey worked there for a time, and he wrote a novel that incorporated the place.

GHOSTS MIGHT BE THE ANSWER TO ALL POSSIBLE QUESTIONS. AM I EXXAG-GERATING RIGHT NOW? ONLY INSOFAR AS 2 XXS IN A ROW ARE TOO MUCH FOR MOST WORDS. I DO, HOWEVER, HAVE A GHOST INSIDE MY BODY, LIKE RIGHT NOW. IT'S CALLED YONDA AND TENDS TO DUCK A LOT. LET'S PLAY „CONNECTING THE GODDS" ONCE MORE: UNDEL & RUGEL. BUT THIS TIME, I'LL NEED A POEM!

I like that … „Ghosts might be the answer to all possible questions!" I like that a lot!

A duck! What about a swan? They have such graceful necks!

Ahh, those Godds …

UNDEL & RUGEL

Under the stars, the wild broken stars, Undel and Rugel were born
Born from the stars they made
Faster than light, or meteor flight, half love with a dose of scorn
Undel and Rugel were torn

They split at the seam, both loving and mean
With more heads than any could count
Their colors were blue and oftentimes green
With voices that sang great amounts

They each liked to spin the planets with skin
Of fire and ice and of stone
And fashioned great skies where chilling winds sigh
And moons are the color of bone

Over the stars, the ice-hot dead stars, Undel and Rugel
have cried
Lost in the shadows they own
Slower than tombs, where asteroids roam, half-blind where
the moonbeams glide
Undel and Rugel have died

THIS IS REALLY LOVELY, SCOTT.

Thank you, my friend!

Alexander Estis (*1986), Studium der alten Spra-chen, danach Lehrtätigkeit an den Universitäten Hamburg und Genf. Derzeit wissenschaftlicher Mitarbeiter an der Universität Freiburg i. Br. Wissenschaftliche und essayistische Publikationen sowie literarische Übersetzungen.

Nikolai Estis (*1937), Studium an der Moskauer Kunsthochschule, danach freischaffender Künstler. Über 70 Einzelausstellungen, zahlreiche Stipendien und Auszeichnungen. Werke befinden sich in bedeutenden Museen und Samm-lungen, darunter in der Tretjakow-Galerie und im Puschkin-Museum in Moskau.

INTERVIEW NO. 0
MIT MAX MEIER
Daniel Ableev

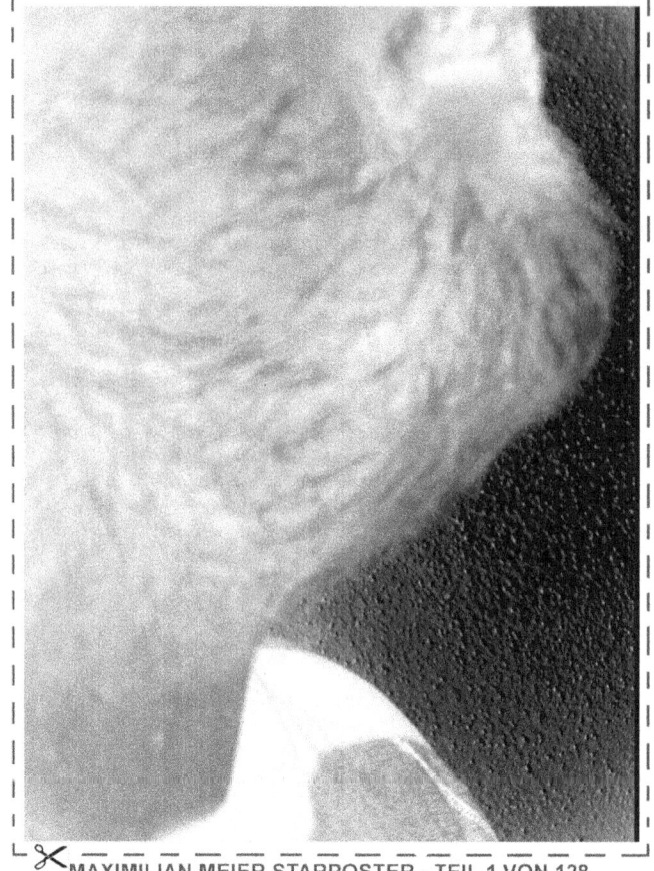

DANIEL ABLEEV
SPRECHEN WIR DOCH MAL ÜBER DEINEN 2015 ERSCHIENENEN ROMAN „EVA UND DER BISS DER NACHT"* – WER BEISST WEN UND WARUM?

MAXIMILIAN MEIER
Der Vampir beißt Eva, weil das seine Berufung und weil er ein freundliches Wesen ist. Die eigentlich interessante Frage lautet wohl: „Warum lässt Eva sich beißen?"

WARUM LÄSST EVA SICH BEISSEN? ANDERS GEFRAGT: DIE NOVELLE MIT IHREN 148 SEITEN IST EINE MASSIVE ZUMUTUNG FÜR DIE (SIEBEN) LESER, ICH WAR VON ANFANG AN DAGEGEN. DER LITERATURMARKT IST VÖLLIG ÜBERSCHWEMMT, UND NICHT NUR DER. WAS MACHT DEINEN ROMAN ZU EINER LOHNENDEN ZEITINVESTITION?

Die Novelle ist eine massive Zumutung, weil sie nur 148 Seiten oder weil sie 148 Seiten hat? Ich finde auch, die Novelle sollte bei monatlicher Erscheinungsweise mindestens 248 Seiten haben.
Bei dir klingt es wie ein Vorwurf, wenn der Literaturmarkt - und nicht nur der - völlig überschwemmt ist. Dabei wäre es wohl ein großer Verlust für viele Leser, wenn es auch nur einen Titel weniger auf dem Markt gäbe. Das Problem ist nicht die Vielzahl an Titeln, sondern der Vertrieb. Wie kommt ein Titel zum richtigen Leser? Tatsächlich wäre es ja zu begrüßen, wenn noch weit mehr Titel erscheinen würden. Es soll ja Leute geben, die im vorhandenen Angebot nicht das Richtige finden. Und an dieser Stelle kommt dann mein Roman ins Spiel, der hoffentlich für viele Leser eine Lücke im Angebot schließt und sie für eine Weile glücklich macht, vielleicht sogar ihre Sichtweise, ihr Denken und ihr Leben verändert.
Allerdings kommt vor der Zeitinvestition zuerst einmal die finanzielle Investition. Immerhin kostet ein Exemplar fast zehn Euro. Für weniger sollte es nicht zu haben sein. Was macht meinen Roman zu einer lohnenden Zeitinvestition? Das ist eine wirklich gute Frage. Das [* *Eigenverlag. Beziehbar nur über Amazon.*] sollte man vielleicht besser die Leser und nicht den Autor fragen? Für mich war das Schreiben schon hinreichend lohnende Zeitinvestition. Es ist für mich noch zu früh, um das Buch mit den Augen eines Lesers betrachten zu können. Ich halte auch wenig davon, wenn Buchverwerter fordern, dass Autoren mit dem Leser im Hinterkopf schreiben sollen, nur damit ein Buch eine möglichst große Leserzahl erreicht und so den Buchverwerter finanziell reich macht. Ich bin eher darum bemüht, dem Leser eine universale Wahrheit vor Augen zu führen, etwas, dessen er sich bisher vielleicht noch nicht in dem Maße bewusst war, wie ich es bin. Im Falle von „Eva und der Biss der Nacht" geht es dabei um universale Wahrheiten wie: „Wenn du dich auf die Medizin verlassen musst, dann bist du so gut wie tot", „Niemand kann auf lange Sicht erfolgreich gegen die Natur ankämpfen", „Liebe ist eine feine Sache, aber sie funktioniert nicht unbedingt so, wie man es gerne hätte."
Für wohlgefälliges, glattes Entertainment gibt es bereits viele gute, professionelle Autoren auf dem Markt. Wollte ich da mitmischen, wäre mein Buch vielleicht wirklich überflüssig.

ES IST EINE ZUMUTUNG, DASS DIE NOVELLE 148 SEITEN HAT STATT BEISPIELSWEISE … 0. DASSELBE KANN MAN ÜBRIGENS VON JEDEM (NICHT NUR 148-SEITIGEM) DRUCKERZEUGNIS BEHAUPTEN. DASSELBE GILT FÜR MUSIK, DIE NUR DAZU GUT IST, MIT EXAKT 0 DEZIBEL UNSERE TROMMELFELLE ZUM NICHTPLATZEN BRINGT. ODER FILME, DIE MIT 0 BILDERN PRO SEKUNDE ÜBER UNSERE NETZHÄUTE NICHTFLIMMERN. ODER GEMÄLDE, DIE MIT WEISSER FARBE AUF WEISSER LEINWAND NICHTGEMALT WORDEN SIND. ODER ODER ODER … ABER ZURÜCK ZU EVA: WANN (UND WIE) HAT DICH DIE MEDIZIN ZULETZT ENTTÄUSCHT?

Man kann das natürlich von jedem Druckerzeugnis, etc. behaupten, erstaunlich bleibt dabei eigentlich nur, dass es nicht jeder macht. Offensichtlich geben sich die Menschen zu leicht zufrieden. Ich plädiere deshalb für Kriege, die mit 0 Beteiligten ausgefochten werden und für Steuern, die mit 0 % erhoben werden.
Was deine Frage an Eva angeht, wann und wie sie zuletzt durch die Medizin enttäuscht wurde, so lässt sich das in meinem Buch nachlesen, deshalb will ich hier nicht zu viel verraten. Stattdessen will ich folgenden Denkanstoß beitragen: Wen hat die Medizin zuletzt enttäuscht, wenn nicht gar unter die Erde gebracht?
Es gibt viele Leichen auf den Friedhöfen, die mir zustimmen würden. Aber Totgemachte reden nicht länger. Vielleicht bedarf es deshalb der Schriftsteller, um ihnen eine Stimme zu verleihen.

WEGEN 0 VERBRECHEN INS GEFÄNGNIS KOMMEN. GITARRE/BUCH MIT 0 SA/EITEN BEARBEITEN. 0 AUCH MAL GERADE SEIN LASSEN. WAS IST DEINER MEINUNG NACH EINE ANSTÄNDIGE ALTERNATIVE ZU MEDIZIN (ABGESEHEN VON ALTERNATIVER MEDIZIN)?

0 auch mal gerade sein lassen? Ich dachte immer, 0 sei eine gerade Zahl. Jedenfalls habe ich in der Schule gelernt, dass sich gerade und ungerade Zahlen abwechseln. Und da 1 und -1 ungerade Zahlen sind … Also dann lieber 0 auch mal ungerade sein lassen?
Du stellst mir zudem Fragen, die mein Gehirn sprengen - verbales Gedanken-TNT! Hast du das Buch nicht fertig gelesen? Da steht die Antwort doch drin!
Überdies schimpft es sich leicht auf die Medizinerzunft, solange der Zahn nicht auf Eiter sitzt. Dein „wegen 0 Verbrechen ins Gefängnis kommen" ist lustig. Welcher Mediziner kommt schon ins Gefängnis, weil er einen Patienten ums Leben gebracht hat? Da ermittelt doch sowieso kein Staatsanwalt.
Vielleicht sollte man einen Ausschuss gründen, der gründlich debattiert und anschließend abstimmt, was eine anständige Alternative zur Medizin ist. Wenn nichts dabei herauskommt, dann ist das auch völlig normal und in Ordnung. Wobei wir wieder bei der 0 wären.

Dass die 0 (eine nicht ° ungerade Zahl) so krass in Führung gegangen ist, habe ich nicht ahnen können. Wie aber kriegen wir jetzt den Bogen zu den Königshäusern, immerhin sollen die ja das aktuelle Novelle-Thema sein? Eine viel wichtigere Frage: Sollte ich Novelle wirklich versal schreiben? Eine noch viel wichtigere Frage: Was heisst Hund auf &isch?

§I: Hund auf &isch heißt h&, und zwar aus gutem gr&. Richtig ausgesprochen dann also „wuff". Damit wäre das Wichtigste geklärt, und wir können uns beruhigt dem Zweitwichtigsten zuwenden.
§2:
§3: Ob die Novelle wirklich versal geschrieben werden soll = eine reine Gewissensfrage, die jederzeit verweigert werden darf und die auch jeder mit sich selbst ausmachen muss. Warten wir einfach die nächste Rechtschreibreform ab, dann werden die Behörden diesbezüglich bestimmt Klarheit schaffen - h&ert%ig. Sollte man in Bonn überdies nicht besser die Novälle schreiben? Oder war das in Schwaben?
§4: Bei 0:0 darf sich jeder für den eigentlichen Sieger halten. Das klingt doch sehr gerecht + demokratisch. Keiner wird bevorzugt, keiner benachteiligt. Ein h&, wer ° was anderes denkt.
§5: Ich ziehe Jugendstilhäuser den Königshäusern vor. Am liebsten sind mir aber zeitgenössische Neubauten, alleine wegen des Komforts eines anständigen Badezimmers und elektrischen Stroms aus der Steckdose. Und man muss sich da auch keine Gedanken machen, ob der Vormieter vielleicht ein &emo°ischer h&ling war.
§6: Wieso gibt es eigentlich keine Internetseite, die einem im Voraus die Lottozahlen verrät, die am kommenden Wochenende gezogen werden? Da heißt es immer, man kann im Internet alles finden, aber an solchen Beispielen zeigt sich dann, dass das überhaupt nicht stimmt. Man kann im Internet vielleicht allen möglichen Scheiß finden, aber doch relativ wenig Sinnvolles. Glücklicherweise gibt es neben den sechs wunderschönen Ausgaben der Novelle meinen Roman „Eva und der Biss der Nacht", der die sinnvollen Suchmöglichkeiten um einen Treffer erweitert.

0. Es war Nullmal in Amerika
0. Null glorreiche Halunken
0. Die Null von der Tankstelle
0. Null Fäuste für ein Hallenluder
0. Fast & Furious 0
0. Fast & Furious 0
0. Fast & Furious 0
0. Nulleinhalb
0. Die Null Leben des Tomas Katz
0. Top Zero

Und was wird jetzt aus Knutscha Villiams, der Porno-Queen? Vielleicht sollten wir einen Comic draus machen.

Ich habe 0 Ahnung, wovon du sprichst!

Aber mal ehrlich: Was hältst du von einer kleinen Kollaboration. Du zeichnest, sagen wir, 4 oder 8 Bilder, etwa zum Thema Königshäuser, und ich versehe sie mit kurzen Texten. Es muss ja nicht gleich Knutscha Villiams sein.

Okay, mal ehrlich: Ich weiß nicht, ob das ernst gemeint ist oder du nur Unsinn treibst.
Für Kollaborationen bin ich immer zu haben, wenn es nicht eilig ist.

Vier bis acht Bilder zum Thema Königshäuser? Was stellst du dir da so vor? Du kannst sie auch gerne mit langen Texten versehen. Vielleicht kommen wir so ja auf eine illustrierte Novelle oder einen Roman.
„Knutscha Villiams" sagt mir nichts!

Das mit Knutscha ist trolliger Schwachsinn von mir, der Rest ist aber ernst gemeint. Erstelle einfach ein paar Bilder, die weder inhaltlich noch stilistisch noch sonstwie zusammenhängend sein müssen, und ich will mich davon zu einem literarischen Kurzen, aber ganzen inspirieren lassen. Deal?

Deal!!!

Cool. Abschliessende Frage: Bist du deiner Meinung nach der bessere Zeichner oder Schreiber?

Das ist eine wirklich schwierige Frage. Das ist ungefähr so, als ob man mich fragen würde, ob ich meiner Meinung nach mit dem linken oder dem rechten Auge besser sehen würde. Richtig gut sehe ich nur mit beiden. Es ist einfacher, eine gute Geschichte als eine gutes Bild zu fabrizieren. Aber möglicherweise ist das auch nur eine Sache des Anspruchs.

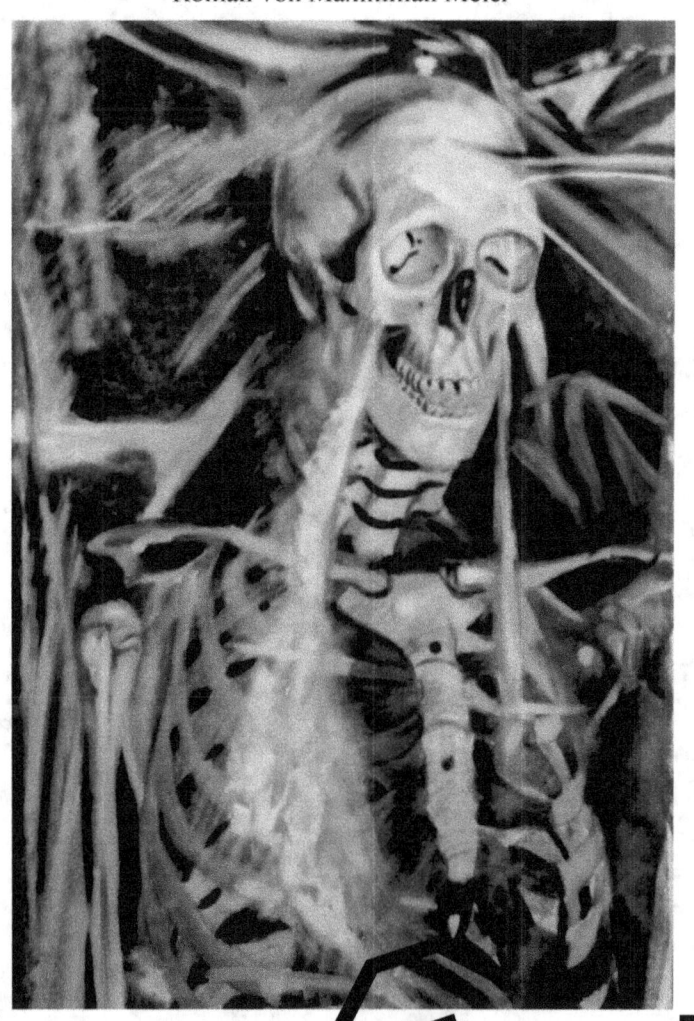

EVA UND DER BISS DER NACHT
Roman von Maximilian Meier

Holger Vos, geboren 1978 in Nordhorn, Niedersachsen, 1999–2004 Studium (Germanistik, Sport) an den Universitäten in Vechta und Salzburg. Schreibt seit 1999. Veröffentlichungen in Anthologien und Literaturzeitschriften.

Bianca Tschaikner, gebürtige Österreicherin und langzeitweltreisende Künstlerin, erzählt ihre Geschichten mit Worten, Bildern und allem, was dazwischen liegt. www.biancatschaikner.com

Elizabeta Lindner veröffentlicht eigene Gedichte/Kunst unter ihrem Geburtsnamen Elizabeta Kostadinovska und übersetzungen unter Elizabeta Lindner. http://slowkult.de/index.php?/pages/elizabeta.lindner.html Igor Isakovski (1970–2014), der vorletztes Jahr mit nur 44 Jahren plötzlich verstorben ist, war ein großartiger Lyriker, Verleger, Herausgeber, Schriftsteller und Übersetzer aus Mazedonien.

UMZ TRÄGT DAS AAS – MIT DOMI RIEDO

Daniel Ableev

© DR

Daniel Ableev

Lieber Herr Riedo, ich habe Ihr Buch „Uns trägt das Angesungene" sehr gern gelesen und möchte im Folgenden einige Rezeptionsnachweise liefern:

Mann merkt, dass er Gedanken lesen kann. Am Ende stellt sich heraus, dass er bloss geträumt hat, in Wirklichkeit ist er ein Aas.

_____ Bitten _____ um Aasyl.

Eine junge Streberin mit Zöpfen bekommt zu Weihnachten von einem unbekannten Mitschüler zwei Waschmaschinenmotoren (ZR und ZL). Später stellt sich der Mitschüler als Aas heraus.

Die Tiere des Koblenzer Waldes verändern die Grundstruktur des Lignins und bringen auf diese Weise den gesaamten Wald zum Schweben.

Aasiel findet heraus, dass wenn er auf der PC-Tastatur „Strg+X" drückt, sich der Schimmelwuchs im Badezimmer erhöht (auch Aaswuchs möglich).

Eine Muschel geht in Pützchen auf die Schule, um Deklination zu lernen und Ranzen zu klauen. Dabei findet sie das Geheimnis der zermürbten Aasem.

In einem dystopischen Staat darf jeder Schriftsteller nur ein Buch veröffentlichen – sonst holt ihn die Staasi. Als Johannes Kimmler es wagt, ein zweites Werk in Druck zu geben, findet er es (bzw. Aas) unter seiner Zahnbürste.

In einer Jugendherberge für Senioren treibt der Geist eines korrupten Staatsanwalts sein Unwesen. Um ihn zu verjagen, heuert man Hilfe aus Aasgard an.

Aastronom Petrowitsch entdeckt, dass die Sonne ein Ufo ist und uns seit Milliarden von Jahren mit massiven Datenströmen beschickt. Die Daten stellen sich als die umfassende Beschreibung aller vergangenen, gegenwärtigen und künftigen Zerigiswe heraus.

Bei einer mikroskopischen Untersuchung der Notenblätter von Mozart wird deutlich, dass vor allem beim „Zauberaas" die ganzen und halben Noten über BBCs verfügen, die beim Abgelesen- bzw. -gespieltwerden erigieren.

Gaasförmige Orgasmen aus der Psychiatrie.

Kundenbrühe tropft aus dem Kaufhof. Äser.

Die Soldaten reissen die Kabel aus der Wand und äsen den Kühlschrank. Vorspeise: Walflosse.

Beim Onanieren kommt ein Mann Aasperma, beim Masturbieren hingegen Maasern.

DOMINIK RIEDO

Ein Aasyl: der (Hexen-)Hammer. Würde ein Schweizer Redneck den Humor entdecken oder es für ein gültiges Machtwort nehmen?

Schweizer Rednecks dürften so ziemlich alles ernst nehmen, was man ihnen um die roten Nacken schleudert. Mit dem (Hexen-)Hammer den (Hexen-)Sargnagel so lange reindreschen, bis Isaac Aasimov Mama bezahlt.

Leider ist das so. Man müsste in der Schweiz die Demokratie wieder ausführen(ausfuhren). Die Menschen sind noch nicht reif dafür. Ich plädiere für eine Oligarchie der Vernünftigen (und meine Hexenmutter kann mich mal).

Wann soll Literatur ernstgenommen werden? Wann nicht?

Wie sieht es in der Schweiz aktuell mit dem Bedingungslosen Gr&einkommen aus? Das ist immer wieder ein fesselndes Thema, weil ich die Implikationen wertvoll finde. Literatur sollte man ernster nehmen als Kunst, auf jeden Fall ernster als Musik. Aber nicht zu ernst. Im Notfall kann man ja mit fetten Schaffnerfingern n Riesen-Deleatur anstreben.

Wie es genau aussieht, weiß ich nicht. Denn seit das so genannte Stimmvolk (aber singen können die meisten nicht, nur krähen) eine Vorlage für zwei Wochen mehr Ferien im Jahr (sechs statt vier Wochen) abgelehnt hat und auch die Steuer für Erbschaften über zwei Millionen Franken (was viele nie haben werden, zum Glück), schaue ich nur noch ab und zu auf die allgemeinen Dummheiten der Schweizerlchen …

Ja, Literatur versucht zurzeit mehr, konkret zu bewirken als Kunst und Musik; ernster ist sie auf jeden Fall. Es wird nicht so bleiben …

Wenn man nur die Welt deleaten könnte … Aber ob ich die Kraft hätte, die Taste zu drücken?

Es gibt mehrere hundert Menschen auf der Welt, die es sich nicht leisten können, ihre Zeit mit Stumpfsinn zu verbringen, nur um nicht zu verhungern und nackt in der Müllpresse zu landen. Der durch das BG ausgelöste kulturelle und gesellschaftliche Paradigmenwechsel wäre ohnegleichen. Die Weltdepressivität würde massiv absinken, denn Geld ist einer der Hauptmotoren für mentale und emotionale Blockaden und Auslöschungen. Wir müssen uns irgendwie vom Geldgestus dekontaminieren … Welche anderen monumentalen gesellschaftlichen Experimente sind denkbar?

Natürlich, es ist leider seit meiner Geburt so, dass es Menschen gegeben hat, denen das nackte Überleben erzwungenermaßen vor allem anderen kommt … Ich bin also privilegiert. Was nicht heißt, dass ich nicht doch Vorschläge machen darf dazu, was sich hier in der Schweiz bessern sollte.

Gleichzeitig halte ich das Versagen des Sozialismus, oder, anders gesagt, das völlige Überhandnehmen des neoliberalen Kapitalismus für eines der Hauptübel unserer Zeit. Aber das Bedingungslose Grundeinkommen würde vermutlich von all denen abgelehnt, die nicht massiv davon profitieren würden … (bzw. von all denen, die denken, sie würden nicht massiv davon profitieren: profitieren täten tatsächlich fast alle davon!)

Jetzt haben wir wichtige Themen wie BGAAS angeschnitten. Was sollten wir als nächstes anschneiden? Was sagen Sie zum Beispiel zu der Tatsache, dass Sie Dr. DR heißen?

Dass ich, würde man „Doktor Dominik Riedo" abkürzen wollen, „DDR" heißen würde. Aber sonst: Die großen Themen wie „Was muss ich befürchten?" sollte man lassen. Da kann ich nicht viel dazu sagen. Vielleicht etwas über Pädophilie. Mein Vater war pädophil, ich habe gerade ein Buch dazu veröffentlicht.

Ich würde gerne mehr über dieses Buch bzw. den Creepapa hören, der hoffentlich nicht zu schlimm war. Oder etwa doch? Mit Papaphilie sieht es bei Ihnen wahrscheinlich nicht allzu rosig aus. (Mr. Doctor war ja der geheimnisumwritene Senger vom Devil Doll.)

War er zu schlimm? – Hm, für mich war es nicht einfach, aber ZU schlimm, nein, das war es nicht. Mich hat er nie im landläufig so verstandenen Sinn missbraucht. Höchstens so, dass ich es nicht merkte, dass ich missbraucht werde. Das tat vor allem hinterher weh. Und zu schlimm war er auch für viele andere nicht: Er hat immer eine Beziehung zu den Knaben aufgebaut, half ihnen bei den Hausaufgaben und kochte für sie etc. So taten sie scheinbar ‚freiwillig‘, was dann vor Gericht geahndet wurde.

Und das wirklich Verrückte ist ja, dass ich meine Mutter weniger mag als meinen Vater. Nun, da hatten sich zwei gefunden … Der Senger? Es sengt der Senger im Abendblut …?

KLINGT NICHT UNKATASTROPHAL:

ES SENGT DER SENGER IM ABENDBLUT
DIE SENGE VON DEM SANG.
UND HAT ER EINMAL AUSGESENGT,
SO KOMMT ER IN DEN SARG.

Na ja, meine Kindheit und Vorjugend waren schon recht hässlich. Schon deswegen möchte ich nie mehr jung sein. Aber all die Nuancen der Gefühle, das Hin und das Her zwischen Liebe für den Vater und Abscheu, das habe ich im Buch zu erfassen versucht: NUR DAS LEBEN WAR DANN ANDERS. NEKROLOG AUF MEINEN PÄDOPHILEN VATER, heißt es …

Jaja, treibst das Abendblut daher / Seh ich Dich im Strahlentod / Dich, du Höckerfarbener, Herrschender …

Reden könnten wir auch über einen Einkaufspalast, das WESTSIDE in Bern, über das ich zurzeit schreibe …

WAS HAT ES MIT WESTSIDE AUF SICH?

Das Westside ist auf Neodeutsch eine Shoppingmall hier in Bern, geplant von Liebeskind. Ich wohne gleich nebenan. Deshalb schreibe ich darüber sowohl einen Traumtext, der nächsten Monat erscheint, wie auch ein Buch, das 2016 erscheinen soll. Das ganze Lebensgefühl dort ist für mich sehr seltsam. Aber für andere – drum wird das Buch zehn Geschichten haben, die sich auf verschiedenen Ebenen durchdringen – ist es die wahre/Ware Welt. Sie sind glücklich.

WAS SIND DIE WILDESTEN BUCHPROJEKTE, DIE SIE IN NAHER ODER FERNER ZUKUNFT REALISIEREN MÖCHTEN?

Ich hab' in der Nacht auf heute von einem Werk geträumt, einem sehr dicken Buch, auf den ersten Blick bestehend aus ausschließlich alphabetisch nach dem ersten Buchstaben geordneten Aphorismen und vielen kleinen Bildern, und erst auf den zweiten aus vielen Seiten zum Aufklappen, wo dann ganze Textnoten und x-fach auffaltbare Bilder zum Vorsch(w)ein kämen, ein Werk also insgesamt, das schon nur aufgestellt ganz anders aussah (wegen der vielen Klappmöglichkeiten) als ein normales Buch - potz Donner, wäre das kreativ!

Und ansonsten warte ich, bis mich die Ideen anflügeln.

KLINGT ABSOLUT VORSCHWEINISCH – „ZETTELS TRAUM" IST RELATIV MONSTRÖS, ABER ICH DENKE, DA GEHT NOCH VIEL MEHR, REIN BUCHPRODUKTIONSTECHNISCH. DAVE EGGERS' ZEITSCHRIFT „MCSWEENEY'S" ODER J.J. ABRAMS' „S" GEHEN JA, GLAUBE ICH, SEHR IN DIE RIECHTUNG. MIT UNSERER NOVELLE WÜRDEN WIR AUCH GERN DAS SEITEN-ZUM-BLÄTTERN-FORMAT IRGENDWANN DURCHBRECHEN, ABER DAFÜR BRAUCHEN WIR ROBOTER AUS DEM JAHRE 99998. VIELLEICHT KANN MAN SICH IN NAHER, FERNER ODER SEHR FERNER ZUKUNFT ZWECKS ERSTAMPFUNG EINES SOLCHEN WUNDERWERKS KURZSCHLIESSEN? WIE WÄRE ES MIT EINEM BUCH, DAS AUS SAITEN BESTEHT? ODER MIT EINER GITARRE AUS PANSEN?

Oder einem Dichter aus Molekülen? Und wenn der ein Buch liest, gehen seine - wie bei Flann O'Brien - ins Buch über und die des Buches in ihn. Dann hat man einen echten Buchdichter und ein echtes Dichterbuch. Ich wär eh dafür, dass ein Schriftsteller seine Werke aus seinem eigenen Blut schreiben müsste. Dann würden sich viele mehr überlegen, was sie alles hinkritzeln.

HALTE ICH FÜR EINE EXZELLENTE IDEE. ARMES DEUTSCHLAND! ZUM ABSCHLUSS VIELLEICHT EIN PAAR HAUSHALTSTIPPS (WELCHER LAPPEN KOMMT WOHIN USW.)?

Die Waschlappen am besten aus der ganzen Politik weg ins Irrenhaus (The Fletcher Memorial Home). Die anderen sollen trocken und sperrig bleiben und aufstehen gegen Ungerechtigkeiten in der Welt!

 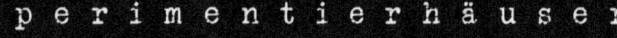

FEINSTE FEINE AUF WWW.EBER.KAIS

© KW

DANIEL ABLEEV
DU INTERESSIERST DICH FÜR ELEKTRONIK. KÖNNTEST DU DEIN AKTUELLES PROJEKT DAHINGEHEND ABÄNDERN, DASS DIE BEZEICHNUNG „CM 63-X // LAMBDALAI" DARAUF ZUZUTREFFEN BEGINNT?

KAI WEBER
Bezeichnungen sind wie Schwall und Schmauch, sie sorgen für Kurzschlüsse auf der Platine und Lötdreck im Relais. CM 63-X // Lambdalai, wieso nicht? Ändern, wieso?

WIE VIEL KW VERBRAUCHT DEIN VOLLAUTOMAT IM DURCHSCHNITT? HAST DU DICH SCHON MAL MITTELS TAPETE GESCHMINKT?

Ich finde es interessant, dass Sie als Laie bereits unsere neue Maßeinheit kloWasser verwenden. Unsere Durchschnittsberechnungen bedürfen noch der Verifizierung, doch der Median des Verbrauchs dürfte ziemlich exakt bei dreiundachtzig kuhWiesen liegen (I kuhWiese = I00 kloWasser).
Solange nicht bewiesen ist, dass die Menge der durch nichtdeterministische Turingautomaten in polynomieller Zeit lösbaren Probleme gleich der Menge der durch deterministische Turingautomaten in polynomieller Zeit lösbaren Probleme ist, werde ich nicht versuchen, mich mithilfe einer Tapete zu schminken.

SCHÖN, DASS DU DIE TURINGTOMATEN ERWÄHNST, DENN MEINE NÄCHSTE FRAGE, NÄMLICH OB DU IRGENDWELCHE BIZARREN KÖNIGSHÄUSER KENNST, HAT JA UNMITTELBAR DAMIT ZU TUN.

Nachdem Wir auf das Geduztwerden mit schnödem Sie reagierten, werden Wir bei der Beantwortung dieser royalen Frage zum Ihrzen übergehen müssen. Habt Ihr schon mal ein Schloss gebaut aus Cembalos gesehen? Darin ist Prinzessin Silvia ein Marlöwe. Wenn eine Saite ihres Instrumentes reißt, brüllt die unterbrochene Stromleitung um die Ecke. Das klingt fast wie ein Anenzomotoror. Das dürfte einen selbstentzündlichen Enzephalitiker wie Euch aufs Ärgste stimulieren. Da könnte einem glatt die Formel für Suff den Brägenbalken durchtrennen (siehe Anhang). Wollen wir uns eigentlich nicht duzen?

GERNE WILL ICH DICHS DUZEN, WERDE ABER SICHERHEITSHALBER DEN PLURAL II VERWENDEN: WAS WÄRE „WEBER" EIGENTLICH FÜR EINE SI-EINHEITS?

Alle Weber sind Spinner. Einheitlich.

1 WEBER IST ALSO = ?

Du bist aber hartnäckig. Ein Weber ist also gleich fraglich, ergo

Blurb erzeugen kann man ja auch so:

```java
package testdatagen.templates;

import java.util.HashMap;
import java.util.Locale;

import testdatagen.config.ConfigurationRegistry;
import testdatagen.model.Title;

public class TitleBlurbTemplate extends TextTemplate
{
    @Override
    public String fillWithText()
    {
        StringBuffer sb = new StringBuffer();
        replaceVars(sb, templateText, new HashMap<String, String>());
        return sb.toString();
```

ungleich bestimmt. Ein fliegender Robert, ein unscharfer Heini, ein Heisenberg'scher Quantenlatscher. Meinetwegen nenne es wieder eine nichtdeterministische Turingsonate.

SCHÖN, DASS DU DIE TURINGSONATEN ERWÄHNST, DENN MEINE NÄCHSTE FRAGE, NÄMLICH WIE DU ZU DIGITALER BILDBEARBEITUNG UND/ODER FRACKING STEHST, HAT JA UNMITTELBAR DAMIT ZU TUN.

Ich wünschte zur Ehre der Disziplin, dass ich hier nichts als Algorithmen geliefert hätte, muss aber gestehen, umso fruchtbarer meine Kenntnis der diskreten Kosinustransformation wird, umso ärmer wird mein Verstand in Bezug auf das Fracking. Denn eine Interviewantwort, welche Formeln enthält, ist wie ein großer Zeh, an dem noch Lametta hängt. Wir leben heute in Zeiten, in der diejenigen, die nach weltlichen Schätzen schillern, einfach von der nächstbesten Technikrevolution hinweggeprroustet werden. Man hüte sich also vor dem tiefenrein Materiellen ebenso wie vor dem - sei es diskret, sei es indiskret - Transformierten und halte stets die Fahne der verlustfreien Komprimierung in den beschriebenen Wind.

LAMETTA > LORIOT > ORION > ION: ALS ICH DURCH EIN VERSEHEN IM JAHR 40000 GELANDET WAR, MUSSTE ICH MICH FÜR EINE STINKEPROFESSUR ANMELDEN. DANACH GINGS DIREKT ZURÜCK ZUM HYPERMORD.

```java
    }
}

public class TextTemplate
{
    public abstract String fillWithText();

    protected void replaceVars(StringBuffer resultBuffer, String unprocessedText, Map<String, String> predefinedValues)
    {
        ConfigurationRegistry registry = ConfigurationRegistry.getRegistry();
        Random random = new Random();
        if(unprocessedText.contains(„${"))
        {
            int varStart = unprocessedText.indexOf(„${");
            int varEnd = unprocessedText.indexOf(„}");
```

```
            resultBuffer.append(unprocessedText.substring(0,
varStart));
            String variable = unprocessedText.substring(var-
Start + 2, varEnd);

            // first check if the variable is defined in the
predefined values map …
            if(predefinedValues.containsKey(variable))
            {
                resultBuffer.append(predefinedValues.get(va-
riable));
            }
            // … if not, take the variable value from the
configuration registry
            else
            {
                String[] replacementOptions = registry.get-
LocalizedText(locale, variable);
                if(replacementOptions == null)
                {
                    Utilities.showErrorPane(„Error creating
text from template. Variable „ + variable + „ missing!", new
NullPointerException());
                }
                else
                {
                    String repla-    cement = replacemen- tOp-
```

```
tions[random.nextInt(replacementOptions.length)];
                    resultBuffer.append(replacement);
                }
            }
            replaceVars(resultBuffer, unprocessedText.sub-
string(varEnd + I), predefinedValues);
        }
        else
        {
            resultBuffer.append(unprocessedText);
        }
    }
}
```

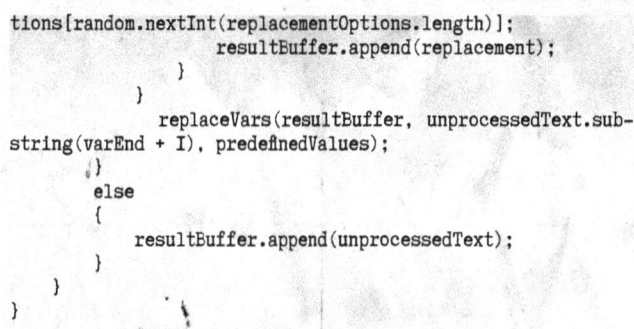

IN DEM SÄCKLEIN IST EIN SNÄCKLEIN, UND DAS MACHT EIN KLEINES SCHME-
CKLEIN. TRIFFT DIES ZU, SO SAG EIN „HUU", ALLES ANDRE SEI TABU. ALSO: HUU
ODER NICHT HUU (=TABU)?

Wenn ein Interviewer und ein Interviewter zusammenstoßen und
es klingt dumpf, ist es dann allemal im Tertium comparationis?
Wenn ich mich zwischen Huu und Huu entscheiden muss, dann ent-
scheide ich mich dafür, in China winzige Snäcklein zu suchen.
Warte, ich muss mal eben ein paar Angustopilae dominikarum
erschrecken gehen.

ZUM KRÖNENDEN ABSCHLUSS EINE BONUSFRAGE: WIE WÜRDEN SIE EINEM
REGENBOGEN, DER BEKANNTERMASSEN NICHT ZU DEN SCHLAUSTEN ZEITGE-
NOSSEN ZÄHLT, ERKLÄREN, WAS BEDINGUNGSLOSES GRUNDEINKOMMEN (IM
FOLGENDEN „BEMM") IST UND WIE ES FUNKTIONIERT? DAS BEMM IST JA AN-
GESICHTS DER HEUTIGEN SOZIALEN UND WIRTSCHAFTLICHEN STRUKTUREN
REICHLICH EXPERIMENTELL. ANDERS GEFRAGT: WARUM GILT ES EIGENTLICH
ALS SO NORMAL, ETWAS TUN ZU MÜSSEN, UM ZU ÜBERLEBEN? SOLLTE MAN
VERSUCHEN, ZUM BEMM ÜBER KLEINE ZWISCHENSCHRITTE WIE DIE GESETZ-
LICH GEREGELTE 4/3/2-TAGE-WOCHE ZU GELANGEN? WAS IST MIT PRIMATEN,
DELFINEN UND RABENVÖGELN? GELDVERDIENEN UND KÖNIGSHÄUSER – WAS
SIND IHRE ASSOZIATIONEN ZU DIESEM DIPTYCHON? WAS IST MIT DEN GANZEN
SCHEISSJOBS DA DRAUSSEN, DIE NICHT NUR LANGWEILIG UND MENSCHEN-
WIDRIG, SONDERN AUCH SCHLECHT ENTLOHNT SIND? SOLLTEN SIE NICHT
VIEL BESSER BEZAHLT SEIN? WER WIRD DIE NOCH MACHEN IN DER BEMM-
ÄRA? WIE REALISTISCH IST DIE IMPLEMENTIERUNG DES BEMMS IN DEN NÄCH-
STEN 10(0000) JAHREN? WAS IST IHRER MEINUNG NACH DAS GEHEIMNIS DES
MENSCHLICHEN BEWUSSTSEINS? ODER BESTEHT ES LEDIGLICH DARIN, DASS
ES GAR KEINS IST? BEI DER VORSTELLUNG, ÜBER FREIHEIT UND FREIZEIT ZU
VERFÜGEN, DÜRFTEN SO MANCHER GEPLAGTEN SEELE DIE GLÜCKSTRÄNEN
KOMMEN – IST DENN FÜR ENTSPRECHENDE SALZWASSERAUFFANG- UND AUF-
BEREITUNGSANLAGEN GESORGT? ES GIBT MEHRERE HUNDERT MENSCHEN
AUF DER WELT, DIE ES SICH NICHT LEISTEN KÖNNEN, IHRE ZEIT MIT STUMPF-
SINN ZU VERBRINGEN, NUR UM NICHT ZU VERHUNGERN UND NACKT IN DER
MÜLLPRESSE ZU LANDEN. DER DURCH DAS BEMM AUSGELÖSTE KULTURELLE
UND GESELLSCHAFTLICHE PARADIGMENWECHSEL WÄRE OHNEGLEICHEN. DIE
WELT-   DEPRESSIVITÄT WÜRDE MASSIV ABSINKEN, DENN GELD IST
EI-   NER DER HAUPTMOTOREN FÜR MENTALE UND EMOTIONALE
BLOCKADEN SOWIE AUSLÖSCHUNGEN. WIR MÜSSEN UNS IR-
GENDWIE VOM GELDGESTUS DEKONTAMINIEREN LASSEN …
WELCHE ANDEREN MONUMENTALEN GESELLSCHAFTLICHEN
EXPERIMENTE SIND DENKBAR? WAS, GLAUBEN SIE, WÄREN
DIE WEITREICHENDSTEN KONSEQUENZEN EINER SOL-
CHEN UTOPISTISCHEN WANDLUNG?

Diese Frage möchte ich gerne mit einem
UML-Diagramm beantworten: Nur so viel zur
Erläuterung: Der Erklärbär, der von der
abstrakten Klasse Lebewesen erbt, be-
dient sich bei den bis zu hundert Argu-
menten für ein bedingungsloses Grundeinkommen und trainiert einige Stunden lang das
Gehirn des Regenbogens, um ihn dann mit Erklärungen
zu füttern. Dies wird ermöglicht dadurch, dass der
Regenbogen die Schnittstelle Rezipient implementiert.

Im Bett meiner Mutter liegt ein Krümel

Clemens Schittko

im Bett meiner Mutter liegt ein Krümel
das wird man doch wohl noch sagen dürfen
das muss doch in einem freien Land wie diesem noch erlaubt sein
dass im Bett meiner Mutter ein Krümel liegt
das kann doch nun wirklich niemand mehr bestreiten
dass das nun einmal so ist
wo leben wir denn mittlerweile
dass man das nicht mehr sagen darf
also wirklich
dagegen kann doch nun wirklich niemand etwas haben
im Bett meiner Mutter liegt ein Krümel
alle wissen es
doch keiner traut es sich auszusprechen
also sage ich es jetzt
jetzt und hier sage ich es
im Bett meiner Mutter liegt ein Krümel
das muss eine Demokratie doch aushalten können
wo führt das denn alles noch hin
wenn selbst das nicht mehr gesagt werden darf
wenn selbst darüber nicht mehr berichtet wird
also dann weiß ich auch nicht mehr
dann kann man hierzulande wirklich einpacken
dann kann man hierzulande wirklich dichtmachen
dann haben es die sogenannten Deutschen auch nicht besser verdient
es kann doch nicht sein
dass darüber nicht mehr gesprochen werden darf
dass selbst das verboten sein soll
das kann nun wirklich nicht sein
wo kommen wir denn da hin
im Bett meiner Mutter liegt ein Krümel
das wird man doch wohl noch sagen dürfen
ohne gleich in die rechte Ecke gestellt zu werden
ich habe zwar etwas gegen Ausländer
aber deswegen bin ich doch noch lange kein Rassist
man kann mir ja vieles vorwerfen
aber das nun wirklich nicht
damit habe ich nichts zu tun
ich habe mein Leben lang gearbeitet
habe immer pünktlich meine Steuern gezahlt
und mir nie etwas zuschulden kommen lassen

das versteht doch mittlerweile keine Sau mehr
man wird hier mittlerweile doch von früh bis spät belogen
belogen und betrogen wird man hier
oder auch verraten und verkauft
wenn nicht sogar beschissen
richtiggehend beschissen wird man hier doch
da geht man sein Leben lang arbeiten
zahlt immer ordnungsgemäß seine Steuern
und dann kommt das dabei raus
das gibt's doch gar nicht
und was soll eigentlich aus den Kindern werden
hat darüber schon mal jemand nachgedacht
das darf doch wohl alles nicht wahr sein
das kann doch nicht mehr ewig so weitergehen
wann hört das ganze denn endlich mal auf
dabei kann man ja nur noch verrückt werden
dass die Leute das immer noch aushalten
dass man sich das immer noch gefallen lässt
das versteht doch mittlerweile kein Mensch mehr
wie lange soll das denn jetzt noch so weitergehen
irgendwann muss doch mal Schluss sein damit
das kann man doch gar keinem mehr erzählen
im Bett meiner Mutter liegt ein Krümel
ein Krümel liegt im Bett meiner Mutter
das weiß doch mittlerweile jeder
und trotzdem traut es sich keiner auszusprechen
da muss erst jemand wie ich kommen
aber letztlich muss man ja eh immer alles selber machen
bisher hat mir doch noch nie jemand bei irgendetwas geholfen
um alles muss man sich hier selber kümmern
die Leute kommen ja noch nicht einmal mit ihrem eigenen Leben klar
wie kann man da auch erwarten
dass sie anderen helfen werden
und trotzdem mischen sie sich in alles ein
zu allem haben sie eine Meinung
obwohl sie von nichts eine Ahnung haben
es ist doch immer dasselbe
da kann man machen
was man will
es ändert sich ja doch nichts
ganz im Gegenteil
es wird alles nur noch schlimmer

da lasse ich mir doch von anderen nichts erzählen
die sollen sich mal schön um ihre eigenen Probleme kümmern
mir hilft schließlich auch niemand bei meinen eigenen Angelegenheiten
dieses ständige Einmischen von außen
haben die Leute denn nichts Besseres zu tun
wie lange soll das denn jetzt bitteschön noch so weitergehen
alles wissen die Leute besser
zumal mich die Leute ja noch nicht einmal kennen
da wird einfach irgendetwas gesagt
irgendetwas wird da behauptet
und dann steht das Gesagte erst einmal so im Raum herum
ja, und anschließend will es natürlich wieder keiner gewesen sein
dann war alles nicht so gemeint
dann soll auf einmal alles nur Spaß gewesen sein
und man selbst muss sich auch noch vorwerfen lassen
dass man keinen Spaß versteht
wo soll das denn bitteschön alles noch hinführen
und was wird eigentlich aus den Kindern
das möchte man sich alles gar nicht mehr vorstellen
da kann man ja nur noch depressiv werden
oder man fängt einfach an zu trinken
bevor ohnehin bald alles vorbei ist
das Beste aber wird wohl sein
man wandert einfach aus
ob ich nun hier sterbe oder woanders
ist dann letztlich auch egal
und da heutzutage letztlich alles egal ist
sollte es den Leuten auch egal sein
wenn ich sage
dass in Bett meiner Mutter ein Krümel liegt
denn dass im Bett meiner Mutter nun mal ein Krümel liegt
das wird man doch wohl noch sagen dürfen
das muss doch in einem freien Land wie diesem noch erlaubt sein
wo kommen wir denn da hin
wenn man selbst das jetzt nicht mehr sagen darf
wenn das jetzt auch noch verboten sein soll
also dass im Bett meiner Mutter ein Krümel liegt
dann weiß ich auch nicht mehr weiter
dann ist hier nichts mehr zu machen
dann ist endgültig Schluss in diesem Land
also mal ehrlich
es wird doch sonst hier über jeden Scheiß berichtet
wieso dann nicht auch darüber
dass im Bett meiner Mutter ein Krümel liegt

was soll man zu alledem noch großartig sagen
da kann man ja nur noch auswandern
oder man betrinkt sich
wird depressiv
und bringt sich anschließend um
denn wenn man erst einmal tot ist
hat man wenigstens seine Ruhe
man sollte sich umbringen
solange es noch erlaubt ist
solange einem nicht auch das noch genommen wird
denn mittlerweile ist ja fast alles verboten
man traut sich ja kaum noch zu atmen
geschweige denn dass man raus vor die Türe geht
am besten steht man gar nicht mehr auf
aber dann heißt es wieder
der kann nichts
der will nichts
der ist einfach nur dumm und faul
man kann es den Leuten einfach nicht recht machen
heute reden sie so und morgen so
da bleibe ich doch lieber bei meinem Satz
im Bett meiner Mutter liegt ein Krümel
aber das sagte ich ja bereits
doch man kann es eigentlich nicht oft genug sagen
damit mir nun endlich mal jemand glaubt
damit es auch der letzte Trottel mit Abitur versteht
im Bett meiner Mutter liegt ein Krümel
das wird man doch wohl noch sagen dürfen
das muss doch in einem freien Land wie diesem noch erlaubt sein
das muss eine offene Gesellschaft einfach mal aushalten können
sonst kann man gleich die ganze Meinungsfreiheit abschaffen
sonst kann man gleich die ganze Kunstfreiheit abschaffen
wo kommen wir denn da hin
wenn selbst das jetzt schon verboten sein soll
also das im Bett meiner Mutter ein Krümel liegt
aber letztlich ist in diesem Land hier ja mittlerweile fast alles verboten
man traut sich ja gar nichts mehr zu sagen

WELTENHAMMERGESCHICHTEN

Dominik Riedo

Ein Mann, wohlhabend geworden durch ein Waffengeschäft, flog wie stets für einige Verhandlungen nach Budapest, wo er aber diesmal zusätzlich eine Frau schwängerte, die dafür einige Tausend Euro von ihm bekam, nachdem der Sohn geboren worden war. Mit diesem, entbunden in der besten Klinik Ungarns, flog der Vater zurück in die Schweiz, wo er ihm die fürsorglichste Pflege angedeihen ließ: Kindermädchen, die mit ihm verschiedene Sprachen reden mussten, Vorschule an einem geheimen Standort, Privatschule und privates Gymnasium. Der Sohn bereiste mit dem Vater oder mit Freunden die Welt, genoss die feinsten Speisen und trug die edelsten Kleider. Am 20. Geburtstag allerdings ließ ihm der Vater nicht nur ein Fest ausrichten, wie man es in Zürich noch nie gesehen hatte, sondern erschoss ihn auch um Punkt Mitternacht vor versammelter Gesellschaft. Er habe ihn in die Welt gebracht und hochgezüchtet, sagte er, so könne er ihn nun auch töten und essen. Worauf er vor der entsetzten Gesellschaft Gabel und Messer zückte und den Sohn langsam zu verspeisen begann. Erst die herbeigerufene Polizei hielt ihn davon ab, sein Messer immer und immer wieder in das Fleisch seines toten Sohnes zu schneiden.

Philipp Kampa, geboren 1987 in Zwenkau, lebt in Halle (Saale), 2012 Preisträger beim Schreibwettbewerb des Weimarer Literaturfestivals juli im juni, 2013 Preisträger beim Jungen Literaturforum Hessen-Thüringen, 2014 Thüringer Autoren-arbeitsstipendium. Veröffentlichungen unter anderem in Edit, Lichtungen, Poet, Am Erker und Die Rampe.

Sie fraß sich voll. Einmal mehr. Und es fühlte sich gut an. Zum Glück. Doch auch hier geschah es wieder. Es reichte einfach noch nicht. Sie musste wohl noch fetter und älter werden. Hässlicher. Bis sie sie nicht mehr so anstarrten. Mit dem Blick in sie eindrangen. Sie fühlte regelrecht, wie sie sich vorstellten, den Schwanz zwischen ihre Beine zu pressen. Noch also war sie zu schön für ihre strengen Begierden. Die aufblitzten am Tag und in der Nacht. Aber sie alterte von Nacht zu Nacht. Und das Gewicht ließ sich genau ablesen an der Digitalwaage: Jeden Tag waren es mindestens 20 Gramm. Lange konnte es nicht mehr dauern. Lange nicht mehr. Sie hatte ihre Waffe vor sich auf dem Tisch: eine zweite Schokoladentorte.

Der Wirt hat nichts gespürt. Der Frosch schlüpfte aus seinem Mund, als er bewusstlos dalag und niemand dagewesen wäre, um zu sagen, wie lange er wohl noch leben würde. Der Frosch blickte nach rechts. Da ging es steil nach unten. Links ging es kaum weniger steil nach oben. Also hüpfte er vorwärts, nicht, ohne sich ab und zu nach hinten abzusichern. Doch keine richtige Freude kam auf. Das Hopsen war anstrengend, er hatte ein beständiges Rauschen im Gefühl, Wasser war nicht in der Nähe und das Leben draußen also schwer. Was sollten all diese Dinge, von denen er nichts verstand? Drinnen hatte er alles gehabt. Schon war er am Zurückhopsen, als er merkte, dass sein Wirt nicht mehr alleine war. Ein Mann kniete bei ihm und sagte eben zu seiner Begleitung: »Er muss einen Hirnschlag gehabt haben; er ist tot.« Ui, was sollte er jetzt? Rasch hüpfte er um die Felsecke. Schon wollte er sich halt in sein Schicksal fügen, als es plötzlich schattig um ihn wurde. Er hatte nie nach oben geblickt! – Und es wurde ganz dunkel. Zwei Wochen später kam sein neuer Wirt auf die Welt: ein kleines Mädchen.

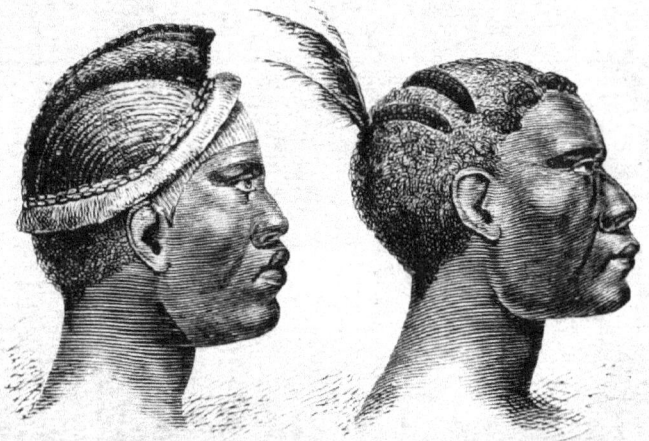

FLANIEREN

Er spaziert auf und ab. ›Es flaniert‹, nennen es die kleinen Jungen mit ihren weißen Stimmen. Sie sind noch zu jung, um ›flaniert‹ zu werden. Ihnen macht der gutgekleidete Mann in Schwarz noch keine richtige Angst. Zu unschuldig sind sie, um sich vorzustellen, woher jeweils das Fleisch kommt, das der Mann ihren Familien bei seinen Besuchen am Arm ihrer älteren Brüder mitbringt. Sowieso, die Familien sind arm. Und arm heißt hier auch: krank. Also erwähnen die älteren Brüder den jüngeren gegenüber nie, wie da eine tiefe Fleischwunde doch schmerzen kann, auch wenn nur ein Pfund herausgeschnitten worden ist.

Die ›Furche‹: Seine Welt dreht sich um diesen Begriff. Er mag es, die Buben nach seinem ›Kauf‹ eine ganze Nacht an den Hafenanlagen entlang spazieren zu führen. Bis es dunkel wird. Und sie ihm zu den Tieren der Nacht werden, schön, gestählt. Während sie der Schlucht der Macht, der eigenen ›Furche‹, bereits nicht mehr entkommen können.

Ist es Macht? Will er, dass sie nicht mehr schön sind?

Den ganzen Abend und die Nacht redet er nur mit ihnen, bezahlt ihnen in den Cafés und Bars das Essen und Trinken. Erst am zweiten Tag, nach einer langen Nacht, heißt er sie das Versprechen einlösen, das sie angesichts des Geldes gemacht haben. Dazu hat er starke Reißer. Sie halten die Knaben fest, während der Chirurg Hand anlegt.

Sie verbluten nie. Sogar gehen können sie danach wieder. Bei vielen wächst das Fleisch ein bisschen zu. Es ist nur etwas unschön, schmerzt auch hin und wieder. Aber die Familie lebt, die Familie hat zu essen. Und selbst der Pfarrer schützt den gnädigen Herrn, er spricht von der Geburt aus dem Schmerz, verweist auf die Genesis. Auch ihm ist nicht ganz klar, warum der gnädige Herr das tut.

Der erwähnt manchmal die ›schlimmen Gedanken‹, die ihn überwältigen kommen, falls er nicht wieder und wieder flaniere. Und er wolle nicht den großen Schmerz verpassen, den Gott einigen Menschen vermache und den zu sehen auf einem fremden Gesicht großes Glück verheiße.

Vielleicht deswegen greift er auch zum Mittel der ›Nabelschnur‹: Er bindet beim Chirurgen jeweils einen Faden um seine eigene Hüfte und um die Hüfte des Knaben. Im Moment, wenn das Skalpell invadiert, die Hüfte sich bäumend hochzischt, zieht es ihn wie magisch an. Und in Zuckungen wird der Kontakt wieder locker.

Einmal wollte jemand vom Chirurgen hören, ob das denn rechtmäßig sei, was er da tue: Der verwies darauf, dass im Recht höchstens die Sterne seien. Denn kein Mensch könne sie ernten. Hier jedoch gehe, was eben gehe.

Doch eines Tages geschah etwas Sonderbares. Der sich die Zeit vertreibende Mann blieb am Abend aus. Und den nächsten. Und den übernächsten. Und den wieder nächsten. Einige glaubten, die Nabelschnur habe ihm sein Herz eingerissen. Andere meinten, er sei wohl weggezogen. Einer meinte zu wissen, dass er nie mehr schlimme Gedanken haben müsse. Schließlich sagten einige, dass derart stark gesalzenes Fleisch den Magen verderbe und dies wiederum zerstöre wichtige Lebensnerven.

Vielleicht war es auch nur seine Leber. Er trank gerne Wein.

Seine Frau ist gestorben. Eine Woche lang saß er an ihrem Sterbebett. Aber er hat vorgesorgt. Er hat die ganze Woche durchgehend aufgenommen per Mikrophon, mit mehreren Videokameras, er hat den Schattenriss nachgezeichnet, den sie auf den Boden des Zimmers warf, wenn die Sonne schien, er hat sich ein Stück Haut gesichert, damit er sie weiterhin abtasten kann, und er hat Riechproben angefertigt. Sie wird für ihn nicht tot sein. Nie. Er wird immer leben und immer wieder an ihr hängen, an dem Stück Haut, den Röhrchen mit ihrem Schweiß, ihrer Wäsche, dem Urin, den er aufgefangen hat. Was hat sein Leben sonst für einen Sinn?

Wolfgang Mach, geboren 1946 in Ludwigsburg, lebt seit 1973 in Bad Waldsee, Oberschwaben. 1964 erste Begegnung mit Giuseppe Ungarettis Gedichten, die ihn nachhaltig beeindruckt haben. Er lernte Drucker, studierte Werbung und Verlagsherstellung an der Ingenieurschule für Druck in Stuttgart. War tätig als Werbeleiter, Chefredakteur und leitete 30 Jahre erfolgreich die eigene Werbeagentur. Dabei war er ausgiebig mit Werbetexten, als Ghostwriter und mit journalistischer ‚Schreibe" beschäftigt. Seit 2014 Privatier und die Liebe zur Lyrik neu entdeckt.

Nach der ersten Liebesnacht. Sie werden, sagt er, dieses Zimmer niemals mehr verlassen. Er hat über Nacht die Fenster und Türen zugemauert. Sie aber zieht den Vorhang weg und sieht die Straße draußen, die Menschen, die Autos. Das habe er getreu nachgemalt, ihm gefalle das wie eingefrorene Bild des Daseins draußen. Nein, sie solle das nicht weiter berühren, die Farbe brauche noch etwas Zeit, um ganz zu trocknen. Morgen dann sei es wunderbar. Sie geht und legt sich ins Bett.

Er möchte den Brei der Kindheit essen. Wer soll ihn kochen? Der Vater versucht es. Aber da fehlt noch viel. Er holt die ehemalige Lehrerin zu Hilfe. Aber auch so fehlt viel zu viel. Es kommt der Junggruppenleiter. Ja, ein wenig riecht es nach damals, aber wer soll das essen, so wie es aussieht? Er kennt einen anderen Brei. Also zeigt sich die Tante. Sie kocht gut. Aber auch mit ihren Kochkünsten wird der Brei nicht wie damals. Als fast schon letzte Möglichkeit zeigt sich die tote Großmutter. Aber ach, ihr brennt wie immer der Brei ein wenig an. Nun ja, vielleicht gehört das dazu; aber es passt noch nicht. Also findet er endlich den Pfarrer, der grad seine Kirche begutachtet; auch er schon lange nicht mehr von dieser Welt. Was also kann er ausrichten? Er kann den Chefkoch holen. Er kommt, der wahnsinnige, der tolle Mensch. Und wie sieht der Brei aus? Man muss ihn mit dem Pressluft-hammer zerkleinern. - Und ihm reicht's. Es geht einfach nicht. Dabei sehnt er sich so danach. Brei der Kindheit, wie hast Du ihm geschmeckt?

Ihm träumte, dass er vor ein zahlreiches und erwartungsvoll gespitztes Auditorium hintrete, geschäftig seine Unterlagen sor-tiere und munter und zweifels-frei zum Vortrag ansetze. Doch mitten in der Rede merkt er, dass er eine Sprache spricht, die sie noch nicht sprechen. Er hat Sprachschritte getan, die sie noch nicht mittun können. Er ist allein mit seiner Rede. Niemand versteht ihn. Nur die Katze des Hauswarts nickt dazu ein wenig. Und sie, bei ihr bin ich nicht sicher … versteht sie mich, einfach so?

Der ›Sauerkrautschlucker‹ des Muoatathals. Er hatte den geilsten Schlitten. Und schon Unfälle. Egal. Im Saufen ist er spitze. Er verbringt seine Wo-chenenden wieder und wieder die Meter zählend, die er schafft, wenn er zuvorderst im Dorf, in der ersten Beiz, das Saufen be-ginnt, mit einem Bier, und dann weitergeht zur nächsten Beiz, dann zur dritten usw. Meistens übernachtet er draußen. Jemand stellt dann sein Auto in die Nähe.

SMS-Poesie

TRANSSEE INNERSCHWEIZ: Hallwil mal den Vierwaldstät-tern, sie sempacherten und lauerzten zu ägerig, um den Mauerz baldegg so sarnlungerig im Sihl einzusoppen!

Zufriedenheit kommt, wenn man den Wahn beseitigt, am Morgen müsse ein Glück auf dem Frühstückstisch liegen.

Der Unterschied zwischen einem Politiker und einem Literaten ist der, dass der Politiker auch meinen sollte, was er sagt.

Der Nutzen des scheinbar Nutzlosen: Wer Sprache nicht kann, nimmt die Welt ohne Komma, Ausrufezeichen und Fragezeichen wahr.

Wo einige Menschen bei sich einen Mittelpunkt ihres Lebens sehen, stand bei mir schon immer bloß ein Mittel-Fragezeichen.

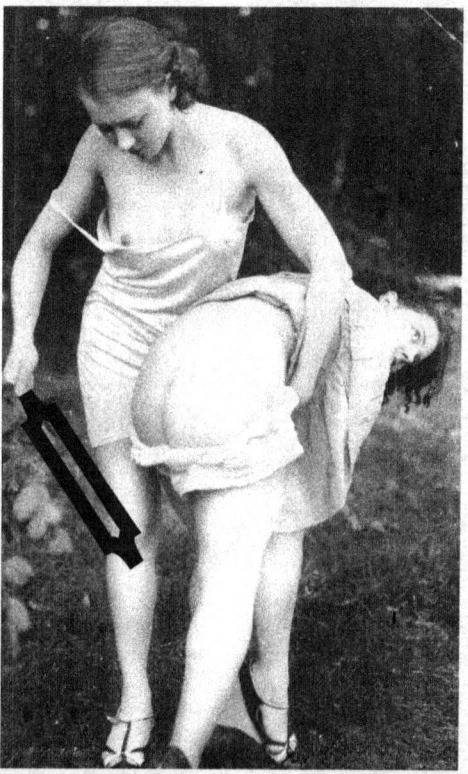

AN EINEM REGNERISCHEN MORGEN IM MAI 1997 VERLÄßT EINE JUNGE FRAU MIT DEM NAMEN MIRIAM SCHMIDT IHRE WOHNUNG UND BEGIBT SICH AUF DEN WEG ZUR ARBEIT

IN GEDANKEN VERSUNKEN, ÜBERHÖRT SIE DEN LASTWAGEN, DER SICH IHR VON HINTEN NÄHERT.

BEI DEM VERSUCH DIE STRAßE ZU ÜBERQUEREN WIRD SIE VON DEM LKW ERFASST UND KOMMT UNTER DIE RÄDER

DER FAHRER BRINGT DEN LASTWAGEN SOFORT ZUM STEHEN UND STEIGT AUS DEM FÜHRERHAUS. DER ANBLICK DER SICH IHM BIETET IST GRAUENHAFT.

MIRIAM SCHMIDT'S KÖRPER WURDE VÖLLIG ZERQUETSCHT. EINE SCHLEIMIGE MASSE AUS BLUT, ZERMALMTEN KNOCHEN UND EINER UNDEFINIERBAREN SUBSTANZ IST ALLES WAS VON IHR ÜBRIG BLIEB.

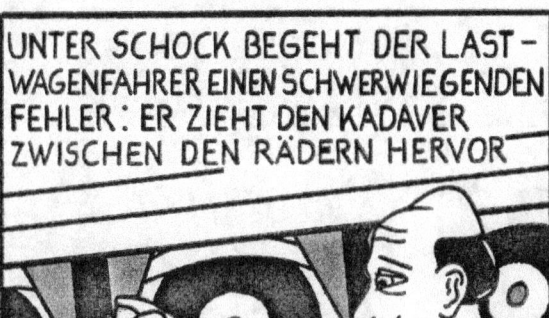

UNTER SCHOCK BEGEHT DER LAST-WAGENFAHRER EINEN SCHWERWIEGENDEN FEHLER: ER ZIEHT DEN KADAVER ZWISCHEN DEN RÄDERN HERVOR

DABEI INFIZIERT ER SICH MIT EINER SCHRECKLICHEN KRANKHEIT, DIE ERST VIELE JAHRE SPÄTER BEI IHM AUSBRICHT UND SCHLIEßLICH SOLCHE AUSMAßE ANNIMMT, DAS DIE GESAMTE MENSCHHEIT DARAN ZUGRUNDE GEHT

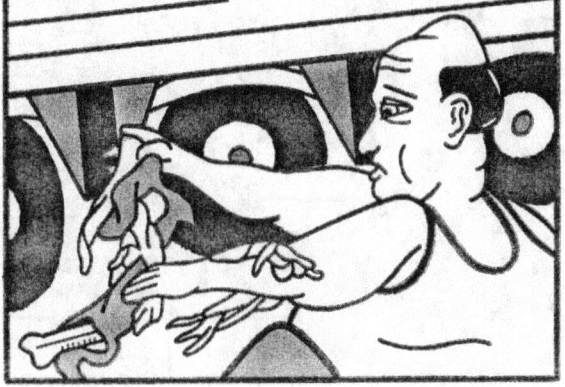

IN WIRKLICHKEIT HAT DIE SEUCHE ABER EINEN ANDEREN URSPRUNG. GEHEN WIR ETWAS IN DER ZEIT ZURÜCK UND WIDMEN WIR UNSERE AUFMERK-SAMKEIT MIRIAM'S SCHWESTER NINA

1995

ES GEFÄLLT MIR GAR NICHT DAS WIR FÜR 2 WOCHEN VONEINANDER GETRENNT SEIN WERDEN

DU WEIßT DOCH, DAß ICH NINA VER-SPROCHEN HABE MIT IHR AN DIE NORDSEE ZU FAHREN, WENN SIE MIT DEM ABITUR FERTIG IST. ICH KANN JETZT KEINEN RÜCKZIEHER MEHR MACHEN

IRGENDWIE HABE ICH EIN UN-GUTES GEFÜHL BITTE PASS GUT AUF DICH AUF, MIRIAM! ICH WERDE DICH FURCHTBAR VERMISSEN

2003 EINE SCHWERE KRANKHEIT HAT MICH SEHR GESCHWÄCHT. ICH MUSS UNBEDINGT WIEDER AUF DIE BEINE KOMMEN!

DARUM MACHE ICH JETZT IN DEN MORGENSTUNDEN AUSGEDEHNTE SPAZIERGÄNGE DURCH DIE NATUR.

SELTSAMERWEISE LANDE ICH UM DIE MITTAGSZEIT IMMER VOR DEM HAUS MEINER EHEMALIGEN FREUNDIN. BIS HEUTE IST ES MIR UNERKLÄRLICH, WAS MIT MIRIAM UND IHRER SCHWESTER GESCHAH.

WENN ICH VOM GARTEN AUS ZU DEM BALKON HINAUFSCHAUE VERGESSE ICH FÜR EINEN AUGENBLICK DAS BEIDE TOT SIND.

ZWEI VERSCHMUTZTE MATRATZEN AN DER HAUSWAND HOLEN MICH WIEDER IN DIE REALITÄT ZURÜCK

FURCHTEINFLÖßENDE STIMMEN AUS DEM NICHTS BEHAUPTEN IN DEM HAUS WÜRDE EIN FREMDER ORGANISMUS LEBEN.

HEUTE SEIT DEM AUSBRUCH DER EPEDEMIE VERSTECKE ICH MICH IN DEM BÜROGEBÄUDE EINES LEERSTEHENDEN SCHLACHTHOFES. EIN DICHTER LEISTET MIR GESELLSCHAFT

WIR ERNÄHREN UNS VON ALTEN FLEISCHKONSERVEN. MANCHMAL LIEST DER DICHTER MIR ETWAS VOR, DAMIT ICH EINSCHLAFEN KANN.

LETZTE WOCHE TRANSPORTIERTE IRGENDEIN TEUFEL EINE ORGANISCHE SKULPTUR AUF DAS GELÄNDE HINTER DEM SCHLACHTHAUS.

JEDEN MORGEN NACH DEM AUFSTEHEN FÄLLT UNSER BLICK ALS ERSTES AUF DIESES WIDERLICHE GEBILDE.

DIE SKULPTUR VERSETZT UNS IN EINEN ZUSTAND DER KONSTANTEN ERREGUNG. DIE ANZIEHUNGSKRAFT DIE SIE AUF UNS AUSÜBT IST ENORM. WIR WERDEN DURCH DEN FREMDEN ORGANISMUS LANGSAM VERGIFTET.

ES GIBT NUR EINE MÖGLICHKEIT DIESE TORTUR ZU BEENDEN.....

HIER SIND SICHER NOCH EIN PAAR AMPULLEN GELAGERT

REINHEIT

Deutsch von Dennis Mombauer, Daniel Ableev & Eugen Egner

Thomas Ligotti!

Wir lebten in einem gemieteten Haus, weder dem ersten noch dem letzten in einer langen Reihe solcher Unterkünfte, die meine Familie während meiner Kindheit bewohnte. Nicht lange, nachdem wir in eben dieses Haus gezogen waren, begann mein Vater, uns seine Philosophie des „gemieteten Lebens" zu predigen. Er erklärte, dass es nicht möglich sei, auf irgendeine andere Weise zu leben, und es zu versuchen sei die schlimmste Art von Selbstbetrug. „Wir müssen uns auf die Realität des Nichtbesitzens aktiv einlassen", sagte er meiner Mutter, meiner Schwester und mir, wobei er über uns mit seinen schweren Armen gestikulierte, während wir auf einem Mietsofa in unserem Miethaus zusammensaßen. „Nichts gehört uns. Alles ist gemietet. Selbst unsere Köpfe sind gefüllt mit gemieteten Ideen, die von einer Generation zur nächsten weitergereicht werden. Wo auch immer sich eure Gedanken am Ende einnisten, haben sich bereits die Gedanken unzähliger anderer Leute eingenistet und ihren Abdruck hinterlassen, so wie die Hinterteile anderer Leute ihren Abdruck auf diesem Sofa hinterlassen haben, auf dem ihr gerade sitzt. Wir leben in einer Welt, in der jede Oberfläche, jede Meinung oder Leidenschaft, einfach alles, von den Körpern und Gedanken Fremder verunreinigt ist.

Läuse – intellektuelle Läuse und reale Läuse von anderen Leuten – krabbeln ständig über uns und überall um uns herum. Das ist eine Tatsache, vor der es kein Entkommen gibt."

Trotzdem war es genau diese Tatsache, der mein Vater während unserer Zeit in diesem Haus am meisten entkommen zu wollen schien. Es war ein außerordentlich stark von Läusen befallener Wohnort in einer üblen Gegend, die an eine noch üblere Gegend angrenzte. In dem Haus spukte es außerdem ein wenig, was mehr oder weniger die Norm für die Unterkünfte war, die mein Vater zum Mieten aussuchte. Tatsächlich packten wir mehrmals im Jahr unsere Sachen zusammen und zogen um, wobei wir immer einen beträchtlichen Abstand zwischen unserer alten und neuen Adresse einhielten. Und immer, wenn wir eines unserer neu gemieteten Häuser zum ersten Mal betraten, verkündete mein Vater, dass dies ein Ort sei, an dem er „wirklich etwas geschafft kriegen" könne. Kurz darauf begann er jedes Mal, mehr und mehr Zeit im Keller des Hauses zu verbringen, wo er manchmal wochenlang lebte. Uns war jegliches Eindringen in diese tiefergelegenen Territorien meines Vaters untersagt, sofern wir nicht ausdrücklich zur Teilnahme an einem seiner Projekte eingeladen worden waren. Die meiste Zeit über war ich der einzig verfügbare Teilnehmer, da meine Mutter und meine Schwester oft auf einem ihrer „Ausflüge" unterwegs waren, über deren Hintergründe ich nie aufgeklärt wurde und von denen ich nach ihrer Rückkehr fast nie etwas hörte. Mein Vater bezeichnete diese Abwesenheiten meiner Mutter und meiner Schwester als „unbekannte Auszeiten", um seine Unwissenheit oder sein vollständiges Desinteresse an ihren Ausflügen zu verbergen. Ich will damit nicht behaupten, dass es mir viel ausmachte, so oft alleingelassen zu werden (am allerwenigsten vermisste ich meine Mutter und ihre europäischen Zigaretten, die die Atmosphäre im Haus verpesteten). Wie dem Rest der Familie fiel es mir leicht, mich ganz und gar leidenschaftlich selbst zu beschäftigen, ob meine Leidenschaft nun gemietet war oder nicht.

Eines Abends im Spätherbst war ich oben in meinem Zimmer und bereitete mich auf eine ebensolche Eskapade vor, als es an der Tür klingelte. Das war, gelinde gesagt, ein unübliches Ereignis in unserem Haushalt. Zu dieser Zeit hatten meine Mutter und meine Schwester eine ihrer Auszeiten, und mein Vater war seit vielen Tagen nicht aus dem Keller aufgetaucht. Es schien also an mir zu sein, auf das unerwartete Geräusch der Türklingel zu reagieren, das ich seit unserem Einzug in dieses Haus noch nie gehört hatte und an das ich mich aus keinem der anderen Mietshäuser erinnern konnte, in denen ich meine Kindheit verbracht hatte (aus irgendeinem Grund habe ich immer geglaubt, mein Vater hätte alle Türklingeln abgeklemmt, sobald wir in ein neu gemietetes Haus eingezogen waren). Ich bewegte mich zögerlich, in der Hoffnung, der Eindringling oder die Eindringlinge würden bereits wieder weg sein, wenn ich die Tür erreichte. Es klingelte erneut. Zum Glück, und unglaublicherweise, war mein Vater aus dem Keller heraufgekommen. Ich stand oben an der Treppe im Schatten, als ich seine massige Gestalt durchs Wohnzimmer kommen, unterwegs einen dreckigen Laborkittel auszuziehen und in eine Ecke werfen sah, bevor er die Haustür erreichte. Ich dachte natürlich, dass mein Vater diesen Besucher erwartete, der vielleicht etwas mit seiner Arbeit im Keller zu tun hatte. Aber offenbar war das nicht der Fall, zumindest soweit ich das heraushören konnte, während ich oben an der Treppe stand und lauschte.

Dem Klang seiner Stimme nach war der Besucher ein junger Mann. Mein Vater bat ihn herein und sprach dabei auf eine direkte und liebenswürdige Weise, die ich als ganz und gar aufgesetzt durchschaute. Ich fragte mich, wie lange er diese untypische Sprechweise aufrechterhalten konnte, da er dem jungen Mann einen Platz im Wohnzimmer anbot, um sich „in Muße" unterhalten zu können, ein Ausdruck, der aus dem Mund meines Vaters vollkommen bizarr klang.

„Wie ich schon an der Tür sagte", erklärte der junge Mann, „mache ich eine Runde durch die Nachbarschaft, um den Leuten von einer sehr ehrenwerten Organisation zu erzählen."

„Bürger für den Glauben", unterbrach mein Vater.

„Sie haben von uns gehört?"

„Ich kann den Anstecker lesen, den Sie am Aufschlag Ihrer Jacke haben. Das reicht aus, um mir das Verständnis eurer grundlegenden Prinzipien zu ermöglichen."

„Dann möchten Sie vielleicht etwas spenden", sagte der junge Mann.

„Das möchte ich tatsächlich."

„Das ist wunderbar."

„Aber nur unter der Bedingung, dass Sie mir erlauben, Ihre absurden Prinzipien in Frage zu stellen – sie einer ernsthaften Prüfung zu unterziehen. Ich habe tatsächlich gehofft, dass Sie, oder jemand wie Sie, vorbeikommen würde. Es scheint fast so, als hätte Sie das Schicksal selbst zu diesem Haus geführt, falls ich an etwas so Lächerliches glauben würde."

Und das war das Ende der kurzlebigen Zugeständnisse, die mein Vater an Direktheit und Liebenswürdigkeit gemacht hatte.

„Verzeihung?", sagte der junge Mann, wobei er seine Stirn vor Unverständnis leicht runzelte.

„Ich will es Ihnen erklären. Sie haben da diese zwei Prinzipien in Ihrem Kopf, und womöglich sind es die einzigen Prinzipien, die Ihren Kopf zusammenhalten. Das erste ist das Prinzip von Nationen, von Ländern, das ganze Mordsspektakel um Mutterländer und Vaterländer. Das zweite ist das Prinzip von Gottheiten. Keines dieser Prinzipien hat etwas Wirkliches an sich. Sie sind nichts anderes als Unreinheiten, die Ihren Kopf vergiften. In einem einzigen Ausdruck – Bürger für den Glauben – haben Sie zwei der drei wesentlichen Prinzipien – oder Unreinheiten – vereint, die eliminiert werden müssen, vollständig ausgelöscht, bevor unsere Spezies die Annäherung an eine reine Konzeption von Existenz wagen kann. Ohne eine reine Konzeption oder etwas, das einer reinen Konzeption nahekommt, ist alles eine Katastrophe und wird eine Katastrophe bleiben."

„Ich kann verstehen, wenn Sie nicht spenden möchten", sagte der junge Mann, woraufhin mein Vater mit der Hand in seiner rechten Hosentasche wühlte und ein gerolltes, von einem dicken Gummiband zusammengehaltenes Bündel von Geldscheinen hervorzog. Er hielt es dem jungen Mann hin.

„Das ist für Sie, aber nur, wenn Sie mir die Chance geben, Ihren Kopf von diesen abscheulichen Prinzipien zu säubern."

„Ich halte meinen Glauben nicht für etwas, das nur in meinem Kopf ist."

Bis zu diesem Zeitpunkt hatte ich gedacht, dass mein Vater den jungen Mann aus reinem Zeitvertreib verspottete, vielleicht als Ablenkung von der Arbeit, in die er sich während der letzten Tage so intensiv vergraben hatte. Dann hörte ich etwas, das mir als ein rätselhafter Wechsel im Tonfall meines Vaters erschien und seinen Übergang vom Bilderstürmer alter Schule, den er gespielt hatte, zu etwas Verzweifeltem und Enthemmtem dem jungen Mann gegenüber anzeigte.

„Ich bitte um Entschuldigung. Ich wollte nicht andeuten, dass so etwas nur in Ihrem Kopf ist. Wie könnte das auch sein, wo ich doch genau weiß, dass etwas Derartiges eben dieses Haus bewohnt?"

„Er ist in jedem Haus", sagte der junge Mann. „Er ist überall."

„In der Tat, in der Tat. Aber etwas Derartiges ist gerade in diesem Haus sehr präsent."

Mein Verdacht war nun, dass sich mein Vater auf die Heimsuchung – auch wenn diese Beschreibung kaum zutreffend war – unseres gemieteten Hauses bezog. Ich selber war ihm bereits bei einem kleinen Projekt zur Hand gegangen, das sich mit dieser Gegebenheit und deren tatsächlicher Bedeutung beschäftigte, zumindest soweit mein Vater sich herabließ, solche Dinge zu erklären. Er hatte mir sogar erlaubt, ein Erinnerungsstück an dieses „Phase-Eins-Experiment", wie er es nannte, zu behalten. Ich war mir nahezu sicher, dass dies der Fall war, als mein Vater den Keller erwähnte.

„Keller?", sagte der junge Mann.

„Ja", sagte mein Vater. „Den kann ich Ihnen zeigen."

„Nicht in meinem Kopf, sondern in Ihrem Keller", sagte der junge Mann in einem Versuch, die Behauptung meines Vaters zu verstehen.

„Ja, genau. Ich zeige es Ihnen. Und danach werde ich eine großzügige Spende an Ihre Organisation machen. Was sagen Sie dazu?"

Der junge Mann sagte nicht sofort etwas, und vielleicht war das der Grund, aus dem mein Vater schnell meinen Namen rief. Ich ging ein paar Stufen zurück und wartete, bevor ich die Treppe hinunterkam, so als ob ich nicht schon die ganze Zeit gelauscht hätte.

„Das ist mein Sohn", sagte mein Vater zu dem jungen Mann, der aufstand, um mir die Hand zu schütteln. Er war dünn und trug einen gebrauchten Anzug, so wie ich ihn mir vorgestellt hatte, als ich von oben an der Treppe gelauscht hatte. „Daniel, dieser Herr und ich haben einige Dinge zu erledigen. Bitte kümmere dich darum, dass wir nicht gestört werden." Ich stand einfach da, als hätte ich alle Absicht, dieser Anweisung gehorsam Folge zu leisten. Mein Vater wandte sich dann zu dem jungen Mann und zeigte ihm den Weg zum Keller. „Es wird nicht lange dauern."

Zweifellos war meine Gegenwart – das heißt, die Normalität meiner Gegenwart – ein Faktor bei der Entscheidung des jungen Mannes, in den Keller zu gehen. Meinem Vater war das sicherlich bewusst. Er wusste nicht und interessierte sich wohl auch nicht dafür, dass ich leise das Haus verließ, sobald er die Kellertür hinter sich und seinem Gast geschlossen hatte. Ich hatte überlegt, für eine Weile im Haus herumzulungern, und sei es nur, um eine Ahnung davon zu bekommen, in welcher Phase sich die Experimente meines Vaters nun befanden, deren frühe Stadien ich ja immerhin mitbekommen hatte. Aber an diesem Abend wollte ich unbedingt eine Freundin von mir besuchen, die in der Nähe wohnte.

Um genau zu sein, lebte meine Freundin nicht in der üblen Gegend, in der meine Familie das Haus gemietet hatte, sondern in jener übleren Gegend, die daran angrenzte. Es lagen zwar nur ein paar Straßen dazwischen, aber darin bestand der Unterschied zwischen einer Gegend, in der die Türen und Fenster einiger Häuser vergittert waren, und einer, in der nichts mehr übrig war, das man auf irgendeine Art verteidigen, schützen oder retten oder um das man sich hätte kümmern können. Es war eine völlig andere Welt … ein krankes Paradies aus Gefahr und Geistesgestörtheit … aus verfallenden, extrem dicht zusammengedrängten Häusern … aus ausgebrannten Häusern, die dem vollständigen Ruin entgegenstrebten … aus Häusern mit schwarzen Löchern, wo früher einmal Türen und Fenster gewesen waren … und aus leeren Feldern, über denen ein Mond leuchtete, der irgendwie anders war als überall sonst auf dieser Erde.

An manchen Stellen stieß man auf ein Haus, das sich an den Rand eines offenen Feldes voller Schatten und zerbrochenem Glas klammerte. Und dieses Haus war derart von Verfall deformiert, dass die Vorstellung, es könnte bewohnt sein, einen bodenlosen Wirbel schwarzer Mysterien erzeugte. Wenn man näherkam, konnte man dünne, zerlumpte Bettlaken anstelle von Vorhängen entdecken. Schließlich, nach ausgiebiger Betrachtung, wurde das Wunder eines matten und flackernden Schimmerns im Inneren des Hauses offenbar.

Nicht lange, nachdem meine Familie in eine Gegend gezogen war, in der solche Unterkünfte nicht unüblich waren, fand ich ein bestimmtes Haus, das sozusagen nichts Geringeres als der Idealtyp dieser gerade beschriebenen Art von Gebäude war. Mein Blick war fest darauf geheftet, als würde ich Zeuge einer wundersamen Vision. Dann bewegte sich eines der Bettlaken, die das Vorderfenster verdeckten, und die Stimme einer Frau rief nach mir, während ich wippend auf den zerbrochenen Überresten eines Bürgersteigs stand.

„Hey, du. Hey, Junge. Hast du Geld dabei?"

„Ein bisschen", antwortete ich der kraftvollen Stimme.

„Würdest du dann was für mich tun?"

„Was?", fragte ich.

„Würdest du zum Laden gehen und mir ein paar Salamistangen besorgen? Die langen, nicht diese kleinen. Ich bezahl dich, wenn du zurückkommst."

Als ich vom Laden zurückkam, rief die Frau erneut durch die glühenden Bettlaken nach mir. „Sei vorsichtig auf den Verandastufen", sagte sie. „Die Tür ist offen."

Das einzige Licht im Innern des Hauses ging von einem kleinen Fernseher auf einem Metallständer aus. Der Fernseher war auf ein Sofa ausgerichtet, das anscheinend in seiner gesamten Länge von einer schwarzen Frau undefinierbaren Alters eingenommen wurde. In ihrer linken Hand hielt sie ein Glas Mayonnaise und in der rechten ein rohes Würstchen, das letzte aus einer leeren Packung, die auf dem kahlen Boden des Hauses lag. Sie tauchte das Würstchen in die Mayonnaise, zog es dann wieder heraus und aß es auf, ohne ihre Augen vom Fernseher zu lösen. Nachdem sie etwas Mayonnaise von ihren Fingern geleckt hatte, schraubte sie den Deckel aufs Glas und stellte es an die Seite des Sofas, das offensichtlich das einzige Möbelstück im Raum war. Ich hielt ihr die Salamistangen hin, und sie legte mir etwas Geld in die Hand. Es war genau die Summe, die ich gezahlt hatte, plus ein Dollar.

Ich konnte kaum glauben, dass ich tatsächlich in einem der Häuser stand, die ich seit dem Umzug meiner Familie in diese Gegend bewundert hatte. Es war eine kalte Nacht, und das Haus war unbeheizt. Der Fernseher musste mit Batterien laufen, denn es war kein Stromkabel zu sehen. Ich hatte das Gefühl, ein großes Hindernis überwunden zu haben, um einen Außenposten zu erreichen, der längst von der Welt vergessen worden war, einen von der Wirklichkeit selbst abgeschnittenen Ort. Ich wollte die Frau fragen, ob ich mich in irgendeiner Ecke dieses Hauses zusammenrollen dürfe, um es dann nie wieder zu verlassen. Stattdessen fragte ich sie, ob ich das Bad benutzen dürfe.

Sie starrte mich einen Moment lang schweigend an, dann griff sie hinter die Kissen des Sofas. Was sie zutage förderte, war eine Taschenlampe. Sie gab sie mir und sagte: „Nimm die, und pass auf. Es ist die zweite Korridortür. Nicht die erste Tür – die zweite Tür. Und fall nicht rein."

Als ich den Korridor entlangging, hielt ich die Taschenlampe auf den eingedellten und verdreckten Holzboden wenige Schritte vor mir gerichtet. Ich öffnete die zweite Tür, nicht die erste, und schloss sie hinter mir. Der Raum, in dem ich mich wiederfand, war keine Toilette, sondern eine große Abstellkammer. An der Rückseite dieser Abstellkammer befand sich ein Loch im Boden. Ich leuchtete mit der Taschenlampe in das Loch und sah, dass es direkt in den Keller des Hauses führte. Da unten lagen Teile eines Porzellanwaschbeckens und einer Kommode, die durch den Boden des Badezimmers gefallen sein mussten, das früher hinter jener ersten Tür, die ich im Korridor passiert hatte, gewesen war. Da die Nacht kalt und das Haus unbeheizt war, stank es nicht sonderlich stark. Ich kniete mich an den Rand des Lochs und leuchtete

mit der Taschenlampe so weit hinein, wie der schwache Lichtstrahl reichte. Aber die einzigen anderen sichtbaren Objekte waren ein paar kaputte Flaschen, die in den diversen Schichten von Exkrementen steckten. Ich dachte darüber nach, welche anderen Dinge in diesem Keller sein mochten … und verlor mich in diesen Gedanken.

„Hey, Junge", hörte ich die Frau rufen, „alles in Ordnung?" Als ich zur Vorderseite des Hauses zurückkehrte, sah ich, dass die Frau andere Besucher hatte. Als sie ihre Hände vors Gesicht hielten, wurde mir bewusst, dass ich immer noch die leuchtende Taschenlampe in der Hand hatte. Ich schaltete sie aus und gab sie der Frau auf dem Sofa zurück. „Vielen Dank", sagte ich, als ich mir einen Weg an den anderen vorbei und zur Vordertür suchte. Bevor ich ging, wandte ich mich zu der Frau um und fragte, ob ich zum Haus zurückkommen durfte.

„Wenn du willst", sagte sie. „Dann bring mir aber ein paar von diesen Salamistangen mit."

So lernte ich meine Freundin Candy kennen, deren Haus ich oft nach unserem ersten Treffen an jenem aufregenden Abend besuchte. Bei einigen Besuchen, die nicht immer abends stattfanden, war sie mit ihren Geschäften zugange, und ich hielt mich im Hintergrund, während eine stetige Abfolge von Menschen, jung und alt, schwarz und weiß, kam und ging. An anderen Tagen, wenn Candy nicht so beschäftigt war, quetschte ich mich neben sie aufs Sofa und wir sahen zusammen fern. Manchmal sprachen wir miteinander, obwohl unsere Unterhaltungen meist ziemlich kurz und oberflächlich waren und ins Stocken kamen, sobald wir eine bestimmte Kluft erreichten, die unsere jeweiligen Leben voneinander trennte und die keiner von uns überbrücken konnte. Als ich ihr beispielsweise von den grässlichen europäischen Zigaretten meiner Mutter erzählte, hatte Candy große Schwierigkeiten mit dem Konzept „europäisch", oder vielleicht auch mit dem Wort selbst. In ähnlicher Weise war ich oft nicht in der Lage, eine Äußerung, die Candy beiläufig einwarf, während wir zusammen vor dem Fernseher saßen, einem bestimmten Kontext aus meinem eigenen Leben zuzuordnen. Ich hatte sie in ihrem Haus seit mindestens einem Monat besucht, als Candy plötzlich, aus dem Nichts heraus, zu mir sagte: „Weißt du, ich hatte einen kleinen Jungen, genau in deinem Alter."

„Was ist aus ihm geworden?", fragte ich.

„Oh, er ist umgekommen", sagte sie, als ob eine solche Antwort selbsterklärend wäre und keine weiteren Ausführungen erforderte. Ich drängte nie darauf, dass Candy dieses Thema umfassender beleuchtete, aber weder konnte ich die Worte vergessen noch die gleichgültige und abwesende Stimmlage, mit der sie sie gesprochen hatte. Später fand ich heraus, dass in Candys Nachbarschaft eine ganze Menge Kinder getötet worden waren, von denen einige, wie sich herausstellte, die Opfer eines Kindermörders gewesen waren, der mehrere Jahre lang in den übelsten Gegenden der Stadt aktiv gewesen war, bevor meine Familie dorthin zog (es war tatsächlich meine Mutter, die mich mit haarsträubender Unaufrichtigkeit vor „einem gefährlichen Perversen" warnte, der bei Nacht und Nebel rechts und links in „dieser schrecklichen Gegend, wo deine Freundin wohnt", wie sich meine Mutter ausdrückte, Kindern die Kehlen durchschnitt). In der Nacht, in der ich unser Miethaus verließ, nachdem mein Vater mit dem jungen Mann in dem gebrauchten Anzug in den Keller gegangen war, dachte ich an diesen Kindermörder, während ich die Straßen zu Candys Haus entlangging. Diese Straßen hatten mich stärker in ihren Bann gezogen, nachdem ich von den Kindermorden erfahren hatte, wie ein Alptraum, der eine hypnotische Anziehungskraft ausübt und das Bewusstsein zwingt, seine Bilder und Ereignisse immer wieder zu durchleben, wie sehr man sie auch vergessen will. Obgleich ich nicht daran interessiert war, das Opfer eines Kindermörders zu werden, verstärkte doch die Gefahr, dass mir so etwas ernsthaft zustoßen könnte, meine Faszination für die gedrängt stehenden Häuser mit ihren engen Zwischenräumen und warf einen weiteren Schatten über diejenigen, die diese Gegend bereits einhüllten.

Als ich mich Candys Haus näherte, ließ ich eine Hand in meiner Jackentasche, in der ich etwas bei mir trug, das mein Vater gebaut hatte und das zum Einsatz kommen sollte, falls, um meinen unbändig erfinderischen Erziehungsberechtigten zu paraphrasieren, jemand versuchen sollte, mir Schaden zuzufügen. Meine Schwester hatte eine identische Vorrichtung erhalten, die mehr oder weniger wie ein Füller aussah (Vater hatte uns eingeschärft, niemandem von diesen Geräten zu erzählen, nicht einmal meiner Mutter, die sich ihrerseits schon vor langer Zeit mit Selbstschutz in Form einer kleinkalibrigen Automatikpistole ausgerüstet hatte). Ich war bei mehreren Gelegenheiten versucht gewesen, Candy dieses Gerät zu zeigen, brach letztendlich aber nie das Schweigegelübde, auf dem mein Vater bestanden hatte. Es gab jedoch noch etwas anderes, das mein Vater mir mitgegeben hatte und das in einer kleinen Papiertüte an meiner Seite baumelte, und ich wollte es Candy unbedingt heute Nacht zeigen. Es hatte keine Einschränkungen hinsichtlich der Enthüllung dieser Sache gegeben, wobei es meinem Vater wohl auch nie in den Sinn gekommen wäre, dass ich dies je würde tun wollen.

Was ich in einem gedrungenen Glasbehälter im Inneren der Papiertüte bei mir trug, war sozusagen ein Nebenprodukt des Phase-Eins-Experiments, bei dem ich meinem Vater kurz nach dem Einzug in unser gemietetes Haus zur Hand gegangen war. Ich habe bereits erwähnt, dass unser gegenwärtiger Wohnsitz, wie so viele der Häuser, in denen meine Familie während meiner Kindheit gelebt

hatte, einen gewissen Aspekt der Heimsuchung aufwies, so mild er auch in diesem Fall sein mochte. Und zwar manifestierte sich diese Heimsuchung in einer eindeutigen Präsenz, die ich auf dem Dachboden des Hauses spüren konnte, wo ich mich oft aufhielt, bevor ich zum regelmäßigen Gast bei Candy wurde. Wie es bei solchen Dingen so ist, zumindest in meiner Erfahrung, gab es nichts sonderlich Erwähnenswertes an dieser Präsenz. Sie schien in der Nähe der hölzernen Balken konzentriert zu sein, die über die gesamte Länge des Dachbodens reichten und an denen sich, wie ich mir ausmalte, irgendein früherer Bewohner erhängt haben mochte. Solche Spekulationen allerdings interessierten meinen Vater nicht im Geringsten, der sich entschieden gegen die Möglichkeit von Gespenstern oder Geistern irgendeiner Art und sogar die Verwendung solcher Begriffe aussprach. „Auf dem Dachboden ist nichts", erklärte er mir. „Es ist nur die Art und Weise, wie dein Kopf mit dem Raum dieses Dachbodens interagiert. Es gibt bestimmte Kraftfelder, die überall zugegen sind. Aus mir bislang unbekannten Gründen sind diese Kräfte an manchen Orten stärker ausgeprägt als an anderen. Verstehst du? Der Dachboden sucht nicht deinen Kopf heim – dein Kopf sucht den Dachboden heim. Manche Köpfe werden häufiger heimgesucht als andere, sei es von Geistern oder Göttern oder Kreaturen aus dem All. Das sind alles keine echten Dinge. Sie sind jedoch Indikatoren von echten Kräften, von beseelenden und sogar kreativen Kräften, die von deinem Kopf bloß als irgendeine Art von Spuk oder sonst was interpretiert werden. Du wirst mir helfen, das zu beweisen, indem du mir mit der Maschine im Keller aus deinem Kopf dasjenige abzusaugen erlaubst, was deiner Meinung nach den Dachboden heimsucht. Das Absaugen wird nur in einem winzigen Teil deines Kopfes stattfinden, denn wenn ich deinen ganzen Kopf absaugen würde … nun ja, mach dir darüber keine Gedanken. Glaub mir, du merkst gar nichts."

Nachdem es vorbei war, spürte ich die Präsenz auf dem Dachboden nicht mehr. Mein Vater hatte sie abgesaugt und in einen kleinen Glasbehälter gefüllt, den er mir gab, sobald die Sache für ihn als Forschungsobjekt seiner ersten Experimentierphase auf dem Gebiet erledigt war, auf dem mein Vater der wahre Kopernikus oder Galileo war, oder wen man auch sonst nennen mochte, ohne dass andere Wissenschaftler, die seitdem ähnliche Arbeit vollbracht haben, davon wüssten. Wie mittlerweile offensichtlich sein dürfte, teilte ich allerdings diese wissenschaftliche Neigung meines Vaters nicht. Und obwohl ich die Präsenz auf dem Dachboden nicht mehr wahrnahm, wollte ich mich absolut nicht von der Vorstellung lösen, dass sich jemand an den Holzbalken, die über die gesamte Länge eines einsamen Dachbodens reichten, erhängt und dabei einen unsichtbaren Leitfaden zu einer anderen Welt zurückgelassen hatte. Daher war ich begeistert festzustellen, dass mir das Gespür für diese Präsenz in der tragbaren Form eines kleinen Glasbehälters zurückgegeben worden war, der, wenn ich ihn fest mit den Händen umfasste, mir ein sogar noch stärkeres Gespür für das Übernatürliche verlieh, als ich zuvor auf dem Dachboden erlebt hatte. Das war es, was ich Candy in dieser Nacht im Spätherbst mitbrachte.

Als ich Candys Haus betrat, fanden keine Geschäfte statt, die uns von dem hätten ablenken können, was ich ihr zeigen wollte. Es gab zwar zwei Gestalten, die an der gegenüberliegenden Wand zusammengesackt waren, aber sie wirkten unkonzentriert, wenn nicht gar völlig gleichgültig gegenüber allem, was um sie herum geschah.

„Was hast du Candy mitgebracht?", fragte sie und schaute auf die Papiertüte in meiner Hand. Ich setzte mich neben ihr aufs Sofa, und sie lehnte sich dicht zu mir herüber.

„Das ist etwas …", setzte ich an, als ich den Glasbehälter aus der Tüte zog und ihn dabei am Deckel festhielt. Dann wurde mir klar, dass ich ihr unmöglich erklären konnte, was ich da mitgebracht hatte. Es war nicht meine Absicht, ihr in irgendeiner Art Angst einzujagen, aber ich konnte nichts sagen, um sie darauf vorzubereiten. „Mach es nicht auf", sagte ich, „halt es einfach nur fest."

„Sieht aus wie Wackelpudding", sagte sie, als ich den Glasbehälter in ihre fleischigen Hände legte.

Glücklicherweise erzeugte der Inhalt des Glasbehälters keine verstörenden Bilder, und im glühenden Licht des Fernsehers nahm er ein geradezu beruhigendes Aussehen an. Sie schloss ihre Finger sanft um das kleine Glasgefäß, als ob ihr die kostbare Natur seines Inhalts bewusst wäre. Sie wirkte völlig angstfrei, geradezu entspannt. Ich hatte keine Ahnung, wie ihre Reaktion ausfallen würde. Ich wusste nur, dass ich mit ihr etwas teilen wollte, das sie sonst in diesem Leben nicht erfahren hätte, so wie sie ihrerseits die Wunder ihres Hauses mit mir geteilt hatte.

„Oh Gott", rief sie sanft aus, „ich wusste es. Ich wusste, dass er nicht von mir gegangen war. Ich wusste, dass ich nicht allein war."

Später wurde mir bewusst, dass die Behauptungen meines Vaters mit dem übereinstimmten, was ich gerade gesehen hatte. So, wie mein Kopf den Dachboden mit der Präsenz eines Erhängten heimgesucht hatte, hatte Candys Kopf den Glasbehälter mit einer eigenen Präsenz heimgesucht, die sich vollständig von der meinen unterschied. Sie schien den Glasbehälter ewig festhalten zu wollen. Typischerweise war die Ewigkeit gerade im Begriff zu enden. Ein unscheinbares Auto war vorgefahren und hielt vor Candys Haus. Der Fahrer stieg schnell aus und schlug die Fahrzeugtür hinter sich zu.

„Candy", sagte ich, „da kommt Kundschaft."

Ich musste am Glasbehälter ziehen, um ihn aus ihrem Griff zu befreien, aber schließlich ließ sie los und wandte sich zur Tür. Ich schlich wie üblich in eines der Hinterzimmer des Hauses, ein leeres Schlafzimmer, wo ich mich gerne in einer Ecke zusammenkauerte und an all die schlafenden Körper dachte, die hier in unzähligen Nächten geträumt hatten. Doch diesmal kauerte ich nicht in der Ecke. Stattdessen beobachtete ich nun, was im Vorderzimmer des Hauses passierte. Das Auto draußen war zu aggressiv zum Stehen gekommen, zu verdächtig, und der Mann in dem langen Mantel, der auf das Haus zuging, bewegte sich ebenfalls auf eine zu aggressive und verdächtige Weise. Er stieß die Tür zu Candys Haus auf und ließ sie offen, nachdem er eingetreten war.

„Wo ist der weiße Junge?", fragte der Mann im langen Mantel.

„Hier sind keine Weißen", sagte Candy, die ihre Augen auf den Fernseher gerichtet hielt. „Abgesehen von Ihnen."

Der Mann ging zu den zwei Gestalten am anderen Ende des Raums herüber und stieß beide leicht mit dem Fuß an.

„Falls du es nicht wusstest, ich bin derjenige, der dir erlaubt, hier deine Geschäfte zu machen."

„Ich weiß, wer Sie sind, Herr Kommissar. Sie sind der, der meinen Jungen mitgenommen hat. Sie haben auch andere mitgenommen, das weiß ich."

„Halt die Klappe, fettes Weib. Ich bin wegen dem weißen Jungen hier."

Ich nahm den Füller aus meiner Tasche und zog die Kappe ab, wodurch eine kurze, dicke Nadel, wie die Spitze einer Reißzwecke, zum Vorschein kam. Während ich den Füller seitlich von mir versteckt hielt, ging ich den Korridor zurück.

„Was wollen Sie?", fragte ich den Mann in dem langen Mantel.

„Ich bin hier, um dich nach Hause zu bringen, Junge."

Wenn ich jemals in meinem Leben etwas mit kalter, abstrakter Sicherheit gewusst habe, dann war es das: wenn ich mit diesem Mann mitging, würde ich nicht nach Hause kommen.

„Fangen Sie", sagte ich und warf den kleinen Glasbehälter nach ihm.

Er fing das Glas mit beiden Händen, und ein kurzes Lächeln huschte über sein Gesicht. Ich habe nie ein Lächeln so schnell oder so vollständig erlöschen gesehen. Wenn ich geblinzelt hätte, hätte ich den fabelhaften Übergang verpasst. Das Glas schien danach aus seiner Hand und auf den Boden zu springen. Der Mann fing sich, machte einen Schritt nach vorne und packte mich. Ich glaube nicht, dass Candy oder die anderen im Raum sahen, wie ich den Füller in sein Bein rammte. Vielmehr sahen sie, wie der Mann im langen Mantel mich losließ und dann zu einem bewegungslosen Haufen zusammensackte. Offensichtlich war die Wirkung unmittelbar. Eine der beiden Gestalten trat aus den Schatten und stieß den gefallenen Mann genauso verächtlich an, wie er sie vorher angestoßen hatte.

„Er ist tot, Candy", sagte die Gestalt.

„Sicher?"

Die andere Gestalt erhob sich und verpasste dem Mann auf dem Boden einen heftigen Tritt gegen den Kopf.

„Sieht ganz so aus", sagte er.

„Ich werd nicht mehr", sagte Candy und sah mich an. „Der gehört euch. Ich will damit nichts zu tun haben."

Ich fand den Glasbehälter, der zum Glück heil geblieben war, und setzte mich neben Candy aufs Sofa. In wenigen Minuten hatten die beiden Gestalten den anderen Mann bis auf die Boxershorts ausgezogen. Dann zog ihm eine von ihnen die Boxershorts herunter und sagte: „Die sehen praktisch wie neu aus." Die Gestalt hörte allerdings auf zu ziehen, als sie sah, was darunter war. Wir alle sahen, was darunter war, da gab es keinen Zweifel. Aber ich fragte mich, ob die anderen davon auch so irritiert waren wie ich. Ich hatte von solchen Dingen immer in einem idealen Sinn gedacht, als mythische Konzeption, die über die Jahrhunderte weitergegeben wurde. Aber das war etwas völlig anderes.

„Werft ihn ins Loch!", rief Candy, die vom Sofa aufgestanden war und auf den Korridor zeigte. „Werft ihn in das verdammte Loch!"

Sie zogen den Körper in die Abstellkammer und ließen ihn in den Keller fallen. Es gab ein klatschendes Geräusch, als die unbekleidete Gestalt unten aufprallte. Als die beiden Gestalten aus der Abstellkammer kamen, sagte Candy: „Und jetzt schafft den Rest von seinen Sachen weg und schafft sein Auto weg und schafft euch selbst weg."

Bevor sie das Haus verließ, wandte sich eine der Gestalten um: „Da ist ein großer Haufen Kohle, Candy. Du wirst etwas Reisegeld brauchen. Du kannst nicht hierbleiben."

Zu meiner Erleichterung nahm Candy einen Teil des Geldes. Ich stand vom Sofa auf und legte den Glasbehälter neben meiner Freundin aufs Kissen.

„Wo wirst du hingehen?", fragte ich.

„Es gibt viele Orte wie diesen in der Stadt. Keine Heizung, kein Strom, kein Klo. Und keine Miete. Ich komme schon klar."

„Ich werde nichts sagen."

„Das weiß ich. Leb wohl, Junge."

Ich verabschiedete mich und schlenderte langsam nach Hause, wobei ich die ganze Zeit darüber phantasierte, was nun in Candys Keller war.

Als ich zu Hause ankam, war es nach Mitternacht. Meine Mutter und meine Schwester mussten wohl ebenfalls zurückgekehrt sein, denn ich konnte den Gestank der europäischen Zigaretten meiner Mutter riechen, sobald ich zwei Schritte ins Haus getan hatte. Mein Vater lag auf dem Wohnzimmersofa, offensichtlich erschöpft nach so vielen Tagen der Arbeit im Keller. Er wirkte außerdem ziemlich erregt, seine Augen waren weit geöffnet und starrten aufwärts, sein Kopf bewegte sich vor und zu-

rück vor Empörung oder Ablehnung oder beidem, und seine Stimme skandierte immer wieder: „Hoffnungslose Unreinheiten, hoffnungslose Unreinheiten." Diese Worte halfen mir, meine Gedanken von dem zu lösen, was ich bei Candy gesehen hatte. Sie erinnerten mich außerdem daran, dass ich meinen Vater nach etwas fragen wollte, das er zu dem jungen Mann in dem gebrauchten Anzug gesagt hatte, der zuvor ins Haus gekommen war. Aber der Zustand meines Vaters schien im Moment für ein solches Gespräch ungeeignet zu sein. Tatsächlich schien er meine Gegenwart in keiner Weise zur Kenntnis zu nehmen. Da ich mich einer Konfrontation mit meiner Mutter und meiner Schwester, die ich jetzt oben herumlaufen hörte (wahrscheinlich waren sie nach ihrer Reise immer noch am Auspacken), noch nicht gewachsen fühlte, entschied ich mich, diese Gelegenheit zu nutzen, um die Sanktionen meines Vaters in Bezug auf das Betreten des Kellers ohne seine ausdrückliche Erlaubnis zu missachten. Ich hoffte, dass mich das von den beunruhigenden Ereignissen dieses Abends ablenken würde.

Als ich jedoch die Treppe zum Keller meines Vaters hinunterstieg, fühlte ich, wie meine Gedanken und Gefühle zurück in die düsteren Regionen von Candys Keller gezogen wurden. Noch bevor ich den Fuß der Treppe erreichte, bürdete mir dieser unterirdische Ort bereits seine Atmosphäre von Verfall und Untergang und entsetzlichem Chaos auf, die ich, wie ich erleichtert feststellte, immer noch faszinierend fand. Und als ich den Zustand der Dinge dort unten sah, wurde ich von einer bebenden Ehrfurcht überwältigt, die ich noch nie zuvor erlebt hatte.

Alles um mich herum war zerbrochen. Es sah aus, als hätte mein Vater eine Axt genommen und die Apparatur, in die er seine ganze Hoffnung auf Vollendung einer Aufgabe gesetzt hatte, die nur er selbst sich vorstellen konnte, vollständig in Stücke gehauen. Drähte und Kabel hingen von der Decke, allesamt durchtrennt und wie Lianen im Dschungel baumelnd. Eine schmierige, grünliche Flüssigkeit lief über den Boden und strömte in den Kellerabfluss. Ich watete durch ein Dickicht aus zerbrochenem Glas und zerrissenen Papieren. Ich beugte mich hinunter und hob einige der Seiten auf, die brutal aus den dicken Notizbüchern meines Vaters herausgerissen worden waren. Akribische Diagramme und Grafiken wurden von Wörtern und Sätzen verdeckt, die mit dickem schwarzem Filzstift darübergeschrieben waren. Auf jede Seite war das Wort „UNREIN" geschmiert wie Graffiti an die Wände einer öffentlichen Toilette. Weitere wiederkehrende Ausrufe waren: „NICHTS ALS UNREINHEITEN", „UNREINE KÖPFE", „NICHTS OFFENBART", „KEINE REINE KONZEPTION", „UNMÖGLICHE UNREINHEITEN" und schließlich: „DIE KRÄFTE EINES UNREINEN UNIVERSUMS".

Am anderen Ende des Kellers sah ich eine zwitterartige

Vorrichtung, die wie die Kreuzung zwischen dem Thron eines Monarchen und einem elektrischen Stuhl aussah. Auf diesem Gerät war der junge Mann in dem gebrauchten Anzug mit Riemen an seinen Armen und Beinen sowie am Kopf festgeschnallt. Seine Augen waren geöffnet, aber ihnen fehlte der Fokus. Ich sah, dass die schmierige, grünliche Flüssigkeit ihren Ursprung in einem Behälter von der Größe eines Wasserspenders hatte, der neben dem großen Stuhl hochkant aufgestellt war. Der Behälter war mit einem Etikett versehen, auf dem, auf Abdeckband geschrieben, ABGESAUGTES stand. Welche Gespenster oder Geister oder sonstigen Entitäten auch immer den Kopf des jungen Mannes bewohnt hatten – und mein Vater schien eine beträchtliche Menge dieser Substanz abgesaugt zu haben –, sie fanden nun ihren Weg in die Kanalisation. Sie hatten wohl nach ihrer Freisetzung aus dem Behälter etwas verloren, vielleicht waren sie schal geworden, denn ich spürte keine Aura des Geisterhaften, weder bös- noch gutartig, die von dieser Restsubstanz ausging. Ich konnte nicht erkennen, ob der junge Mann noch in irgendeinem herkömmlichen Sinne des Wortes am Leben war. Er könnte es gewesen sein. In jedem Fall war sein Zustand derart, dass meine Familie wieder einmal ein neues Haus zum Wohnen finden musste.

„Was ist hier unten passiert?", fragte meine Schwester von der anderen Seite des Kellers. Sie saß auf den Stufen. „Sieht so aus, als wäre mal wieder eines von Papas Projekten schiefgelaufen."

„Sieht so aus", sagte ich, während ich zur Treppe zurückging.

„Glaubst du, der Typ hat viel Geld dabeigehabt?"

„Keine Ahnung. Wahrscheinlich. Er war hier, um für irgendeine Organisation zu sammeln."

„Gut, Mama und ich sind nämlich pleite zurückgekommen. Und es ist nicht so, als hätten wir besonders viel ausgegeben."

„Wo seid ihr gewesen?", fragte ich, während ich neben meiner Schwester Platz nahm.

„Du weißt, dass ich darüber nicht reden kann."

„Ich musste fragen."

Nach einer Pause flüsterte meine Schwester: „Daniel, weißt du, was ein Hermaphrodit ist?"

Ich versuchte mein Bestes, jegliche Reaktion auf die Frage meiner Schwester zu verbergen, obwohl sie einen Wirbelsturm an Bildern und Emotionen in mir auslöste. Genau das hatte mich so am Körper des Polizisten verwirrt. In meiner Vorstellung hatte es immer eine saubere Trennung der Teile gegeben. Aber das war, wie bereits erwähnt, keineswegs der Fall. Alles war miteinander vermischt. Vielen Dank, Elisa. Obwohl sie sich an die strikte Schweigeregel meiner Mutter hielt, gelang es meiner Schwester dennoch immer wieder, etwas von ihren Machenschaften preiszugeben.

„Warum fragst du?", flüsterte ich ebenfalls. „Hast du so jemanden getroffen, als du mit Mama unterwegs warst?"

„Definitiv nicht", sagte sie.

„Du musst es mir sagen, Elisa. Hat Mama … hat sie über mich gesprochen … hat sie mit dieser Person über mich gesprochen?"

„Davon weiß ich nichts. Wirklich nicht", sagte Elisa, als sie aufstand und zurück nach oben ging. Als sie die letzte Treppenstufe erreichte, wandte sie sich um und sagte: „Wie wird diese Sache zwischen dir und Mama ausgehen? Jedes Mal, wenn ich deinen Namen erwähne, macht sie einfach dicht. Das ergibt keinen Sinn."

„Die Kräfte eines unreinen Universums", sagte ich rhetorisch.

„Was?", fragte meine Schwester.

„Nichts, was irgendjemanden antreibt, ergibt Sinn, falls dir das bisher noch nicht aufgefallen ist. Es sind nur unsere Köpfe, wie Papa immer sagt."

„Was auch immer das heißt. Jedenfalls hältst du besser den Mund darüber, was ich gesagt habe. Ich werde dir nie wieder irgendwas erzählen", schloss sie und ging nach oben.

Ich folgte meiner Schwester ins Wohnzimmer. Mein Vater saß nun auf dem Sofa neben meiner Mutter, die Schachteln öffnete und Sachen aus Taschen hervorholte, vermutlich um vorzuführen, was sie auf ihrem letzten Ausflug mit Elisa gekauft hatte. Ich setzte mich auf einen Stuhl ihnen gegenüber.

„Hi, Schatz", sagte meine Mutter.

„Hi, Mama", sagte ich, dann wandte ich mich zu meinem Vater. „Hey, Papa, kann ich dich etwas fragen?" Er wirkte immer noch etwas delirant. „Papa?"

„Dein Vater ist sehr müde, Süßer."

„Ich weiß. Tut mir leid. Ich wollte ihn nur eine Sache fragen. Papa, als du mit diesem Typen geredet hast, sagtest du etwas von drei … du hast sie Prinzipien genannt."

„Länder, Götter", sagte mein Vater aus einem tiefen Brunnen der Depression heraus. „Hindernisse einer reinen Konzeption."

„Ja, aber was war das dritte Prinzip? Du hast nie etwas darüber gesagt."

Aber mein Vater hatte alles ausgeblendet und starrte nun niedergeschlagen zu Boden. Meine Mutter lächelte jedoch. Zweifellos hatte sie die Reden meines Vaters schon oft gehört.

„Das dritte Prinzip?", sagte sie, während sie eine Wolke von Zigarettenrauch in meine Richtung blies. „Na, Familien natürlich, Liebling."

„ERBÄRMLICHE ERDENWÜRMER"
UNTER SI(E)CH
Daniel Ableev

DANIEL ABLEEV

WELCHE ROLLE SPIELT FILM IN IHREM ROMAN HARTHAUS UND IN IHREM LEBEN? IST DAS LEBEN HARTHAUS?

NIKOLAUS WEGENER
Film steht in HARTHAUS für den Traum, die Utopie, die Illusion der Selbstverwirklichung. Der Selbstverwirklichung durch Kunst. Die natürlich nicht gelingen kann, weil Kunst eben nicht „Wirklichkeit" ist. Was immer Wirklichkeit sein mag, „das Leben" ist Wirklichkeit auch nicht. Am ehesten ist tatsächlich HARTHAUS Leben. Deswegen habe ich geweint, als die Polizei, der Staat usw. diese höhere Realität vernichtet hat.
Ich bin kinosüchtig und leide zurzeit unter Entzug. Es gibt zu wenig (Film-) Stoff, und der ist gestreckt. Das macht mich launisch und sprunghaft. (Mehr Fragen, mehr Antworten.)

ICH FAND ZULETZT „TALE OF TALES" UND „WILD TALES" BEMERKENSWERT. WAS IST IHR AKTUELLSTER FILMFAVORIT?

Ich fand „Whiplash" ganz gut, ist aber auch schon eine Weile her. Kann man „Tale of Tales" & „Wild Tales" auch im Kino sehen? Ach, einer meiner All-Time-Favourites ist „Mudhoney" von Russ Meyer.

„TALE OF TALES" LÄUFT IN AUSGEWÄHLTEN (PROGRAMM-)KINOS. WAS HAT ES EIGENTLICH MIT „© 2023 BY EDUARD MILLER. PROUDLY CREATED WITH WIX.COM" AUF IHRER HOMEPAGE AUF SICH?

Ja, der gute alte Eduard Miller. Nein, ich habe keine Ahnung, was das bedeutet. Vielleicht wissen Sie mehr oder ahnen etwas. I´m a digital foreigner, sad to say.

DIE DEUTSCHE SPRACHE IST NICHT NUR ZU WURMFORT-SÄTZEN, SONDERN AUCH ZU SEMANTISCH-PHONETISCHEN DERBHEITSWUNDERN WIE „RAMMSTEIN" FÄHIG. DAS WEITAUS SUBTILERE „HARTHAUS" SOWIE EINIGE DARIN VORKOMMENDE NAMEN (ZUCKFISCH, POFFENSACK, KRANMANN, NEIDOR) GEHÖREN EBENFALLS DAZU.

Von Eduard Miller gutgelaunt zur Kenntnis genommen.

WELCHE BEDEUTUNG HAT DAS BUCHCOVER, DAS EINE ART GEPFLEGTER SCHÄBIGKEIT À LA „BAHNHOF HATTE GEIST AUFGEGEBEN UND SCHLUG MIT GAMMELFÄUSTCHEN WIRRWARR" TRANSPORTIERT?

Das Cover strahlt „trüben Glanz" aus. Ein Titel und die Angabe des Autors passen nicht zum Geist des Instituts HARTHAUS. Das Cover soll die Stimmung des Lesers „grundieren". Es ist trostlos, aber auch schön.

UND WAS KÖNNEN SIE ÜBER IHREN VERLEGER FORKELHIRSCH SAGEN, WAS IST DAS FÜR EINER?

Nach meinen Telefonaten mit dem Verleger Forkelhirsch hatte ich ein kleines verknöchertes Männchen erwartet. Seine Stimme hatte danach geklungen. Wer aber beschreibt mein Erstaunen, als ich mich bei unserem ersten Treffen einem herkulischen Glatzkopf gegenüber sah, der sich äusserst jovial gab, aber zum Jähzorn neigte.
Bald merkte ich, wes Geistes Kind er war. Der riesige Kraftmensch schrie mich an, drohte mir auch mit der Faust, wenn ihm eine Stelle meines Textes missfiel. Und ich, Wegener, kuschte erschrocken und änderte sofort.

UND WIE DIESER BEACHTLICHE FORKELHIRSCH ERST AUF DIE S. 195 (DOPPELTES KOMMA) UND S. 323 („AUS FREIEN STÜCKE LASSE SICH DER PATIENT [...]" – N-FEHLEN) GEWUT-REAGIERT HABEN MUSS!

Ich wurde zur Schnecke gemacht.

MIR IST AUSSERDEM AUFGEFALLEN, DASS MAN IHR BUCH MIT 40%-IGER WAHRSCHEINLICHKEIT DERART AUFSCHLAGEN KANN, DASS (FAST) ALLE BUCHSTABEN AUF DEM KOPF ZU STEHEN KOMMEN: HAT DAS LEKTORAT GESCHLUDERT?

Lektorat - my foot!

ES FÄLLT DER SATZ: „ICH WAR IN HARTHAUS, WAS KONNTE MIR SCHON PASSIEREN?" WIE NAIV/ WELTFREMD IST SOLCH EINE EINSCHÄTZUNG UND WAS IST IHR STANDPUNKT BEZÜGLICH ERIKA FUCHS, DER SIE DAS BUCH WIDMEN?

© WS

NIKOLAUS WEGENER: Geboren in Elmshorn, in Pinneberg aufgewachsen. Ach nein, das war Michael Stich. Nächster Versuch: In Bremen geboren, in Kiel, Tübingen, und Llantwit Major aufgewachsen. Gelogen, aber gelungen. (Aufgewachsen - das klang nicht schlecht, war aber nur so dahingesagt.) Er wurde größer, bis er wieder kleiner werden würde. Wer Identitätsprobleme hat, weiß Fremdsprachen zu schätzen. Kann es ein besseres Versteck geben als eine fremde Sprache? Kaum. Zwei fremde Sprachen. Trotz seines begründeten Hasses auf den deutschen Wortschatz … muss so ein Kerl schreiben wollen? Hier, meine Stücke, gnädiger Herr Theater! Liebes, liebes Fernsehen - Erbarmen mit meinen Drehbüchern! Herr Verleger, ist es zu vermessen …? So lebte er hin… Nicht besser oder schlechter als mancher andere auch. Huhu, ich bin der Gegenpapst!

Ja, naiv. Man wiegt sich in der Sicherheit, dass es tiefer nicht gehen kann und man so seine Ruhe hat; und dann wird einem mit modernstem Polizeigerät die Heimstatt genommen. Weltfremdheit ist eben leider kein Schutz vor der Welt.

Erika Fuchs hat mir mein Deutsch beigebracht. Ich hatte jahrelang ein Micky-Maus-Abonnement. (Ede Wolf: Mir ist gar nicht wohl in meiner Haut. Dem Kleinen sein Erspartes zu klauen, ist vielleicht doch keine sehr korrekte Handlungsweise. Es hat sich aber darum gehandelt, soll ich mir Gänsebraten leisten oder nicht. Da hab ich ihn mir eben geleistet.)

SEIT DEM 1.9.15 GILT JA DIE NEUE KLUMPFRATZ-HÜHNERBRATVERORDNUNG: WELCHEN STELLENWERT HAT GROTESK FÜR SIE („WIE EINE GLÜHENDE KOHLE FIEL DIE SONNE AUS DEN WOLKEN UND WAR UNTERGEGANGEN.")? WAS SIND IHRE SONSTIGEN LITERARISCHEN VORBILDER/STILGENOSSEN?

„Wie eine glühende Kohle …", habe ich das geschrieben? Und wenn, warum nicht? Denn: „Die Erde wird verglühen wie ein Koks."

SIE VERWENDEN KEINERLEI SS-STRAHLUNG – LIEGT DAS AM SCHWEISSERDÜTSCH?

ß? ß? ß? Virus from outer space, beware! Ja, die allerkleinste Idiosynkrasie nimmt heutzutage bedrohliche, wenn nicht gar hinterfotzige (Achtung: Okroberfeßt) Züge an.

UND HIER MAL EINE MÖGLICHERWEISE GEWAGTE HARTHAUS-SYNOPSE: „AUS DEM FILM KOMMT GROSSMUTTER ANGST RANGESCHOBEN UND WUSELT SICH DURCH ABERTAUSENDE KAMERADENMIENEN, DIE SICH SAMT SCHLOSS UND NEBELSACK INS ZWIELICHT BOXEN. INDES LÄSST ANSTALTS RANGNIEDERES DEN KRÜMMSTROM IN DEN NOTDEICH SIECHEN, WO DIREKTOR LUFT SEIN LÄCHELN TESTET." KOMMT DAS IN ETWA SO HIN?

Nice try, anyway.

DER „HEIMTÜCKISCHE POLITIKER BRILL" KLINGT WIE DER IDEALE BOND-BÖSEWICHT: WAS WÄRE DAS SCHLIMMSTE, WAS SIE DEM HEIMTÜCKISCHEN POLITIKER BRILL ZUTRAUEN BZW. -DICHTEN WÜRDEN? BONUSFRAGE: WAS IST EIGENTLICH VON „ARSCHBACKEN" ALS ADJEKTIV ZU HALTEN?

„arschbacken"? In der Lyrik sowieso. Im Leben auch. Warum dann nicht in der Prosa? (Brill könnte die Fortsetzung der 007-Filme hintertreiben.)

WELCHE ROLLE SPIELT FILM IN IHREM ROMAN HARTHAUS UND IN IHREM LEBEN? IST DAS LEBEN HARTHAUS?

Film steht in HARTHAUS für den Traum, die Utopie, die Illusion der Selbstverwirklichung. Der Selbstverwirklichung durch Kunst. Die natürlich nicht gelingen kann, weil Kunst eben nicht „Wirklichkeit" ist. Was immer Wirklichkeit sein mag, „das Leben" ist Wirklichkeit auch nicht. Am ehesten ist tatsächlich HARTHAUS Leben. Deswegen habe ich geweint, als die Polizei, der Staat usw. diese höhere Realität vernichtet hat.

Ich bin kinosüchtig und leide zurzeit unter Entzug. Es gibt zu wenig (Film-)Stoff, und der ist gestreckt. Das macht mich launisch und sprunghaft.

(Mehr Fragen, mehr Antworten.)

ICH FAND ZULETZT „TALE OF TALES" UND „WILD TALES" BEMERKENSWERT. WAS IST IHR AKTUELLSTER FILMFAVORIT?

Ich fand „Whiplash" ganz gut, ist aber auch schon eine Weile her. Kann man „Tale of Tales" & „Wild Tales" auch im Kino sehen? Ach, einer meiner All-Time-Favourites ist „Mudhoney" von Russ Meyer.

„TALE OF TALES" LÄUFT IN AUSGEWÄHLTEN (PROGRAMM-)KINOS. WAS HAT ES

ROMANZE IN ACHT SZENEN

SAID

-I-

sie schlurft an den gattern vorbei, betritt das haus und schließt die tür.
mit einem ruck entledigt sie sich der kleider, streift die sandalen ab und stellt sich ab dem foto.
„ich bin sarah mit der bedrängten haut."

-II-

ich legte den zeigefinger auf den mund, bis er gehorchte. nackt kroch ich auf dem parkett und plapperte von meinen wünschen, als dann ruhe einkehrte, fragte ich, ob er auch in einem öffentlichen raum von meinem körper erzählen würde.

-III-

sie schlugen sich gerade um meinen mund. schamlos war ich von einem zum nächsten gegangen und habe meine küsse verteilt. er sagte nur:
„protokollanten verbreiten unwahrheiten gegen das fleisch und seine neigungen."

-IV-

sogleich fügte ich hinzu, er könne ruhig seine absichten auf meiner haut aufzeichnen. schon am morgen darauf wurde ich abgeholt. für wen die tätowierung bestimmt sei, wollten sie wissen, doch keiner der herren ließ sich auf meine weiße haut herab.

-V-

tagelang streifte ich durch die straßen und starrte in die gesichter, bis ein passant wisperte:
„man habe ihn gesehen, wie er im botanischen garten rosen pflückte und erzählte, er wisse nicht, für wen."

-VI-

sarah mit dem petticoat nahm im botanischen garten platz, setzte einen fuß auf die bank, der andere blieb auf der erde, weit weg von dem ersten. sie zündete sich eine zigarette an und achtete nicht auf ihre scham.

-VII-

alles licht empfange ich. das bild läßt meinen geliebten im dunklen. bald wird er aus dem schatten treten und nach mir greifen. mein kinn in seiner hand. meine augen geschlossen.
„ich bin sarah mit der gezeichneten haut und ich krieche ins bild zurück."

DIE KRIEGERIN VON ORPHELIA

Jasmin Mödlhammer

Suchend irrten meine Blicke durch die wütende Menge. Ein metallischer Geruch von Eisen lag schwer in der heißen Wüstenluft - der Geruch von frisch vergossenem Blut. Der bloße Gedanke daran, ließ meine Kehle weiter austrocknen und brachte mich zum Würgen. Zu viele Unschuldige waren bereits getötet worden, und ich wollte diesem Massaker endlich ein Ende bereiten.

Um mich herum, sah ich unzählige leblose Körper auf dem Sandboden liegen, ihre toten und leeren Gesichter glichen denen von Puppen. Unachtsam wurden sie im herrschenden Kampf zur Seite geschoben, oder überrannt. Ich wünschte, sie hätten einen respektvolleren Tod gehabt, doch für solche Gedanken, blieb mir jetzt keine Zeit. Soldaten in Leder- und Eisenrüstungen verteidigten angespannt ihr Land.

Orphelia. Es war ein grausames Land, in dem es von Bosheit, Schmerz und Trauer nur so wimmelte. Ein Land, in dem es wahre Krieger gab, die für ihre Familien bis zum Tod kämpften, um sie vor den Fängen der dunklen Mächte zu schützen. Die Helme der Soldaten pressten sich an ihre hervortretenden Wangenknochen und ließen die blau unterlaufenen Augen frei. Ihre Stirn zierte ein Wappen, gewebt aus goldener Wolle und rotem Rubinstaub. In jenem Wappen, waren die Initialen des hiesigen Königs eingebunden - TD. Unter den Initialen prangte anmutig ein Adler mit goldenem Federkleid und ausgestreckten Flügeln. Unter ihren silberglänzenden Eisenrüstungen trugen die Soldaten lange Ledergewänder und zerschlissene Lederhosen. An ihren verwundeten Händen trugen sie Lederhandschuhe, die lediglich ihre rissigen Finger aufscheinen ließen. Anmutig schwangen sie ihre Lanzen und Breitschwerter mit den Königswappen durch die Lüfte und bezwangen einen Mortha nach dem anderen.

Mortha. Düstere Kreaturen, dürstend nach dem Blut Unschuldiger. Ihre blutroten Augen leuchteten schillernd hinter schwarzen Helmen auf. Ihre Stirn zierte das Wappen ihres Herren und Gebieters. Das dunkle Mal. Das Mal, vor dem jeder des Landes zurückschreckte. Generationen hatten die Geschichte über den selbsternannten Fürsten der Finsternis überliefert: Er war ein grausamer Mann, trachtend nach Rache und Vergeltung. Er drohte, jene auszulöschen, die ihn missachteten und einst gepeinigt hatten. Im düsteren Teil des Landes, schuf er seine niederen Untertanen und befahl ihnen, das Land heimzusuchen und die Leben derer auszulöschen, die sich ihm widersetzten. Ja, wahrlich, war er der grausamste Mann, der je gelebt hatte. Vor vielen Jahren geboten ihm die Könige des Landes Einhalt, doch er kehrte zurück, stärker und mordlüsternder denn je. Die tapferen Krieger wurden erneut in die Schlacht ihres Leben gerufen, um ihre Familien und ihr Land zu verteidigen…sogar mit ihrem eigenen Leben. Die Mortha waren seelenlose Wesen und besaßen kein Gewissen und kein Erbarmen. Sie taten das, wofür sie geschaffen wurden, töten und zerstören. Ihre fahle Haut spannte sich ledrig über ihre Knochen und war übersät von Narben und Wunden. Diese Narben…ihr Gebieter gab sie ihnen. Er schlug und folterte sie so lange, bis aus ihnen jegliches Leben wich und sie ihm willenlos gehorchten. An ihren Körpern trugen sie massive Panzer, die ihre kalten Herzen vor der bitteren Erlösung schützten, während ihre Füße von nichts als nackter Haut geschützt wurden. Ihr Gebieter ließ ihnen scharfe Waffen schmieden, die in tödlichem Gift getränkt waren. Ein winziger Schnitt dieser Klingen, führte innerhalb von Sekunden zum Tod. Sofort schnellte das Gift durch den Körper und durchzog die Adern mit dünnen grünen Fäden, bis es das Herz erreichte und zerdrückte. Die Mortha grunzten und verzogen ihre Fratzen zu hämischen Grimassen, die ihre spitzen und verfaulten Zähne entblößten. Ich grinste sie an, sie waren erbärmlich und bemitleidenswert zugleich. Versunken in Gedanken schwang ich mein Schwert in großen Kreisen durch die Luft, das Heft stets fest in der Hand. Ein lauer Luftzug durchfuhr meine Haare und fühlte sich angenehm auf meiner Haut an.

Meine Lederhose hatte bereits einige Risse bekommen und meine Eisenrüstung wies starke Dellen auf, die durch die zahlreichen Kämpfe entstanden waren. Meine Blicke wanderten weiter. Ich suchte nach ihm, dem einen, dem ich mein Herz versprochen hatte. Plötzlich erbebte der lockere Boden unter meinen Füßen und ließ mich innehalten. Hinter mir hörte ich schrille Schreie. Ich drehte mich herum und sah es. Ich umschloss das Heft meines Schwertes noch fester und ließ es starr ruhen. In der Ferne sah ich, wie Soldaten als auch Mortha schreiend durch die Luft wirbelten und weit weg auf dem Boden aufschlugen. Ich wusste: Was da auf mich zukam, war ein Morth'isz. Eine größere Ausgeburt aus den düsteren Kerkern des Fürsten der Finsternis. Ein unangenehmes Nebenprodukt der Mortha, ein Wesen, das kaum alleine zu bezwingen war. Laut schallte sein wütendes Gebrüll und ich machte mich bereit. Diese Kreatur machte keinen Unterschied zwischen Feind und Verbündeten und schlug jeden aus dem Weg, der ihr in die Quere kam. Langsam kam sie immer näher, und ich konnte sie in ihrer vollen Gestalt erspähen. Tiefschwarze Augen glühten vor Aufregung, als es mich erblickte. Das Wesen war gut zweieinhalb Meter groß und muskulös, wie ein ausgewachsener Gorilla. Seine gewaltigen Pranken ballte es zu Fäusten und schlug weiterhin jeden aus dem Weg. Erneut brüllte es zornig auf, und ich konnte seine Reißzähne unter schmalen Lippen aufblitzen sehen.

Es spannte seinen Körper an und rannte auf mich zu. Ich analysierte die Situation und versuchte einen Plan zu schmieden. *Wie konnte ich dieses Monster alleine bezwingen?* Nur noch wenige Meter. Ich ließ meinen Blick umherwandern und suchte nach einer Lösung. Sechs Meter. Ich spannte jede Faser meiner Muskeln an und wartete. Ich wartete. Vier Meter. Ich löste die Halterung an meiner Eisenrüstung und ließ sie zu Boden fallen. Brüllend rannte ich los und hob mein Schwert auf Brusthöhe. Der Morth'isz riss seine rechte Pranke hoch und wollte mit seiner Faust auf mich einschlagen, doch ich warf mich auf die Knie und rutschte unter seinen Beinen hindurch. Meine linke Hand vergrub ich im losen Boden und kam so nach einigen Metern wieder zum Stehen. Ich wirbelte schnell herum und nutzte die Verwirrung meines Gegners aus. Ich rannte auf ihn zu und sprang mit einem Satz auf seinen haarigen Rücken. Mit meiner linken Hand vergrub ich mich in seinen Haaren und klammerte mich fest. Er versuchte nach mir zu schnappen, doch ich konnte mich jedes Mal rechtzeitig ducken. Mit aller Kraft hielt ich seine Haare gepackt und rammte ihm mit Schwung mein Schwert in den Rücken. Er riss seine Augen auf und brüllte vor Schmerz, dass es mir fast die Trommelfelle zerrissen hätte. Erneut griff er nach mir, doch ich ließ nicht locker. Ich schob mein Schwert noch tiefer in seinen Rücken hinein, bis ich ein berstendes Geräusch vernahm. Der Morth'isz verdrehte die Augen und fiel starr zu Boden. Ich sprang zu Boden und zog mein Schwert wieder hervor. Erleichtert atmete ich tief durch und entspannte mich wieder.

Krieger waren der Meinung, eine Frau könnt nicht gegen derartige Kreaturen kämpfen. Doch ich bewies ihnen das Gegenteil. Durch meine kleine und zierliche Statur, war ich flink und wendig. Und meine Geschicklichkeit und Handfertigkeit erwiesen sich im Schwertkampf als besonders nützlich. *Einer hatte bei alledem immer an mich geglaubt.* Aus meiner Seitentasche zog ich ein weißes Seidentuch mit dem Königswappen heraus und säuberte meine blutverschmierte Klinge. Ich ließ das Seidentuch auf den Boden fallen und meinen Blick erneut über das Schlachtfeld wandern. In der Ferne erblickte ich etwas rotschillerndes, das sich geschmeidig hin und her bewegte.

Er war es, nach dem ich suchte! Auf meinem Gesicht breitete sich ein Lächeln aus - doch wer war das? Eine weitere Gestalt, gekleidet in schwarze Gewänder! Sie kämpften miteinander, und ich begriff, um wem es sich handelte… Meinem Lächeln wich Panik, und ohne einen weiteren Gedanken zu verschwenden, rannte ich auf die Kämpfenden zu. Ich rief seinen Namen. Ich rief ihn so oft, doch es kam kein Ton aus meiner trockenen Kehle. Ich kam immer näher und näher und sah sie kämpfen. *Würde dies ein gutes Ende nehmen? Oder würde es uns alle ins Verderben stürzen?* Erneut versuchte ich seinen Namen zu rufen und diesmal kam er mir über die Lippen und hallte wie ein Echo über das Schlachtfeld. »Trayn!« Er hörte mich und drehte überrascht seinen Kopf zu mir herum. Mit einem entsetzten Blick schaute er mich an und formte die Worte »Lauf weg, Alayna!«

Seine schwarzen kurzen Haare standen wirr in alle Himmelsrichtungen ab und an seiner Stirn perlten Schweißtropfen. Blauen Augen stachen aus seinem markanten Gesicht hervor, seine schmalen Lippen waren zusammengepresst. Er war großgewachsen, schlank und doch von muskulöser Statur. Ich liebte ihn, *meinen König.*

Ich konnte ihn nicht alleine kämpfen lassen und würde nicht von seiner Seite weichen. Doch der Fürst nutzte die Gelegenheit und stieß seine Lanze in Trayns Brust, bis dessen rote Rüstung zerbarst und die Lanze auf der anderen Seite wieder hervortrat. Trayn spuckte einen Schwall Blut und ließ sein Schwert zu Boden fallen. Er griff sich zitternd an das klaffende Nichts in seiner Brust und betrachtete sein Blut. Erneut drehte er sein Gesicht zitternd zu mir und schaute mir in die Augen. Nach wenigen Sekunden wich jegliches Leben aus ihm. Ich konnte nicht begreifen, was vor meinen Augen geschehen war. Der Fürst der Finsternis brach in lautes Gelächter aus. Es war alles, was ich in diesem Moment hörte, alles verstummte, bis auf dieses grauenvolle Lachen. Der Fürst hob sein rechtes Bein und positionierte es gegen Trayns Brust. Mit Freude drückte er ihn langsam von seiner Lanze hinunter, bis dieser leblos auf den heißen Sandboden fiel und mich mit leeren Augen anstarrte. Der Fürst wandte sich mir zu und blickte mich an, mit Augen so schwarz wie die Finsternis, die er ausstrahlte. Sein rechter Mundwinkel wanderte nach oben und verzog die starre Maske zu einem Gebilde aus Irrsinn und Mordlust. Er wechselte die Lanze in die linke Hand und hob seine rechte in die Höhe, bis die ausgebreitete Handfläche auf mich zeigte.

Ich wusste, was er vor vorhatte - ich war verloren…

DANIEL ABLEEV
WHY DO YOU THINK MUSIC IS HUGELY OVERRATED? OR, TO PUT IT DIFFERENTLY: WHY (THE HELL) DON'T YOU THINK THAT MUSIC IS HUGELY OVERRATED? I MEAN, IT'S JUST SOUND-WAVES GOING BRAINWAVES, RIGHT?

CARL KING

I think entertainment is overrated. So much that many people don't know the difference between entertainment and music. So I'd say music is underrated as an art form. But it might be better to use the term undervalued. Most of what is called „music" is really just dancing while music is played in the background. People who go to events called „concerts" would be embarrassed to call it what it is, which is a dance performance with lights and pre-recorded music. „Music" is really a bankrupt industry, and probably always has been. The biggest classical music station here in Los Angeles has to beg for money to survive. Most of the money in the music industry (and I don't mean the entertainment industry, I mean the actual making and selling of music itself) comes from the outside. It's subsidized by other sources. Rich parents, for example. Or by getting a job teaching how to play guitar, or getting a job tuning pianos, or selling guitar strings, or instrument repairs, or working in a bar selling alcohol to drunk people who claim to love music. These are all not directly „music." These are services that revolve around music, but the music itself is the last thing considered. If the Superbowl has to spend zillions of dollars on lights, they will. But plugging in Flea's bass guitar is too much hassle. Who cares? As long as there is a „show" and fireworks, people are happy. Frank Zappa once said in a very old interview that no one makes money from music, they can only make money from products. Music does seem to have very little commercial value when not used as a movie/television soundtrack or in a commercial. The last time I checked, Spotify pays me less than a penny when someone listens to my song. If the music industry is about music, look at who is making money. Advertisers. People working at Spotify. Web programmers. The landlord who owns the building Spotify rents. The Spotify bookkeeper. Even Spotify's janitor is probably paid more than the Spotify musicians. At least he has a steady job, too. There might be this claim out there that Spotify isn't profitable as a business, that it's failing, but that just means the investor's aren't making a profit. Everyone else is. It's not a volunteer business full of hippies. And it's just like the book publishing industry. Everyone else - stores, truck drivers, gas stations, print shops, binders, editors, Amazon, the publisher, the cover artist, the typesetting layout guy - they all get paid for their work, guaranteed. The one who is not guaranteed to be paid anything (and actually goes into debt during the speculative process) is the actual writer. The guy who came up with the ideas that everyone is paying their bills with. He gets paid last, when there's barely anything left. Hilarious!

IN YOUR CRAZY-ASS WEB-SERIES „NIETZSCHE ON ELLEN PAGE," THE (IN)FAMOUS GERMAN PHILOSOPHER DISCUSSES SOME VERY IMPORTANT ISSUES REGARDING THE HOLLYWOOD ACTRESS AND HER ACTING CAREER. WHAT ELSE DO YOU LIKE ABOUT GERMANY?

I don't know very much about Germany at all. I only know what people say about Germans: that they are organized and efficient. I would like to visit Germany, in hopes that it is true. Also, thank you for being the only person who watched my Nietzsche cartoon. I made that because I was pitching it to MTV/Liquid Television. They didn't like it.

I DIDN'T KNOW THAT LIQUID TELEVISION STILL EXISTS, COOL. (I AM A HUGE ADMIRER OF „AEON FLUX.") WHY NOT TRY ADULT SWIM INSTEAD? BY THE WAY – GERMANS CAN BE VERY MESSY. I HAPPEN TO KNOW A VERY GERMAN FRIEND OF MINE WHOSE PLACE LOOKS (OR AT LEAST USED TO LOOK) LIKE IF A DEATH STAR TOOK A DUMP IN IT. I, ON THE OTHER HAND, AM A VERY NEAT LITTLE RUSSKI MUZHYK, OR, TO PUT IT ANOTHER WAY: WHAT DOES IT FEEL LIKE TO BE A KING?

Regarding my last name, it doesn't feel like much of anything. It's mostly fine. It's hard to pronounce and understand, for some unknown reason. I often need to repeat it and spell it for people. Sometimes I even say „K-I-N-G, KING, like Martin Luther King." They end up hearing Kang or Kane or Keanan. Maybe I just don't know how to talk. I do hope people don't think I'm an egomaniac because of the Carl Kingdom thing. It's just a funny thing that Zeke Piestrup said at my wedding, and it made sense as a website/company name. I don't go around pretending or believing I'm the king of anything (anymore). Some people still don't think it's my real name, because of the Sir Millard Mulch and Dr. Zoltan thing. I've had bank clerks tell me my name is awesome because it sounds like a rock star name. I used to be embarrassed of my real name, because it was too similar to Clark Kent. I didn't want to be a clutzy nerd. Others have made the joke that it's a mixture between Carl's Jr. and Burger King.

ON YOUR WEBSITE (CARLKINGDOM.COM) YOU SELL A LOT OF COOL STUFF, WEIRD BANDS LIKE ÖZ ÜRÜGÜLÜ AND MUCH MORE. SO, YOU'RE A CREATIVE GENIUS ... WHY HAVE YOU STOPPED BEING SIR MILLARD MALKOVICH AND RECORDING WONDERFULLY ODD „PROGELTY" RECORDS? OR LET ME PUT IT THIS WAY: NOW WHAT?

I stopped being Sir Millard Mulch because I realized it was delusional. I had segmented my personality into two parts when I was a teenager. When I was about 16 or so, I started pretending to be this character named Millard, which is my middle name. I didn't like myself (and girls didn't like me, either), so I invented a persona to hide behind. It gave me a sort of false confidence. That continued until I was 31, when I realized it was actually just mental problems I needed to grow up and deal with. I moved to Los Angeles around that time and discovered this is an entire „Imaginary City" full of people who dress up in costumes and call themselves silly names. They all think they're rockstars and wear sunglasses indoors. The posing and fakery that goes on here is something I've never gotten used to. NAMM 2016 is this weekend, so I'm in a terrible mood. I hate it. Social Media just makes it worse. Now What? Freelance Video Production has been my main focus since quitting music. Although I am attending Berklee Online for Film Scoring and also working on a new album. I work on that stuff when there's time, but it's not a major priority for me. I try to just „focus on the task at hand" as Mark Borchardt says. Being a person instead of a persona.

Carl King lives in Munich vs. Millard Mulch lives on several... Now What? The End of the World / Dr. Zoltan. He is in the Los Angeles area. Walt Disney Company. He lives and works with many... The lead animal. The Bill Johnson... almost exclusively. Morgan Agren's Conundrum... and the progressive rock world. An email and video producer/... friends: dog, cat, reptiles, birds. He loves... The Death of Superman Lives: What Happened? ... Virgil Donati, Devin Townsend, Marco Minnemann... send him an email: carlkingdom.com / For anything else please read over 1000 metal business... his studio has done over death metal / sci-fi / fantasy / superhero movies... I Am A Bad Correspondent since 2008. Why... the names Sir... He's worked... intoverts... You're A Creative Genius... part-owner of the... Neal Stephenson... and he is a pro... for work-related...

Marina Büttner

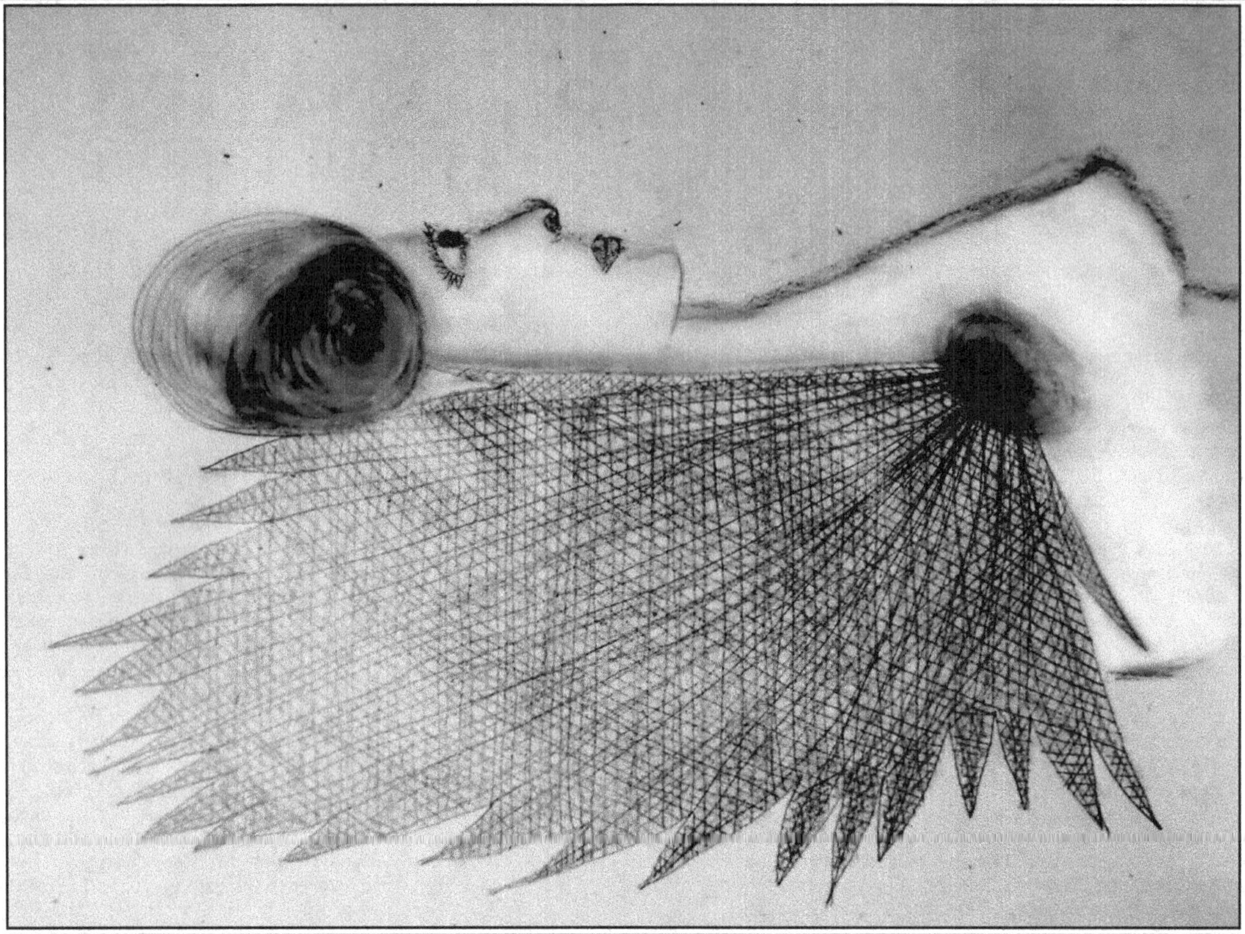

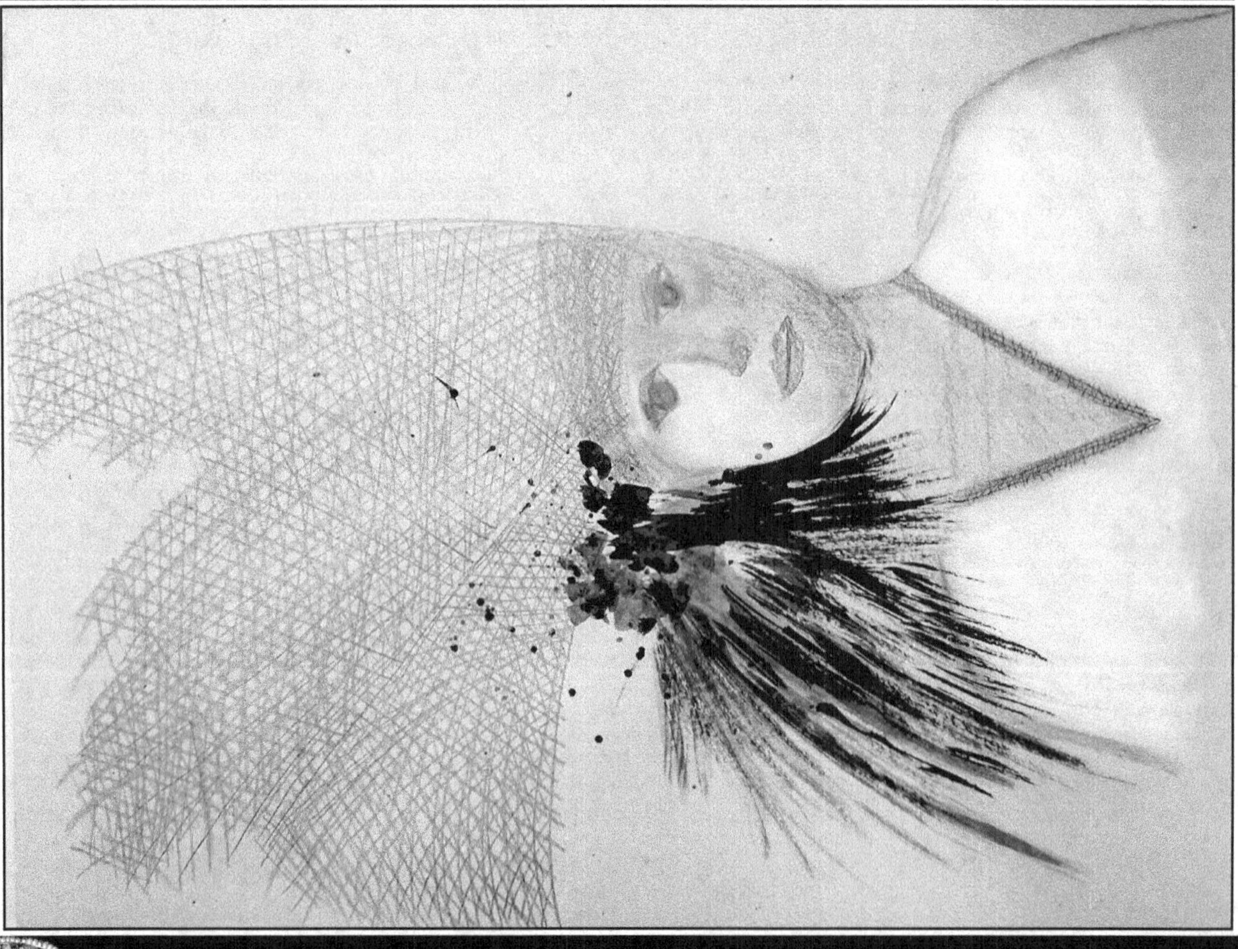

ABSICHTSLOSE POESIE
jürgen hofstetter

Vorbemerkung

,*wenn töne töne sind, so gibt das den menschen, die sie hören, gelegenheit, in ihrem eigenen mittelpunkt zu sein, wo sie ja auch wirklich sind und nicht künstlich weit weg, wie es durch gewohnheit der fall, wenn man herauszufinden sucht, was irgendein künstler durch töne sagt.' (John Cage, Empty Mind)*

die gedichte der ,absichtslosen poesie' sind keine objekte, sondern das ergebnis von absichtlosen prozessen und zufallsoperationen an bestehenden texten.

jürgen hofstetter

stapel I

mit verachtung
wer mir das leben rettete

bleich und sagte nichts
nahm er hin,
dass die leute nicht lachten

kleidern,
die glühwürmchen in der hecke suchten

aber c'est un pauvre site tout de même
sechs oder sieben
hat..

deswegen bin ich eben hergeeilt
sein: der garten der welt
ah.. tja, ich

.

drei haiku (nach bashô)

abend, allein, ast
auf blattlosem da, das
den - die dinge

früheren gedächtnis
gras, helden, herbstlich
ist kirschblüte

krähe mir nur ruft
sitzt so sommer, traum
viele von

drei haiku von bashô, alle wörter alphabetisch geordnet, zu drei neuen haiku zusammengesetzt (sowohl die übersetzungen der verwendeten haiku, als auch die neu zusammengesetzen, verwenden nicht die I7-silben-regel)

bücherstapel I, bücher I-IO (jeweils seite I00, zeile IO, erster satz)

dunkles, an den saiten

leben, es stehn
die toten für
die schönheit.

einiges sprach in die erde, einiges schwieg,
einiges ging seiner augen.
himmel und dunkles
waren daheim.

ihr morgen.

ihr lager ungesehn,
ihr tau unbelauscht,
ihr nelken tief ins uns

ausgangsbasis für dieses absichtslose gedicht war paul celans ,köln, am hof'. alle substantive wurden ersetzt durch die in der reihenfolge vorkommenden substantive aus ingeborg bachmanns ,dunkles zu sagen'. wo nötig, wurden die substantive an die präpositionen im ausgangsgedicht angepasst und umgekehrt. beide autoren schrieben ihr gedicht für- bzw. aneinander

Rolf Schönlau

[ ] © Echt (nicht eingebildet)

Das Mittel der Wahl für alle gegen alles

Anwendungsgebiete: Asthma, chronische Arthritis, Diabetes, Angina pectoris Zwölffingerdarmgeschwüre, Beschwerden im Magen-Darm-Trakt, Erkältungs- und Reisekrankheiten, Husten, Kopfschmerz, Stimmungswechsel, Angst, Depressionen und Schlafstörungen.

Nebenwirkungen: In äußerst seltenen Fällen kann bei Einnahme von [ ]© eine Hautallergie auftreten, die unmittelbar nach Absetzen des Präparates wieder verschwindet. Auf Wechselwirkungen mit anderen Arzneimitteln ist zu achten. [ ]© sollte ohne zwingende Indikationsstellung nicht länger als vier Wochen verordnet werden, da auch Fälle von Abhängigkeit beobachtet wurden.

Eigenschaften: Die Wirkung von [ ]© ist dosisabhängig und erreicht nach kurzer Zeit ihr Maximum, woraufhin sie langsam abflaut (Peak-Effekt). Bei dem Präparat kommt der Farbe eine wesentliche Bedeutung zu: In grün eignet sich [ ]© hervorragend zur Behandlung von Angstzuständen, in gelb ist es antidepressiv wirksam, in rosa antriebssteigernd und in blau entfaltet es eine beruhigende Wirkung.

Patientenprofil: Laut Reihenuntersuchungen sprechen ca 10-20% aller Patienten immer positiv auf [ ]© an, weitere 20% zeigen nie eine Reaktion. Alle anderen reagieren mal positiv und mal negativ. Ein statistisch relevanter Zusammenhang mit Alter, Intelligenz, Geschlecht oder sozialer Stellung der Patienten ist nicht erkennbar.

Wirkungsgrundlagen: Den Beweis, dass [ ]© biochemische Vorgänge auslöst, erbringt folgendes Experiment: Die Testpersonen wurden gebeten, ihre Hände auf eine Metallplatte zu legen, die langsam erhitzt wurde. Bei einer bestimmten Temperatur zogen sie unwillkürlich die Hand von der Platte zurück. Daraufhin gab man ihnen [ ]© zur Schmerzlinderung und führte das Experiment ein zweites Mal durch. Mit dem Erfolg, dass sich bei den Testpersonen die Schmerzschwelle erhöhte und sie ihre Hand erst später zurückzogen. Dann spritzte man ihnen zusätzlich ein Mittel, das die körpereigenen Endorphine - morphiumähnliche Substanzen, die der Körper bei Bedarf ausschüttet - unwirksam macht, und führte dasselbe Experiment ein drittes Mal durch: Die Testpersonen zogen die Hand wieder früher zurück.

Auszüge aus der Literatur: [ ]© weiß immer, was er zu tun hat, kann einer Frau in die Augen schauen, in jedem Augenblick tüchtig über alles nachdenken und auch boxen. Er ist begabt, willenskräftig, vorurteilslos, mutig, ausdauernd, draufgängerisch, besonnen. Man braucht das gar nicht im einzelnen nachzuprüfen, er mag alle diese Eigenschaften haben, denn er hat sie doch nicht! Sie haben das aus ihm gemacht, was er ist, und seinen Wert bestimmt, und sie gehören doch nicht zu ihm. Im Einklang mit dem Gesagten besitzt [ ]© weder eine Persönlichkeit noch einen Charakter. Kann sich jedoch im Einzelfall jede beliebige Persönlichkeit zulegen. Diese beiden Sätze schließen einander nicht aus, sondern bilden einen Teufelskreis, denn wir vermögen das Dilemma, ob das, was verschiedene Persönlichkeiten erzeugt, selbst eine Persönlichkeit ist, nicht aufzulösen. [ ]© kennt nicht den begriff des Materials und operiert mit Erscheinungsformen, die sich nach den neuen Beziehungen der Erregungen ordnen. Was wir gewohnt sind, Materie zu nennen, ist die Bewegungskraft von Erregungen, die sich nur dann

in Materie verwandelt, wenn das Bewusstsein diese Erregungskraft in einen von ihm erdachte Ordnung bringt. Die neue Technik muss die Gegenstände und ihre Bezeichnungen aus ihrem Wortschatz streichen und eine Tabelle von Kräften verschiedener Erregungsintensitäten erstellen, damit Kräfte als solche empfunden werden können und nicht als Material. Erinnert sei auch an cosa, wie die italienischen Algebraiker der Renaissance die Unbekannte x nannten, die vieldeutig mehrwertige Größe, von der man sagen kann sie nehme unbeschränkt alle Werte an. [ ]© gleicht dem Joker, der keinen Wert hat, um an jeder Stelle eingesetzt zu werden. Der nicht aus einer stabilen Substanz aufgebaut ist, sondern aus einer unstabilen Menge von Relationen. Dessen besonderes Merkmal darin besteht, die eine oder andere Besonderheit darstellen zu können. Und dessen Macht sich darauf gründet, reine Beziehung zu sein, ohne jegliche Fixierung im Materiellen. [ ]© hebt auf die anspielungsreiche Vereinigung von Arbeit und Gebet im Laboratorium ab. Denn ob er nun dem Herrn gefällt im Lande der Lebendigen oder, wie in einer anderen Übersetzung, vor ihm wandelt: Was spricht, ist immer die 1. Person Singular Futur I: Ich werde gefallen. Das ist ein Versprechen.

Hinweise für den behandelnden Arzt: Eine frühe Medizintradition sah die Gesundheit als Schweigen der Organe. Im gesunden Körper läuft alles wie am Schnürchen: störungsfrei und geräuschlos. Krankheit stört das reibungslose Funktionieren in den Kreisläufen des Organismus, ist eine Rauschen im Sinne der Informationstheorie. Der Patient erlebt das Rauschen in Form von vagem Unwohlsein, diffusen Angstgefühlen und nicht genau zu lokalisierende Schmerzen, die sich im Extremfall durch unartikuliertes Schreien und Brüllen äußern können. Der Kranke ist jedoch nicht in der Lage, über die spezifischen Umstände der Störung Auskunft zu geben. Er kann einzig und allein sagen: Da und da tut es weh. Er kann melden, dass sich sein Körper meldet. Mehr nicht. Nur die eine Information steigt aus dem Organismus heraus, nämlich die, dass es einen Kanal gibt, der die Information überträgt. Der Arzt macht sich ein Bild von der vorliegenden Störung, indem er anhand seiner Kenntnisse von den Kreisläufen des Organismus die unscharfen Äußerungen des Patienten zu entziffern versucht. Er erstellt die Diagnose. Er überträgt Bedeutung auf das Krankheitsbild. Er bringt die Störung auf den Begriff. Dann zieht er seinen Joker, den mehrwertig vieldeutigen Agenten seiner Kunst, der als reiner Bedeutungträger am Ort der Störung eingreift, den Informationsfluss wiederherstellt und das Rauschen beseitigt. Das Modell der Sprache ersetzt das Modell der Materie. Die Substanz hat abgedankt. der Joker fungiert als Kanal und hebt die Grenze zwischen diagnostischem und therapeutischem Eingriff auf. Die Diagnose, die Bedeutung auf ein Krankheitsbild überträgt, leitet die Therapie nicht nur ein: SIE IST SIE.

Zusammensetzung:
Brady, Howard: The Placebo and the Philosophy of Medicine, Chikago 1977
Lem, Stanislaw: Also sprach der Golem, F.a.M. 1986
Lyotard, Jean Francois u.a., Immaterialien und Postmoderne, Berlin 1985
Malewitsch, Kasimir: Suprematismus - die gegenstandslose Welt, Köln 1962
McLuhan, Marshal u. Fiore, Quentin: Das Medium ist Massage, F.a.M. 1969
Musil, Robert: Der Mann ohne Eigenschaften, Reinbeck 1987
Pharmakologie des Placebo, in: Pharmazeutische Zeitung 45, F.a.M. 1985
Psalm 116, Vers 9
Serres, Michel: Der Parasit, F.a.M. 1981
Schönlau, Rolf: Misce fiat placebo quantum satis, Schlangen 2007

Andreas Reichelsdorfer

Song as sung by weirdo pop group *Bon Bon Chovy*[1] during a period of gull-like bursts in May 2015; performed with their mouths tied. Additional instruments included: guitars; heavy percussion (steel, hammers, chairs, stairs); and synthesizers.

"The IBoC invites me for lunch.
They are having tasty burgers."[2]

I meet with the associates of the IBoC –
They meet me in the corner of a big building
                    (*building, BLING-BLING*)[3]
As big as King Lear's asshole
We talk about their feet[4] and all possible problems and that
Heavy weight gain[5] within short periods of time
Can cause health problems

We walk around the capital eating grapes and chocolate and
                    fish[6]
Our talks are as crisp and engaging and glitter and fresh
                    as limbs[7]
They stuff me in a small box in the corner of a dark
                    alley[8]
Since they are more, I lose my name – doesn't matter.
                    (*doesn't matter that much to me*[9])[10]

---

[1] ©
[2] The "Intro".
[3] Sung multi-voiced; absolutely.
[4] Alt.: the weather.
[5] Alt.: heavy weight loss.
[6] Please chant this in a very loud voice, slightly fucked up <u>and</u> together.
[7] See above.
[8] See above.
[9] Kind of nasty. But in a *resigned* way.
[10] The two "doesn't matters" are to be sung overlapped and got to somewhat "swim" into each other, in an offset, unorthodox fashion, if you know what I mean. Not easy to do -> go by feeling.

King Lear finds me, busts my ass and pushes me into a
                    high-speed car[11]
My stomach aches, I ate too much, I should really not
                    have met with these[12]

"Guys from the IBoC!
Guys from the IBoC!
Guys from the IBoC!
Guys from the IBoC ..."[13]

                "My stomach aches, I ate too much ..."

"*They are eaters,*
they are heavy weight champions.
Evil Knievels,
talking like children."[14]

"*Eating in a*
capital kingdom.
Evil Knievels,
look-alike buildings."[15]   (Etc. etc.)

REPEAT or ad-lib until you're either full, dead or tired.

For additional information visit the 'TEASER MUSEUM'.

Now get back to whatever you were doing earlier.

LOVE,
your favorite band,

        BBC[16]

---

[11] (Which definitely rushes off in the wink of an eye - no doubts here.)
[12] Now get ready:
[13] Obviously the chorus. *Everybody* joins in.
[14] Alright, this is actually King Lear singing now.
[15] Probably King Lear also, who knows.
[16] ©

BUTCHERS 'N' FEMMES
Yvonne Cromer

OFFENBARUNG 3.0 Die Geschichte hat sich vertan dem Kapitalismus dem Raubtier folgt auf dem Fuß der grausamen Ordnungen am Horizont ein neuer alles durchtränkender Superstar der Systeme der Kannibalismus die alte Praxis in neuem Gewand ja die neue Organisationsform des Lebens der Tod der Kannibalismus hält Einzug in den postmodernen Haushalt was sich liebt das frisst sich ist die neue Doktrin in Europa sie gilt erst mal bis alle gefressen sind dann sehen wir weiter sagen die EXperten der Letzte wird stehen am Meer einsam und einen Tag später sterben an einer stinknormalen Grippe so die Legende und die Toten lachen ihm leise ins Ohr ein Keckern in der Brandung doch zuvor fragt sich die neue Gesellschaft: wer frisst wen und wer hat wen gefressen und wenn jeder einen gefressen hat schafft er dann noch einen zweiten? ICH FRASS MEIN KIND JETZT KANN ICH NICHT MEHR genug bekommen sagt der Patient und frisst den Psychiater es geht das Gerücht wer den anderen frisst übernimmt seine Eigenschaften der Bundespräsident frisst den Papst der Dauercamper den Free-Climber die heilige Johanna macht sich an Charles Manson zu schaffen und alle schielen zu Jesus der über die Meere um sein Leben läuft verwandelnd hinter sich die Wüsten in ein Meer aus Spatzen bis er eines Morgens am Strand von La Palma einem glatzköpfigen deutschen Touristen begegnet der ihn für einen Aussteiger hält und naja die Weißen fressen die Schwarzen die Schwarzen distanzieren sich schreiben gegen den Kannibalismus das letzte Manifest der Erde sie senden es an fremde Planeten SOS in den Weltraum unerhört umgeben von Feinden das Russische Kabinett verspeist ohne Zaudern alle Regierungen die es unter die Finger bekommt Brüder essen Schwestern Nachbarn den Nachbarn Frauen die Männer und Männer die Frauen Ehepaare essen andere Ehepaare und Freundinnen aus Neid die Freundin ein Familienstammbaum wird zur Nahrungskette der Schwache frisst durch Überlistung den Starken der Starke ohne Anstrengung nagt am Schwachen das Fleisch von den Knochen und sagt das wäre ihm Liebhaber den man seit Wochen in harten Kämpfen versuchten als Ehemann zu werben. Da fällt es uns etwas schwer jetzt einfach, still zu sein. Haha. Magdalena: Oh Gott, ich kann das nicht sehen, ich darf das nicht sehen. Hilfe. Penthesilea: Hör doch nicht auf sie. Das ist Tofu. Glaub doch nicht gleich alles, was man dir ins Hirn scheißt. Magdalena: Ach so. Ich bin irgendwie so nervös die ganze Zeit. Das macht das viele Beten wohl. Prothoe: Es soll ja auch wieder Wölfe in dieser Gegend geben. Magdalena: Was? Oh Gott. Das ist halt das Problem, wenn man keinen Fernseher hat, bekommt man einfach gar nichts mehr mit. Penthesilea: Och, Prothoe, jetzt lass sie mal. Magdalena: Ihr seid echt scheiße. Das stimmt jetzt auch nicht, oder was? Penthesilea: Wo kommst du eigentlich her, wir dachten wir sind allein auf der Bühne? Magdalena: Ich? Ach, ich sitze nur da in meiner Höhle und warte stundenlang auf die Erlösung. Ich bete das Vaterunser und versuche meine männliche Seele von diesem verdammten Körper zu erlösen. Prothoe: Was? So was gibt es heute noch? Magdalena: Naja, ich bin die letzte dieser Art. Deswegen kommen manchmal auch so bescheuerte Journalisten vor mein Höhlchen und schwören WIR SAGEN AUCH NICHTS WEITER VON DEINEN GEHEIMNISSEN DER MENSCHHEIT EHRLICH WIR KÖNNEN AUCH MIT DIR SCHLAFEN WENN DU MAGST DIR IST DOCH SICHER FAD HIER IN DER HÖHLE BEIM GEBET So geht es mir. Da schau ich lieber denn den Technikern auf der Hinterbühne zu, wie sie mit dem Akkuschrauber an der Zauberflöte rum. Prothoe: Solche Wichser. Ist das wahr? Penthesilea: Was denn für Geheimnisse, erzähl uns auch ein bisschen. Wir schreiben nicht an Verschwörungstheorien, ham wir nie gemacht, stimmt's, Prothde? Prothoe schweigt. Magdalena: Ja, was wollt ihr denn wissen, also ich ratter's mal so runter wie sonst auch: Ich bin die allerletzte Priesterin eines Stammes, eines Stammes der Auserwählten Gottes. Wir haben keinen Sex, keine doofen Kinder, kein Fleisch, keinen Schnaps und keine Zigaretten. Fernsehen und Tanzen auch verboten, warten wir auf die Erlösung durch das Trinken und das Essen. Das Trinken des Blutes Jesu und das Essen seines Körpers, damit wir werden wie er, aufgenommen in des Vaters Arme, von Umweltverseuchung, Erderwärmung und die man-made catastrophes verschont. Aber ich sag's euch gleich: Ich finde so allein keinen Zugang mehr zur Lehre, so allein macht das irgendwie keinen Spaß mir mehr. Ist doch bekloppt, oder. Naja, also scheint es jetzt, als ob ich die härteste Prüfung meines Lebens nicht bestehen würde: das Abstoßen meines grässlichen weiblichen Körpers. Penthesilea: Was hast du da immer für Probleme mit deinem Körper. Also ich finde dich ganz schön. (I you) Magdalena: Findest du. Aber ich bin nur eine Frau. Und in mir, meine Seele, sie ist ein ganzer Mann. Herrlich muskulös und voll Ideen schwelt er in meinen fetten Brüsten, kann nicht raus. Er will die Frauen und die Tiere erlegen und einen Weltroman verfassen, was weiß ich. Prothoe gähnt auffällig und geht von der Bühne, setzt sich in den Zuschauerraum. Penthesilea: Ich find dich ganz sexy so wie du bist, was meinst du Prothoe? Prothoe? Magdalena: Ich glaube sie ist weg. Naja, ist halt immer so, wenn ich von mir erzähle. Keiner will den Scheiß mehr hören. Habt ihr was zu trinken? Jetzt ist's auch egal. Penthesilea: Klar. Hier. Nee, Prothoe muss noch nach den anderen Kriegerinnen gucken. Weißt du, ich bin Königin. (I you) Magdalena: Ach krass. So richtig mit Volk und Krone? Penthesilea: Jaja. Aber nur Frauen im Volk. Bisschen lame. Aber das kommt von unseren Vorfahren. Die haben einen Frauenstaat gegründet. Damals. Männer müssen wir uns die Männer in blutigem Kampf erobern. Wenn du mich fragst, Schwachsinn. Deswegen. Ich hab da erst einfach so mitgemacht. Wie alle halt. Aber jetzt hör ich endlich damit auf. Magdalena: Wie du hörst damit auf. Penthesilea: Ich hatte so eine Art Vision. Du kennst doch die heilige Johanna? (I you) Magdalena: Klar. Penthesilea: Ja so ähnlich. Wie ist das nochmal bei euch gewesen mit Jesus. Habt ihr ihn wirklich gegessen? Magdalena: Nein! Wir haben nur so getan. Wir hatten roten Saft und Oblaten. Hast du doch gehört. Kein Fleisch. Aber ich muss immer daran denken, wie Jesus wohl wirklich schmeckt. Ich denke, man merkt kaum einen Unterschied. So wie Schwein und Rind oder so. Also hab' ja nie gegessen, kenn ich nur vom Hören! Penthesilea: (Ach, da warst du doch nicht da, als ich diese Vision hatte.) Ja, nee, schmeckt ganz anders, also stimmt der so wie Leber. Wegen dem Eisenanteil, der hatte bestimmt ne gute Durchblutung, Gottes Sohn halt. Vielleicht schmeckt er auch heilig, ich habe keine Ahnung, aber solche Fragen sollte man sich schon ab und an stellen. Manche Leute würden sagen, das ist jetzt so eine typische After-Hour Diskussion. (I you) Schweigen. Penthesilea: Wenn du willst können wir uns was auf YouTube angucken, ich hab da so einen ziemlich geilen Jesusrezitator gefunden, warte mal. Holt ihren MAC. Penthesilea und Magdalena schauen sich ein Video an und lachen. Prothoe: Ihr seid so scheiße. Penthesilea: Das Volk will wissen, wo Achill ist. Sie zweifeln deine Integrität an und stehen schwer bewaffnet unten schon im Tal. Schweigen. Penthesilea: Ach, das sind doch nur Frauen. Prothoe: Du bist auch eine Frau. Penthesilea: Nein, ich bin keine Frau mehr. Schweigen. Penthesilea: Ich bin befreit von meinem Frausein durch das Fressen des Achill, das Henkersmahl der Königin, Penthesileas game is over, es gibt sie nicht mehr. Magdalena, komm. Magdalena: Du hast etwas geschafft, wovon ich träume. Penthesilea: Ich zeig dir, was du tun musst. Wir suchen auch dir einen schönen Mann zum Fressen, aber erst. Prothoe: Nein. Du darfst sie nicht ficken. Penthesilea: Ich ficke nicht, ich fresse. (I you) Magdalena: Waaas? Penthesilea: Ich fress dich nicht. Keine Angst. Erst wollte ich mit dir noch ein bisschen das Neue Testament durchblättern, wenn du magst, damit du dann in Stimmung bist für die Verwandlung, die da blüht. (I you) Prothoe: Geh nicht, Magdalena, Sie wird dich fressen. Sie hat fremden Göttern schon geschworen. Er. Ich meine. Es. Magdalena: Es ist so schön. Ich kann es gar nicht glauben. Dieses Glück. Die Liebe. Alles brennt in mir. Küsst Penthesilea, die sie im Kuss beißt, der Mund wird zum fransigen blutigen Loch, und von dem Duft des Blutes ganz wild frisst Penthesilea Magdalena auf. Prothoe: Gewalt, Gewalt, Gewalt. Sie haben es nicht aus dem Fernsehen, aus den friedlichen Träumen kommt es Ihnen auf die Zunge, von der Zunge in die Welt. Auf dieses, das letzte Massaker der Menschheit, wenn der Geschlechtstrieb endlich ausgestanden, wird im Tierfilm folgen. Die Jungen sagt man bei Geburt Achtung: gewaltsame Szenen enthalten. Der Mensch ist tot, es lebe nun das Tier, die Pflanze. Prothoe rennt durch den Zuschauerraum, Penthesilea hinter ihr her. THE END Da wo der Blues herkommt am Ort der geilen Schmerzen der never-ending Freiheit auf dem schmalen Grat einer horizontlosen Forderung durch die matten Verhältnisse unter dem Sarg der verfetteten Wortleiber dort wurde Ich geboren Penthesilea zwischen den Leichen meiner Geschwister dahingerafft vom ersten eigenen Gedanken der die Gefühle auspresst diese dürren Körper gleich im ersten Atemzug gestorben an der Verbindung zwischen Physis und Restschaden Psychosomatik: erst die Verdauungsstörung dann der Kloß im Hals kurz darauf: ein Tod beim Sitzen im Freien auf der anderen der gefährlichen Seite der Scheibe dorthin bin ich verstoßen zurück zu den Tieren der Ebene Ich Penthesilea allein unter Hunden die mit mir Laute jenseits der Sprache erzeugen Ich Penthesilea zwischen den Elefanten die über meinen Körper steigen als wäre ich ein Koffer aus Glas Inhalt: eine Million Dollar Ich nicht wie die Menschen eine Bombe die jederzeit balancierend auf Elfenbein ohne das Netz der Sprache Ich zwischen mir graue gealterte Haut zur Liebkosung frei ein Geruch nach Tierurin weckt mich am Morgen Ich nackt zwischen den Tieren mit denen ich meine Beute teile und mich nicht nach den Menschen fragen nichts wissen von der Nacktheit die nichts wissen von der neuen Ordnung der Menschen Penthesilea betritt mit mehreren Hunden und Elefanten die Bühne. Eine Technikerin erscheint aus dem Dunkel und frisst Penthesilea. Der Regisseur erscheint aus dem Dunkel und frisst die Technikerin. Das Publikum betritt die Bühne und frisst den Regisseur. Das Theater stürzt ein und begräbt unter sich: den Autor, der in der Kantine sitzt und ein Wienerwürstchen mit Senf isst. Die Hunde und die Elefanten können sich aus dem einstürzenden Haus retten. Sie bleiben unverletzt.

Untergang eines Königshauses
Fragmente aus der Palastbibliothek von Chimaira
(sog. Chimairischer Archivfund, um 1100 v. u.Z.)

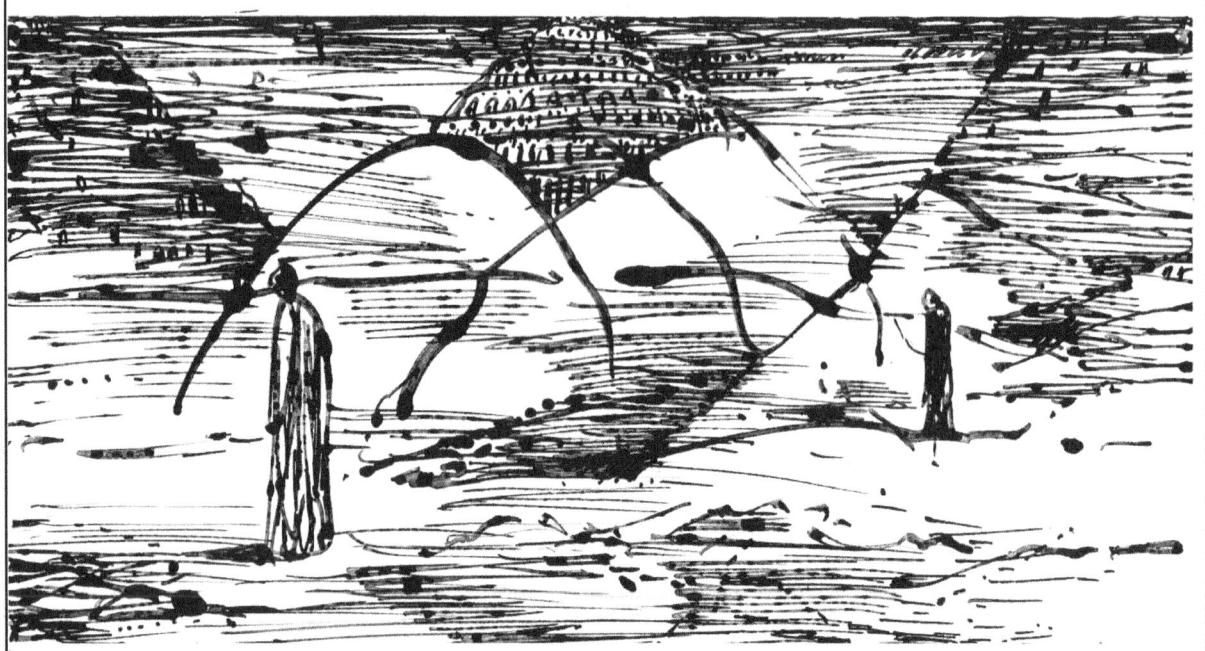

Nachdichtung – Alexander Estis | Nachzeichnungen – Nikolai Estis

Meine Arbeit ist den Stift zu führen
[...]

Es erzürnen mich nicht
fremde sprüche
und die verleumdung
fürchte ich nicht
aus aller munde [...]

[…]
zu streben nach allzu entferntem
ist Frevel [...

[…]
und niemals reift die Frucht
an einem Ast der zu viele trägt.

...] es sagt der weise König.

...] herrsche ich über Länder, über Männer,
und mich beherrschen die Sterne.

N.E. 04

Im Gewühl der flügellosen Vögel
sah ich einmal, hörte ich einmal [...
vielstimmig aus den Schnäbeln.

Meine not schreiben kundige Flüsse
Jahr für Jahr, die gewundenen, tiefer
in das <nusquische> Felsenland ein.

...] und ersteht aus den Tränen,
die den Boden berühren.

Aber zurückgekehrt von der Schlacht
tranken sie nicht den Trank
sondern brachten einander um,
Brüder im Kampf.
[...]
Wer einmal mordet, in dessen Adern
zerrinnt niemals der Krieg.

Wie zwei kämpfende Falken im Flug ihr Gefieder
so zerstreute der Krieg die Körper,
zerstreute die Glieder.

Kplaych

[…]
Unter gestürzten Trümmern
wurme ich mich hindurch.

Unsere Tränen sind Algen in den Flüssen, / lang und dünn, glänzend, kaum sichtbar. […]

In royalen Umständen

Anstatt einem Kind brachte Mutter ein Königshaus zur Welt. Ein Königshaus im Wald. Mit einem Springbrunnen, sauber geschnittenen Hecken, einem orientalisch eingerichteten Wintergarten, Pavillon und Bediensteten, die aufgereiht vor dem Eingang standen. Noch bevor sich das Königshaus zeigte, fielen Eichenblätter und Kiefernnadeln auf den Boden des Kreissaals. Der Turm am Ende des Ostflügels ließ ihren Damm reißen. Als man sie nähte, stellte man das Königshaus unter die Wärmelampe und man meinte zu hören, wie die Bediensteten riefen, „da ist sie, endlich ist sie da". Vielleicht lag ich falsch mit meiner Vermutung, aber eigentlich konnte es sich nur um die Sonne handeln. Nach drei Tagen nahmen wir das Königshaus mit nach Hause, stellten es ins Kinderbett und warteten.

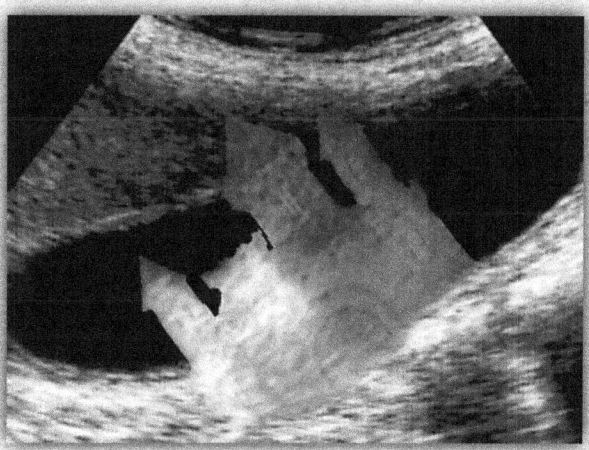

Mutter liest eine Geschichte aus dem Bürgerlichen Gesetzbuch vor. „Paragraph sieben, Wohnsitz, Begründung und Aufhebung." Sie lässt eine Pause, in der sie sich die Augen reibt und ihr Plastikdiadem zurechtrückt. „Erstens, wer sich an einem Orte ständig niederlässt, begründet an diesem Ort seinen Wohnsitz. Zweitens, der Wohnsitz kann gleichzeitig an mehreren Orten bestehen. Drittens, der Wohnsitz wird aufgehoben, wenn die Niederlassung mit dem Willen aufgehoben wird, sie aufzugeben." „Noch eine Fußnote", bettle ich und sie blättert vor zum Anfang und streicht die Seite, die sie aufgeschlagen hat, glatt. „Amtliche Inhaltsübersicht ohne Paragraphenangaben seit dem ersten Januar zweitausendzehn, vergleiche Artikel eins Nummer siebenundzwanzig G vom vierundzwanzigsten September zweitausendneun dreitausendeinhundertzweiundvierzig, insoweit besteht ein Widerspruch zur Änderung durch Artikel eins Nummer eins Buchstaben a bis g G vom neunundzwanzigsten Juli zweitausendneun zweitausenddreihundertfünfundfünfzig ab dem ..." Da sackte der Kopf von Mutter auf ihre ausladenden Brüste, die zwar vollgepumpt mit Milch waren, aber keinen Abnehmer fanden. Natürlich bin ich genervt. Dem Schloss die Wachphasen, mir die Müdigkeit.

Im Gegensatz zu mir, scheint Mutter glücklich mit dem Königshaus. Oft sitzt sie stundenlang davor und berührt es, als würde sie die unterschiedlichen Oberflächenbeschichtungen analysieren. Ihr Gesichtsaus-

I

druck dabei ist stets neugierig und aufgeschlossen. Und sie redet viel. Wie ein Computer übersetzt sie

unsere Welt. Als könnte ich so nicht verstehen, was sie von sich gibt. 01000100 01110101 00100000

01100010 01101001 01110011 01110100 00100000 01100100 01100001 01110011 00100000

01000010 01100101 01110011 01110100 01100101 00100000 01110111 01100001 01110011

00100000 01101101 01101001 01110010 00100000 01110000 01100001 01110011 01110011

01101001 01100101 01110010 01100101 01101110 00100000 01101011 01101111 01101110

01101110 01110100 01100101. Oder, 01010111 01100101 01101110 01101110 00100000 01101001

01100011 01101000 00100000 01101101 01101001 01100011 01101000 00100000 01100101

01101110 01110100 01110011 01100011 01101000 01101001 01100101 01100100 01100101

01101110 00100000 01101101 11000011 10111100 01110011 01110011 01110100 01100101

00101100 00100000 01100100 01100001 01101110 01101110 00100000 01100110 11000011. Ich

sage dazu nichts, auch wenn es mich enttäuscht. Bei meiner Geburt ist ihr nichts eingerissen und so wie

ich gehört habe, war ich ein Naturtalent an ihrer Brust.

Nr. 51 / 59. Jg.   *Allgemeine Zeitung*   16.02.2015, Seite 3

Königliche Geburt

Frau bringt Palast auf die Welt

Eine Frau (38) aus Hessen, seit sechs Jahren geschieden, arbeitslos, hat vor zwei Wochen in einer Klinik nahe Kassel eine Geburt der anderen Art erlebt. Anstatt eines gesunden Kindes brachte sie ein Schloss mit Teilen der Umgebung zur Welt.

Das überraschte und ratlose Klinikpersonal bestätigte auf einer Pressekonferenz den stabilen Gesundheitszustand der Beiden. „Man müsse abwarten", sagte Chefarzt Ulreich, „welche Entwicklung Mutter und Schloss nehmen."

Bei weiteren Fragen wurde auf eine Stellungnahme verzichtet. Seitdem wurden schon einige Theorien über die Krankenhausmauern hinaus geäußert, die in ihrer Absurdität vielleicht recht behalten mögen. Denn dieser Fall ist absurd und er bewegt ganz Deutschland. Ob in Foren, sozialen Netzwerken, auf den Straßen, es scheint kein anderes Thema zu geben.

Viele halten diese Geburt für ein Wunder, andere sogar für ein göttliches Zeichen.

Renate B.* vor ihrer Scheidung im geliebten Schrebergarten   Foto Franz Giebel

Der Theologe Rainer W.* aus Bremen sagt, „wir stehen vor einer neuen Zeitrechnung. Die Auswirkungen werden ungeheuerliche Ausmaße annehmen."

Nach unseren Informationen sind Mutter und „Kind" wohlbehalten zu Hause angekommen und versuchen sich an die kuriosen Umstände zu gewöhnen. Vor dem Haus der Familie wurde mittlerweile ein Schrein mit Teddybären, Plüschherzen, Grußkarten, Blumen und Kerzen errichtet, wo täglich neue Glückwünsche abgelegt werden.

Der Humanbiologe Konstantin Reichelt sagte gegenüber unserer Zeitung, „die Frage ist, ob bei dem Schloss Bedürfnisse wie bei einem normalen Kind auftreten und es wächst. Das wäre eine doppelte Sensation." Vor allem solche Fragen lassen die Neugier nicht abreißen. Ein Bild des Schlosses konnte uns bisher nicht erreichen.

*Namen geändert   dpa

Oma und Mutter sitzen am Rand des Spielplatzes und lassen das Schloss im Fünfminutentakt den Schoß

wechseln. Besorgt, dass es beschädigt werden könnte, beugt sich diejenige, die das Schloss nicht auf dem

Schoß hat, leicht über die andere hinüber. Dabei wirken sie trotz des selbstverständlichen Umgangs der

Herausforderung nicht gewachsen. Beide wissen um die Aufmerksamkeit, die Leute, die nicht fernbleiben

können und um Autogramme und Fotos bitten. Kann doch nicht mal schreiben, dieses dämliche Schloss.

Da helfen auch die Bediensteten nicht, die es sich zur Aufgabe gemacht haben, die riesigen Staubbälle und

Sandkörnern auf dem kurzgeschorenen Rasen zusammenzutragen, die dann von Mutters knubbliger Hand

entfernt werden. Ich sehe es schon kommen, wie sie mit ihrer provisorischen Geschicklichkeit Fenster

kaputt macht und die roten Backsteinfassaden eindrückt. Zu wünschen wäre es ihr. Während ich mit aller

II

Kraft Richtung Himmel schaukle, zu den Wolken, die nicht im Entferntesten wie Tiere aussehen, eher wie entzündete Leberflecken oder krustiger Schorf, sehe ich im Sturzflug immer wieder neue Menschen, die ihre Fotoapparate zücken und mit jasagenden Kopfbewegungen Mutter zuhören. Aber das eigentlich Schräge daran ist, dass Mutter und Oma wie ein lesbisches Paar aussehen, die ungeschönt ihre Leidenschaft für Kreuzworträtsel und Gerichtssendungen teilen.

Da als mögliche Väter mehrere Männer zur Auswahl stehen (bestenfalls nur drei), sagt meine Tante (eine kleine stämmige Frau mit kurzen roten Haaren), „den pompösen Eingangsbereich und die Rundbögen hat es auf jeden Fall von dir". Danach kichert sie und erinnert mich an Renate Künast (besonders die schmalen nach unten gebogenen Lippen lassen kaum Zweifel aufkommen, dass sie sich als Doppelgängerin gut machen würde). Sie berührt das Schloss mit ihren kurzen Fingern (die Fingernägel sind hellblau lackiert) als würde sie es zu kitzeln versuchen. „Passiert ja gar nichts", sagt sie leicht erregt und dreht sich zu Mutter, deren aufgerissene Augen die Angst nicht verbergen können. „Aber immer schön vorsichtig", flüstert Mutter (noch immer beunruhigt) und meine Tante gackert (nicht beunruhigt) und sagt „schläft doch nicht, oder?". Nachdem das Schloss ins Bett meiner Mutter gestellt wurde (ein darüber gelegtes Handtuch soll vor Staub und anderem Dreck schützen), wollen Mutter und Tante in die Stadt Eis essen gehen und beauftragen mich, die Tür im Blick zu halten. „Das sich da auch niemand während meiner Abwesenheit reinschleicht" ruft Mutter nochmals von der Straße in die offenen Fenster und zieht die Ärmel ihrer Jacke nach. Wie sie da unten steht, mit ihrem billigem Diadem im Haar (die aufgeweckte Pumucklschwester steht wie eine unersättliche Mätresse an ihrer Seite), scheint sie nicht mehr weit davon entfernt zu sein, ihre Geburtstagseinladungskarten an den Buckingham Palace, den Grimaldi-Palast und Palacio Real verschicken zu wollen.

Am ersten Schultag nach den Sommerferien sind es nicht nur die Schüler, die mir Löcher in den Bauch fragen. Lehrer, Hausmeister, die Frauen aus der Kantine stellen sich um mich herum, bilden einen undurchlässigen Ring und sprechen durcheinander, sich in der Lautstärke gegenseitig überbietend. So scheint es sie auch nicht sonderlich zu überraschen, da sie nicht wissen können, welche Frage ich gerade beantworte, dass sich meine Antworten nur zwischen Kopfnicken und Kopfschütteln unterscheiden. Erst als die Schulklingel zur Disziplin aufruft, lockert sich der Kreis und nach und nach leeren sich die Flure. Zwei Jungen geben sich als meine Beschützer aus, begleiten mich bis an meinen Tisch und verlassen dann schlagartig den Raum. Sie werden zu jeder Pause da sein und sogar vor der Toilette warten, während ich in der Kabine sitzen werde, ein wenig zittrig, und mich frage, wie ich da nur wieder rauskomme. Von der Aufmerksamkeit überfordert, packe ich Federtasche und Hefter aus, bis Anne, unsere großgewachsene Klassensprecherin, ihre Schönheit erinnert an das Mädchen aus *My Girl*, neben mir steht und fragt, ob der Platz noch frei ist. Ich überdenke die letzten vier Jahre, in denen ich außer wenigen Ausnahmen allein saß und lächle. Sogar die Plüschdiddl-Maus an meinen Ranzen erfährt auf einmal Akzeptanz. Nach der Mittagspause ruft mich der Direktor zu sich. „Und", fragt er aufgeregt. „Was und?" „Stimmt das was man liest?" „Ich hoffe", antworte ich und während ich mich zur Tür bewege, sagt der Direktor, „du weißt, was das heißt?" „Nein." „Wir werden berühmt." Er schlägt die Hände über seinem Kopf zusammen. Vielleicht hat er Angst, die Geldkoffer, die er vom Himmel fallen sieht, könnten ihn erschlagen. Vielleicht ist er auch

III

nervlich am Ende, weil die sich ihm präsentierenden Möglichkeiten schwer einordnen lassen. Dann hätten wir wenigstens eine Schnittfläche. Wenn auch nur eine ganz kleine.

Wir sollen dabei sein, während das Schloss von Untersuchungsraum zu Untersuchungsraum geschoben wird. Zuerst hocken wir in einem Zimmer mit hunderten Bildschirmen und zig Apparaturen und werden belehrt und Mutter, die ihre schwitzenden Hände zu Fäusten geballt hat, muss ihre Hände manchmal aus der Verkrampfung lösen, um Dokumente zu unterschreiben. „Wir würden gerne zusätzliche Untersuchungen an der Universität vornehmen, um die Oberflächenstrukturen besser analysieren zu können. Da stehen uns hier nicht die kompletten Mittel zur Verfügung. Besonders im Bereich der Elektronenmikroskopie und der Elementaranalyse. Dazu müssten wir einzelne Proben entnehmen." Mutter nickt verunsichert, sieht mich an, dann wieder zu dem Mann im weißen Kittel und sagt, „davon halte ich nichts. Mir wäre es lieber..." „Schon gut", unterbricht sie der Mann und führt uns auf den Gang hinaus, wo zwei Schwestern auf uns warten. Die Eine hat schwarze Haare und einiges an Metall im Gesicht, die andere kaut Kaugummi und erklärt uns, was als erstes unternommen werden soll. Mutter steht ununterbrochen neben der Liege, hält sich an einer der Metallstangen fest und sagt jedem des behandelnden Personals, sehr sorgfältig mit dem Schloss umzugehen.

„Warum denn nur? Das Dach hatte duch keine Schäden. Das muss duch nicht sein. Wirklich nicht. Su etwas hätte ich nicht erwartet. Eine richtige Schweinerei. Unser schünes Schluss. Da brechen die duch Ziegel und Mauerstücke ab. Für was, frage ich mich. Mit was kann man su etwas rechtfertigen. Und wer fragt uns? Niemand. Ich hätte denen was erzählt. Da kann man nur verrückt werden. Und ich dachte, die sehen nett aus. Das würden die nie zulassen. Aber man täuscht sich duch häufiger als man denkt. Wir müssen uns wehren, bevur die nuch mehr beschädigen uder vielleicht auf die Idee kummen alles in Schutt und Asche umzuwandeln. Was bin ich wütend und dann sieht man unsere Mama, die da huckt und ihre Augen zusammenkneift, als würde man ihr eine Spritze in den Arm jagen. Das hier ist was anderes. Wir sind keine Salamander. Uns wächst nichts nach. Als hätte das Stethuskup nicht schun ausgereicht uder das Ultraschallgel, das nun in den Fugen trucknet uder der kalte Raum, in dem man uns uhne Bleischürze gerüntgt hatte. Su geht das nicht, su nicht." Der Koch schwang während seiner Rede Pfannenwender und Suppenkehle und die anderen Bediensteten applaudierten ihm nach jedem Satz. Es würde nichts ändern. Diese Gewissheit ließ das Klatschen noch lauter erklingen.

Man baut ein riesiges Zelt um das kleine Schloss und die untersuchenden Ärzte, Biologen und Chemiker tragen Ganzkörperanzüge mit Atemmasken. Mutter verharrt mit der Geburtsurkunde auf dem Gang und lässt sich von mir Süßigkeiten aus dem Automaten bringen. Snickers, Twix, Weingummis, Apfelkuchen, Ritter Sport, Lakritze. Ich reiche ihr das Wechselgeld und beobachte sie dabei, wie sie komplett durcheinander die Verpackungen aufreißt und sich die vollen Hände an den Mund drückt. „Zucker", murmelt sie durch ihre verklebten Finger. „Ist schon gut", sage ich und lehne mich bei ihr an, um ihr das Gefühl des Gebrauchtwerdens zu vermitteln. „Nichts ist gut", sagt sie, „aber was verstehst du denn schon davon." Manchmal tritt ein Arzt an uns heran und zeigt uns Diagramme, Prognosen, Zahlen mit Prozentzeichen dahinter, komplizierte Grafiken. Und während sie die Dinge erklären, werden sie immer schneller, sprin-

IV

ten Usain-Bolt-artig durch diesen Informationskanal ohne sich zu verhaspeln. Mutter bleibt im Krankenhaus, schläft auf einer Besuchercouch, die Jacke notdürftig als Decke über ihre Hüfte gelegt. Als ich sie frage, ob ich mich zu ihr legen dürfe, antwortet sie harsch, von der Anspannung und der Warterei ausgemergelt, dass ich schon viel zu viel kaputt gemacht habe.

Wenn man einen Rucksack hat und ich habe eine Rucksack und spätabends an dem Raum vorbeiläuft, in, dem das Schloss unter Zeltplanen sein tristes Dasein fristet, und ich laufe spätabends an genau diesem Raum vorbei und wenn dann noch der ältere Herr vom Wachpersonal schnarcht und die Tür nicht abgeschlossen ist und der ältere Mann grunzt mit schräg auf der Brust abgelegten Kopf und die Tür ist nicht abgeschlossen, dann ist fast schon die logische Konsequenz eine Idee zu bekommen, die sich mit dem Diebstahl des Schlosses auseinandersetzt und ich bekomme diese Idee und wenn man den Raum betritt und das Schloss im gedimmten Licht nach Erlösung schreit und die Bediensteten schrien lauthals nach Erlösung und das Handy genau in diesem Moment klingelt und man als Melodie *King of My Castle* eingestellt hat und mein Handy klingelt genau in diesem Moment, back in ninety-eight, und man die Bediensteten zur Seite treten sieht und ein dicker Mann mit grauem Haar, Vollbart und einer mit grünen Edelsteinen besetzten Krone leicht verschlafen aus dem Eingang tritt und genau so ein Mann läuft behäbig aus dem an manchen Stellen für die Untersuchungen präparierten Schloss und wenn dieser Mann dann die Arme zum Himmel streckt und sagt, „endlich, unsere langersehnte Nationalhymne" und die Bediensteten den Mann als König verehren, wird aus einer Idee schnell Gewissheit und so umwickelte ich das Schloss in Frotteetücher und packte es gepolstert in meinen Rucksack und wenn man dann seine Mutter beim Herausgehen auf der Couch liegen sieht, eingerollt wie ein Igel, die dabei an Frauen erinnert, die ihre Prioritäten nur den eigenen Vorteilen unterwerfen und Mutter liegt eins zu eins so da, dann verschwindet man in die Nacht und weiß, dass es irgendwie kein Zurück mehr gibt, dass dort die Dunkelheit ist, ein Schloss im Rucksack, ein ausgeschaltetes Handy, der Entschluss, die Möglichkeiten, aber kein Ziel.

V

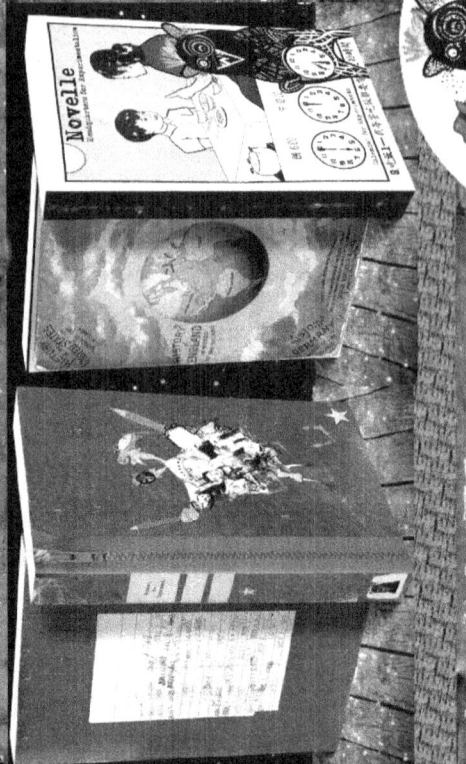

Scheerbart: Lesebuch

Novelle — Bibliothek für Experimentelles

Chambers: King in Yellow

Kalender für Experimente

Novelle — Materialien für Experimentelles

Notizbuch für Experimente

CD FÜR EXPERIMENTELLES

Novelle — CD für Experimentelles

#2 Grenzen der Literatur

#4 Perfekte Planeten

#6 Königshäuser

Novelle — Zeitschrift für Experimentelles

#1 Premiere

#3 Tote Orte

#5 Krieg